한·일 차실 건축공간의 미학

차·선·공간
茶·禪·空間

공간미학자
문철수 지음

明文堂

작가의 말

이 책은 제목에서와 같이 차茶에 관한 내용을 담고 있습니다만, 이미 세밀한 부분까지 연구되어 있는 차의 효용이나 행차법처럼 실제적 이론에 부합하는 내용을 담고 있지는 않습니다. 오히려 차를 접해 보기는 했으나, 차인이라 내세울 것 없는 보통의 사람이, "그렇다면 차는 왜 마시는가?"에 대한 단순하지만 가장 기본적인 질문에 대해, 숙고 끝에 내놓을 수 있는 대답 중 하나를 담고 있습니다.

사실 전통 차를 한 번이라도 제대로 마셔본 경험이 있는 사람이라면, 이토록 간단한 음료에 일상을 넘는 큰 담론을 반드시 갖다 붙이는 이유를 금방 이해할 수 없었을 것입니다. 필자도 당연히 그런 의문을 가졌던 대다수의 사람들 중 한 사람이었습니다.

건축설계의 수련과정을 마치고 한반도 남녘 따뜻한 기후대에 위치한 지리산의 주변 도시 진주에 정착한 이후, 지리산 자생차 문화의 영향으로 차를 자주 접하게 되었고, 그때마다 가졌던 의문이 바로 그것이었습니다. 주변의 차인들에게 묻기 시작했습니다. 흔히 차 마시는 나라, 흥하고 술 마시는 나라는 망한다 했는데 그것의 가려진 깊은 이유는 무엇인가? 뿐만 아니라, 차는 왜 마셔야 하며, 어떤 맛을 본질로서 느껴야 하는가에 관한 것이었습니다.

차인들은 모두들 친절하고 열심히 대답해 주었습니다. 하지만 그 대답을 들을 때마다 모든 궁금증이 속 시원히 해결되는 느낌에까지는 이르지 못해 아쉬움이 쌓이게 되었습니다. 아마도 그런 연유로 인해, 차가 펼쳐 보이는 더 깊은 세계의 지평과 궁극적 지향점은 과연 무엇인가에 대한 혼자만의 고민이 시작되었고, 십수 년이 지난 지금, 차곡차곡 탐구한 결과를 일부나마 정리할 수 있게 되었습니다.

그런데 그 내용을 애써 담고 보니 그것은 차茶만의 세계 안에서가 아니라, 오히려 그것 너머의 위치에 본질이 존재해 있음을 부각시키는 내용이 되었습니다. 그런 관점에서 엄밀히 말하자면, 이 책은 차에 관한 이론서라 말할 수 없을 것입니다. 목적지라고 생각한 차를 향해 있는 손가락이 아니라, 그 너머의 세계를 지향하는 이정표의 역할을 하게 된 것이니까요.

이런 상황은 차실 공간의 의미를 설명하기 위해 다루었던 건축공간 영역에서도 마찬가지였습니다. 원래 우리가 말하는 '건축'이란 낱말의 어원은 토착어가 아니고 영어단어 'Architecture'를 일본인이 번역한 것을 다시 따온 것이라 합니다. 평상시 아무 불편함을 느끼지 못하는 말이기는 하지만, 이 책에서의 경우처럼 기본의미의 전달이 불가능한 경우는 없으리라 생각합니다.

세울 건建, 쌓을 축築, 유형의 물체를 세우고 쌓는 작업 결과로 나타나는 '건축' 의미로서는, 구축물의 공속적共束的 결과로서 나타나는 그 속의 텅 빈 공간이 가진 의미를 전혀 설명할 길이 없기 때문입니다. 거기에 비해 서양의 언어는 '위대함', '최고', '왕'의 의미를 가지고 있는 그리스어 어원의 'Archi'와 '기술', '지혜' 혹은 '예술'이라는 의미를 가지고 있는 그리스어원의 'techne'의 의미가 합해져 만들어진 낱말이라 합니다.

여기에는 우리의 경우와는 달리 공간예술로서의 건축 의미를 포함하고 있습니다. 그 결과로 서양에서는 건축을 구축물로서의 의미로만이 아니라 공간을 포함한 종합예술로서 간주해 왔던 역사가 있었으며, 그 경향은 근대 이후 특히 심화되어 왔습니다. 즉 건축이 인간의 영혼을 움직여 눈에 보이는 현세를 넘어 더 깊은 심연세계를 쳐다보게 만드는 역할에 주목해 왔던 것이지요.

차茶가 궁극적으로 지향하는 더 깊은 세계는 형태를 여읜 무형에 속한 것이었고, 차 마시는 행위를 담는 차실 혹은 차 공간도 역시 그러하다 보니, 물질적 의미만 강조된 '건축'이라는 단어로 눈에 보이지 않는 공간의 내용을 표현해 내기에 큰 부족함이 있었습니다. 아마도 그런 연유 때문에 차실 공간의 의미가 아직 보편적으로 널리 알려지지 않았을 것입니다.

모든 형이상학의 의미가 그러하듯, 눈에 보이지 않고 느껴지지 않는 무형의 것이 절대적인 허무만을 의미하지는 않습니다. 차와 공간이 그렇듯이 그것들은 무형의 것으로써 유형 세계의 더 깊은 곳을 지향하고 있기 때문입니다. 궁극적으로 볼 때, 삶은 그 무형의 것 때문에 더 깊고 심오한 차원을 가지게 됩니다.

이렇듯 차와 건축공간은 하나의 공통점을 가지고 있습니다. 그 자체가 아니라 그 너머를 보라는 무언의 함축 의미 같은 것 말입니다. 만약 이 둘이 서로 다른 성격이어서 공통점이 전혀 없어 보인다 하더라도, 즉 각각 서로 동과 서쪽 끝에 위치한다 하더라도 그 둘이 가리키고 있는 지향점은 동일한 지점이라는 뜻이 되겠지요. 그렇다면 그 두 개의 손가락이 가리키는 지향선의 교차점이 바로 이 책의 주제가 위치한 장소가 아닐까 싶습니다.

이 책은 그 지점을 향해 차와 건축공간이라는 두 극단極端의 예술 출발점에서 시작하여 한 걸음 한 걸음 앞으로 나아가 결국 저 먼 곳에서 만나게 되는 과정을, 팔베개하고 누워서 얘기하듯 작은 목소리로 최대한 수월하게 이야기하려고 한 것입니다.

만약 차 혹은 건축에 관심을 가지고 있는 독자들이 이 책의 내용으로 차와 차 공간의 심오한 의미를 한 번이라도 흘낏 쳐다볼 수 있게 된다면 필자로서는 크나큰 보람을 느낄 수 있을 것입니다.

이 책이 햇빛 쏟아지는 세상에 나와 독자들과 만나 이야기하게 된 데에는 무엇보다 명문당 출판사 김동구 사장님의 배려와 판단이 큰 뒷받침이 되었음을 밝히며, 감사와 존경의 마음을 전합니다. 또한 집필과정에서 뜻깊은 조언으로 갈 길을 일깨워 주신 조창한 선생님과 손병욱 교수님, 그리고 정헌식 백로원 원장님을 비롯한 창립 30주년을 앞둔 강우차회 동학 여러분들께 진심으로 감사의 마음을 전합니다.

미숙한 원고의 교정을 위해 수고를 아끼지 않으신 채희걸 편집자님과 적지 않은 양의 까다로운 도판작업을 불평 없이 수행해 주신 정재호 군에게도 감사를 표합니다. 이분들의 도움이 없었다면 이 책은 아직까지 어려운 길을 걷고 있으리라 생각합니다.

마지막으로 시작부터 지금까지 줄곧 동료처럼, 독자처럼 항상 격려해주고 도와준 아내와, 새로 태어난 귀여운 손자 주하, 구순 연세임에도 항상 밝으신 어머니를 포함한 가족 모두에게 무한한 감사와 사랑의 마음을 전합니다.

2021년 초봄,
코로나와 무심히 피어나는 매화꽃들과 함께 ― 문철수

'차茶의 철학'에 관하여

본서 《차·선·공간》은 '한·일 차실 건축공간의 미학'이라는 부제를 달고 있다. 본서는 한마디로 '차란 무엇이냐'와 '차실이란 무엇이며, 왜 그래야 하느냐'를 유기적으로 논하고 있는 '차 철학' 서적이다. 이에 본서는 두 개의 큰 영역으로 구성되어 있다. 〈차론〉과 〈건축공간론〉이 그것이다.

이 두 개의 영역을 일관하는 공통주제는 선불교禪佛敎적 진리의 세계이다. 즉 선불교적 진리를 가장 중요한 핵심 주제로 삼아 차를 논하고 차실을 논한다는 것이다. 차와 선불교가 중국에서 발원했기에 중국을 도외시할 수 없지만, 본서가 주로 논하는 것은 한·일 양국의 차와 차실, 그리고 차 문화이다. 그것도 한국의 차와 차실이 일본에 미친 영향에 대해서 적지 않은 지면을 할애하고 있다.

여기에 더해 한국의 차인이라면 반드시 알아야 할 내용들, 한국은 물론이고 동양과 서양 정신의 핵심이 간명하게 소개되면서도 차 철학과 관련한 정신적인 알갱이들이 내용적 일관성을 지니고 풍성하게 제시되고 있다.

예컨대, 차도茶道와 무사도武士道로 집약되는 일본 정신의 정수에 대한 소개 역시 상세하기에 한국의 차인들로 하여금 '일본인이 누구인가'를 이해하는데 커다란 도움을 준다고 하겠다.

주제가 무겁다 보니까 자연히 접근하기가 용이하지 않으리라는 선입견을 갖게 되지만, 실제로 글을 접하다 보면 전혀 그렇지 않다. 비록 아직 진리의 세계에 대한 이해가 부족한 사람이라고 하더라도 이에 대한 지향指向 내지 의지만 있으면 의외로 쉽게 읽힐 수 있는 책이다. 따라서 차인茶人이라면 국적 불문하고 꼭 알아야 할 내용들이 참 많다.

필자가 보건대, 그동안 한국에서 차와 관련하여 상당량의 연구논문들과 전문 책자들이 발간되어 왔지만 아직껏 본서와 같은 책이 발간된 적이 없었다. 아마 앞으로도 본서를 뛰어넘는 책자가 발간되기는 결코 쉽지 않을 것이다. 왜 그렇다고 보는가?

저자인 문철수 박사는 불사佛寺 공간에 대하여 전문적으로 연구한 건축공학 박사이다. 실지로 다양한 차실 공간을 설계한 경험이 풍부한 전문 건축가이기도 하다. 그러면서 진주에서 30년 전통을 가진 강우차회江右茶會 회원으로서 활동해 오고 있다. 따라서 이런 류의 책을 쓸 수 있는 기본적인 조건을 일단 갖추었다고 할 수 있다. 그렇다면 선불교에 대한 식견은 어떠한가?

본서는 한일 양국의 차와 차실은 다 같이 진리의 세계를 지향하고 있고, 그것도 선불교적 진리를 중심으로 전개됨을 강조한다. 선불교에서 말하는 진리라면 이 세계에 진입한다는 것은 출가하여 전문적인 선수행을 하는 스님들에게만 해당되고, 세속에서 살아가는 이들에게는 비록 재가불자라 할지라도 너무 막연하여 그림의 떡에 불과하다고 생각하기 쉽다.

그런데 이 책에서 저자는 왜 한국의 전통차실에서 차 한 잔 제대로 마실 줄 알면 승속 불문하고 곧 선불교적 진리의 세계를 이해하는데 도움을 받을 수 있는지를 매우 소상하게 손에 잡힐 듯이 잘 설명하고 있다. 이는 저자가 선불교적 깨달음에 대해서 상당한 이해와 천착이 있었기에 가능하다고 생각한다.

'사라짐과 부활'이라는 용어의 선택과 설명에서 저자가 수용한 선지禪旨의 일단을 헤아릴 수 있다. 이는 선불교의 핵심인 "색즉시공色卽是空, 공즉시색空卽是色"을 한 마디로 요약한 뒤에 차와 차실에 그것을 적용한 표현이 아닐 수 없다. 나아가 저자는 선불교가 인도의 불교를 아버지로, 그리고 중국의 도가사상을 어머니로 해서 나온 사상이자 종교철학임을 잘 이해하고 있다.

차실에서 차를 다려 마시면서 선불교적 진리인 '깨달음의 진경眞境'을 제대로 이해하고 나아가 그 바탕위에서 차 생활을 한다는 것은 그냥 색色·향香·미味로서의 차 맛을 음미하는 외형적인 차 생활을 넘어서, 진眞·선善·미美로서의 정신적이고 철학적인 차생활로 회향廻向한 뒤에 한 차원 높게 도약跳躍하는 획기적인 일이 아닐 수 없다.

이는 차인이라면 누구나 다 소망하는 일이기도 하다. 본서는 차선일미茶禪一味, 차선일여茶禪一如가 그저 하는 말이 아니었음을 새삼 느끼게 해 준다. 추사 김정희가 남긴 '명선茗禪'이라는 휘호도 유학자儒學者였던 추사가 차성茶聖이라 불리는 초의선사草衣禪師와의 깊은 교유를 통해서 차와 선불교적 진리의 세계를 제대로 이해한 바탕 위에서 쓰여졌기에 걸작이 될 수 있었다고 하겠다.

진정한 차인이라면 나이의 고하를 막론하고 늘 향상일로向上一路의 지향을 갖고 살아가기 마련이다. 당장 내일 내 삶이 종말을 고한다고 할지라도 죽음의 순간까지 나날이 새로워지고(일일신日日新), 또 향상·발전하려는 의지(향상지심向上之心)를 늘 가슴에 품고 살아야만 차인으로서의 자격이 있다고 하겠다.

그리고 차인이 도달해야 할 궁극적인 도달점은 당연히 진리의 세계여야 한다. 이것이야말로 우리의 유한한 삶을 불멸의 삶, 영생의 삶으로 만들어줄 수 있는 유일한 길이기 때문이다. 진리라면 그것이 꼭 불교적인 진리여야만 하는가? 그것은 아니다. 사이비似而非만 아니라면 자기

인연 따라서 유교·도가·기독교·천주교·천도교 등 다양한 진리의 길은 늘 열려있다. 그리고 어느 길로 가건 그 궁극의 지점에서는 서로 만나기 마련이다. 마치 지리산 천왕봉에 오를 때 상황에 따라서 다양한 코스를 선택할 수 있지만, 천왕봉에 도달해서 눈앞에 전개되는 광경은 각자 선택한 코스가 무엇이건 결국 동일한 것과 같다.

차인이지만 불교가 아닌 다른 종교·철학을 택한 이들이 얼마든지 있을 수 있다. 그런 이들에게 본서는 내가 가보지 못했지만 궁금하기 그지없는 다른 진리 방면 곧 선불교적 코스에 대해서 소상하게 알려준다. 그리고 이를 통해서 자기가 선택한 코스를 좀 더 잘 이해할 수 있게 해 준다. 그리하여 언젠가는 정상에서 서로 만나서 '얏호!' 하고 환호작약歡呼雀躍하는 날을 기약해볼 수 있다.

한국의 차인으로서 그가 진정한 차인임을 자부하고자 한다면, 누구나 다 꼭 한 번은 읽어봐야 할 고대하고 기다리던 책자가 드디어 그 모습을 드러내었다고나 할까?

곁에 두고 틈틈이 읽고 잘 음미하노라면 우리 한국 차인들의 삶의 질을 향상시키는데 큰 도움을 줄 마음의 양식이 되리라는 확신을 갖고, 자신 있게 일독을 권하고자 한다.

손병욱(경상대학교 명예교수·한국철학)

'공간空間의 철학'에 대하여

본서는 차의 참맛에 다가서려는 저자의 꾸준한 노력의 기록이다.

저자는 바쁜 건축가의 일상에서도 차 맛을 알기 위해 차 재배도 체험한 애호가다. 그는 '쓴맛이 으뜸'이라는 차 맛 표현에는 무언가 부족함을 가졌었다. 또 주변 찻집에서 재현된 옛 분위기도 아쉽게 여기곤 하였다.

저자는 우선 '쓴맛이 으뜸'이라는 차 맛에 주목한다. 차의 성분분석은 물론 마심 과정에서 쓴맛의 사라짐을 추적한다. 그 맛은 작은 미각을 가지고 있을 뿐 목 넘김이 끝나기 전에 사라져 버림에 주목한다. 그 '맛'이라는 존재는 있음과 없음 사이의 어딘가에 있음을 깨닫는다. 그것은 맛의 세계에서 쏩쓸함의 고통을 거쳐 무無와 선禪의 세계에 이르는 과정임을 터득한다. 그리고 부활의 의미와 함께 차실공간의 해석에 연관시킨다.

물론 차실은 일본 특유의 것이어서 다른 나라에는 없는 유형이다. 때문에 외국과의 비교란 있을 수 없다. 물론 아쉬움도 따른다. 그러나 필자는 기능에 따른 건물의 유형을 시대와 지역을 넘어 쉽게 서술한다. 그는 차실 발생과정이 당시 일본 사회의 상류층을 형성한 무가武家주택에서 요청된 필연적 결과로 본다. 저자는 가이쇼(會所) 차공간에서 암자형 차실로의 변이를 실감나게 서술하여서, 독자도 함께 판단할 수 있는 기회를 가질 수 있게 한다.

저자는 만물이 축소되어 0(無)에 이르는 일본의 차실 공간에 반하여 한국은 무한(∞)으로 확장하여 자연과 합일하는 과정을 보여준다고 주장한다. 물론 두 방식은 너무 다르다. 그럼에도 두 건축은 지향점이 같다고 말한다. 저자는 그 다름의 근거를 주거형식에서 찾는다. 한국의 주택에서는 남녀노소의 위계를 분명히 구별하기 위해 각 방의 독립성을 확보한다. 큰 규모에서는 채를 달리한다. 그러나 일본은 한 지붕의 큰 공간을 미닫이로 나누거나 합치어 쓴다. 그런 쓰임에서는 각 방의 은밀성을 확보하기 쉽지 않다. 주인조차 공간을 지배할 수 있으나 자신의 은밀한 활동은 보장받지 못한다. 자신만을 위한 공간은 모든 사람의 바람이다. 우리는 일본의 차실은 그런 현실적인 요구에서 비롯되었음을 알 수 있게 된다.

여기서 마음에 담아두어야 할 것이 있다. 차 마심으로 무에 이르는 길에는 특히 주변 공간의 역할이 크다는 사실이다. 그것은 건물 내부 공간은 물론 외부 공간의 역할까지 포함한다. 다시 말하지만, 무에 이르는 도를 깨닫기 위해 선택한 일본인들의 방법은 특정한 장소를 고집하는 반면, 우리 한국인은 특정 장소를 고집하지 않고 때맞추어 융통성 있게 받아들인다. 이러한 해결 역시 같은 목적을 향하더라도 다른 대처 방법을 쓸 수밖에 없는 예이다.

사실 건축공간 이야기는 무척 까다롭다. 공간이라는 실체를 눈으로 볼 수 없고 만질 수도 없기 때문이다. 그러나 건축가들은 그것을 실체처럼 이야기한다. 때문에 허황되게 들리기도 한다. 그러나 문 철수 박사는 온갖 유형의 건물을 시대와 지역을 넘어 쉽게 설명해 주고 있다. 그는 자신의 주장을 강요하는 대신 독자에게 이해를 구하는 길을 택하고 있다. 고마운 일이다. 때문에 이 글을 차 애호가는 물론 일반인을 넘어 건축인에게도 권하고 싶다.

조창한(경희대학교 명예교수·건축학)

〈차례〉

책머리에—작가의 말 3

추천사—'차茶의 철학'에 관하여 8

추천사—'공간空間의 철학'에 대하여 13

서론

• 이 글의 배경 25

• 탐구의 목적 27

• 탐구의 방법—목표 1 30

• 탐구의 방법—목표 2 32

• 탐구의 방법—목표 3 34

• 기대되는 효과 39

제1부 차론

제1장 마시기—茶는 음료만의 것이 아니다 43

1. 茶 맛에 대한 차인들의 형이상학적 표현 47

   1) 지극히 차다—육우《차경茶經》 48

   2) 맑고 온화한 경지에 이르게 한다—북송 휘종 조길《대관차론大觀 茶論》 50

   3) 茶는 맛의 으뜸이다—에이사이 선사《끽다양생기喫茶養生記》 54

   4) 茶의 맛은 道의 맛—고려 茶人 이규보의 차시茶詩 58

   5) 명덕을 밝힐 수 있다—한재 이목《차부茶賦》 62

   6) 茶道는 선종으로부터 나온 것—야마노우에노쇼지《산상종이기山 上宗二記》 68

   7) 불법을 구함—난보소케이《남방록南方錄》 72

   8) 茶는 선과 같은 맛이다—자쿠안소다쿠《선차록禪茶錄》 75

   9) 간이 맞아 신령스럽다—초의 의순《동차송東茶頌》 81

   10) 애틋한 기도—오카쿠라가쿠죠《茶의 책(The Book of Tea)》 83

   11) 간 맞다에 대한 해석—효당 최범술《한국의 茶道》 86

2. 茶 맛과 또 다른 지향指向 89

제2장 茶의 맛, 그리고 맛의 사라짐 96

1. 茶의 맛 96

    1) 진명차眞茗茶·작설차雀舌茶·녹차綠茶 96
    2) 茶 맛과 존재의 경계 102

2. 사라짐 106

    1) 목 넘김 106
    2) 사라짐 108

제3장 사라짐의 의미 110

1. 사라짐에 대한 차인들의 함의 114

    1) 망형忘形·망기忘機 114
    2) 자득自得의 정신 116
    3) 명선茗禪과 차선일미 117
    4) 고통 속의 깊은 맛―시부사(澁さ) 119
    5) 쓸쓸함―적적寂寂(사비さび) 122
    6) 외로움―기수미奇數美 124

2. 동양철학에서의 사라짐의 의미 128

　1) 선불교와 사라짐(消滅) 128

　2) 불경 속의 空 139

　3) 수학에서의 空—숫자 '영(0, zero)'과 空, 그리고 유마의 일묵一默 146

　4) 일본의 무사도와 禪 혹은 선불교禪佛敎 156

　5) 空과 無, 그리고 茶 161

3. 사라짐은 곧 부활—서양 철학사에서의 해석 164

　1) 하느님을 위해 하느님을 놓아버림—마이스터 에크하르트 164

　2) 실존의 불안 상태의 인간—키에르케고르 169

　3) 無, 그리고 실존實存—하이데거 173

　4) 근원일자로의 합일—니체 182

　5) 분리의 극복—에리히 프롬 185

　6) 지금 이 순간을 받아들임—에크하르트 톨레 188

제4장 소결—茶의 진眞으로서의 사라짐과 부활 195

제2부 건축공간론建築空間論

제1장 공간의 철학─건축은 건물만의 것이 아니다 205

1. 철학을 담는 그릇─《도덕경》의 건축공간 205

2. 세상의 중심 공간─지구라트와 피라미드 209

3. 안쪽의 깊은 공간─고대 그리스 파르테논과 로마 판테온 216

4. 위쪽의 높은 공간─중세유럽 고딕성당 227

5. 실망으로 귀착된 합리적 절대공간─근대 건축공간의 이상 237

제2장 無(0)로 사라져 가는 일본 차실 공간 246

1. 일본 전통건축과 차실 공간의 형성 248

   1) 전통건축과 차실 248

   2) 고대의 건축 251

   3) 중세의 건축 258

   4) 근세의 건축 271

2. 초암차실의 탄생과 전개 278

   1) 센리큐와 초암차실의 탄생 278

   2) 일본 전통민가와 초암차실 279

3) 초암차실 공간과 노지露地 289

4) 오모테센케 초암차실의 시·공적 특성 293

5) 초암차실의 공간적 지향 308

3. 차실 공간미학의 계보 311

1) 일본 전통건축과 차실 공간미학 311

2) 현대건축과 차실 공간미학 316

제3장 무한(∞) 자연으로 합일해 가는 한국 전통 건축공간 324

1. 한국 사찰건축 고유형식 형성과정과 원인 328

1) 시대별 변화과정과 추세 331

2) 공간변화의 근본 원인─자연이라는 요소 347

2. 전통사찰 공간 지향점으로서의 대자연 350

1) 통도사 350

2) 백양사 356

3) 운문사 362

3. 무한 자연으로 향하는 茶 공간 372

1) 한국의 전통 茶 공간─누정樓亭 374

2) 민가民家 茶 공간의 시공간적 해석 387

3) 현대 건축에서의 茶 공간미학—청희당 408

제4장 한·일 전통민가 차실 공간의 공통 지향 417

1. 한국 민가 건축공간의 특성과 지향 423

2. 일본 민가 건축공간의 특성과 전개 429

제5장 소결—전통 茶 공간의 眞으로서의 사라짐과 부활 436

결론結論

결론 445

참고문헌 459

서론

서 론

• 이 글의 배경

처음 茶를 접하고 이내 가졌던 의문이 있었다.

수없이 많은 茶 중에서 녹차를 마실 때는 왜 좋은 '맛'에 대한 기준을 깊이 이야기하지 않는가 하는 것이었다.

茶의 美를 논할 때 색色·향香·미味를 먼저 거론하기도 하고, 또한 그 가운데서도 茶가 음료인 이상 맛의 세계에서 벗어날 수 없는 것인데도, 그저 구수하다, 맑다, 상큼하다 하는 정도일 뿐, 다른 것과 구별되는 그 茶만의 맛을 구체적으로 표현하려 애쓰는 것을 별로 본 적이 없었다.

언어로 표현한다는 것은, 먼저 판단 대상에 대한 가치 기준이 확립되어 있어야 한다. 좋다, 나쁘다든지, 높다, 낮다 등의 가치 표현은 일정한 평가의 기준이 있어야 가능한 것인데, 茶의 경우 그 평가가 미각의 스펙트럼에 속한 것인지, 혹은 '茶道'라고 표현되는 형이상학의 세계에 속한 것인지를 구분키 어려운 실정이 아닌가 하는 생각이 들었다.

또 하나의 의문은 현재 우리 주변의 상업적 차실茶室 공간에 관한 것이었다.

왜 주변의 차실들은 이제는 민속박물관에나 가 있어야 적합한, 현생활과 무관한 과거의 장식들을 가져와 공간을 가득 채워야만 하며, 그 속에서 차인茶人들은 왜 그렇게 정해진 듯한 몸짓으로 茶를 마시는 것인지 잘 이해할 수 없었다. 茶를 제대로 마시기 위해서 꼭 그래야만 하는 것이라면, 무대의 세트 구성에 맞추어 움직여야 하는 연극 배우의 역할과 무엇이 다른가 하는 의문이 들었던 것이다.

사실 우리나라의 경우, 역사적으로 별도의 차실이란 것을 가졌던 적이 없었기에 애초부터 차실 공간이란 어떠해야 한다는 원형적 이미지를 가질 수 없었다. 그저 유사한 것으로서 몇몇 사람의 옛 기억에 의존한, 손님과 茶 마시던 한옥이나 절집에서의 생활공간 모습이 전부였을 것이다.

그 결과 현대에 생겨난 상업적 혹은 개인의 차실들은 공간의 철학적 함의含意를 도외시한 채 접근하기 쉬운 외형 위주로 흘러가기 시작한 것이 그 원인이 아닌가 싶기도 하였다.

이러한 원형原型 공간 의식의 결핍이 현대인의 茶 생활을 커피로 대표되는 외래 茶 문화에 경도傾倒되도록 몰고 간 요인 중 하나일지도 모를 일이다. 만약 이러한 추측이 하나라도 맞는 것이라면, 한국의 차인과 茶 철학자들은, 그리고 필자와 같은 건축가들은 도리 없이 깊은 아쉬움의 늪에 빠져 들어갈 수밖에 없다. 그들이 이미 마땅히 했어야 했던 일이기 때문이다.

• 탐구의 목적

오미자나 유자와 같은 과일 茶는 말할 것도 없고, 수없이 많은 종류와 제법製法을 자랑하는 커피의 경우에도 종류마다 제각각의 특징적인 '맛'을 가지고 있다. 당연히 바리스타는 그것을 미각의 차이로 구분하고 하나하나 특징을 구별하여 설명한다. 그들은 미각과 언어의 차이를 극복하기 위해 무던히도 애를 쓰며, 잘 잡히지 않는 미묘한 맛의 차이를 언어로 옮기기 위해 갖가지 표현을 구사하기도 한다.

반면 과거 차인들은 茶 맛을 두고, "덕행이 높은 사람이 마시는데 가장 적합한 것"이라 하는 정도의 인문학적 이야기를 했고, "공·맹孔孟이나 부처의 말을 듣는 것과 같다."라는 식의 선문답으로 표현해 왔다.

그런데 당시 차인들의 이러한 말이 단지 표현의 과장을 위한 허튼소리를 하는 것만은 아니었다. 실제로 행위 당사자인 차인들은 茶 마시기를 禪 수행과 같이 생각하며, 단순한 음료 마시기를 넘어 철학과 종교 그 자체라고도 생각했기 때문이다.

하지만 그렇다 하더라도 茶는 분명 기호음료의 한 종류이며, 모든 행위와 의미는 마시고 맛보는 오감五感의 자극에서부터 비롯된다는 것이 엄연한 사실이다. 茶의 모든 철학은 이 출발선을 확실히 디디고 선 후 시작되어야 한다. 그렇지 않으면 빨리 가려는 바쁜 마음에 한 발 먼저 출발한 것이 결국 실격의 원인이 되어버리고 만 가련한 육상선수처럼 결국 뿌리 없는 나무처럼 헛수고로 전락할 가능성이 매우 크기 때문이다.

차인은 이제 귀찮고 성가시게 느껴진다 하더라도, 또한 지극히 사소한 것이라 느껴진다 하더라도 수천 년 묵은 불립문자不立文字의 방식으로서가 아니라, 최대한 정교하고 엄정한 현대의 언어로 위의 물음에 답해야 하는 시점에 도달한 것이다.

茶가 지니고 있는 유형적 맛뿐만 아니라, 그것과 관련된 비물질적인 형이상학 내용에 대해서도 가능한 한 이해하기 수월한 현대 언어로 하나하나 설명하려 노력해야 한다. 마치 현재의 전문교육 학원에서 작법을 설파하는 커피 바리스타가 그렇게 하는 것처럼.

또 건축가들은, 차실茶室이란 언뜻 보아 별도로 분류해야 할 기능이 따로 정해져 있지 않기에, 과연 어떤 행위가 그 공간의 주된 기능인지 철학적 관점으로 다시 파악해야 할 것이다. 그 작업 이후라야 차실의 공간 개념을 현대인의 사고에 맞게 구체적으로 정립할 수 있을 것이기 때문이다.

그러기 위해 건축가들은 가장 먼저, 옛 차인들이 가졌던 철학적 사고를 바탕에 두고, 외형이 아닌 내재된 개념 차원에서의 차실 공간 전체에 대한 재평가와 그 내용에 대해 사실적인 언어로 설명을 할 필요가 있다.

건축은 물체 덩어리인 건물이기에 앞서 그 외피外皮로 형성되는 실체가 없는 공간으로서 먼저 규정되는 것이다. 눈에 보이지도 않고 만질 수도 없는 공간에 대한 규정을 위한 도구는 결국 철학일 수밖에 없다. 공간이란 건물처럼 유형적인 것이 아니기 때문에 철학적 배경에 대한 이해 없이는 단지 기능적인 것 외의 어떤 해석도 불가능하기 때문이다.

뿐만 아니라 건축공간이란 결국 사람의 다양한 생활을 담아내야만 하는 도구성을 벗어날 수 없는 것이기 때문에 그 해석도 눈에 보이는 유형적 건물을 동시에 다루는 것이 될 수밖에 없다. 따라서 일상생활로서 건물을 쓰는 사람이라면 누구나가 다 이해할 수 있는 언어적 평이성마저도 함께 요구되는 것이다.

• 탐구의 방법—목표 1

먼저 옛 차인들의 말에 담긴 공통점부터 들춰보자.

조선 사대부였던 한재寒齋 이목李穆은 오직 진명차眞茗茶만을 대상으로 차론茶論을 논했다. 진명차는 현대적 의미로 우전雨前 녹차[1]와 같은 새싹 비 발효차를 뜻하는 말일 게다. 그는 발효차에 대해서는 차론을 적용시키고 싶은 마음이 없었던 것 같다. 같은 녹차잎으로 만들었다 하더라도 생차生茶와 발효된 茶는 본질적으로 다른 무언가가 있다는 의미인데, 그 다름의 차원은 음료인 이상 당연히 '미각—맛'에서 비롯되었을 것이고, 실제 맛의 차원 혹은 특성이 서로 매우 다르다는 것은 모든 차인들이 이미 알고 있는 사실이다.

그렇다면 그의 차론은 결국 원래 그대로의 茶, 즉 새싹 녹차 맛의 세계를 탐색하고서 품게 된 형이상학이었을 것이다. 그리고 이러한 맛의 본질이 그의 말처럼 불교佛敎나 도가道家, 혹은 공·맹孔孟의 가르

---

1 우전雨前 茶는 녹차의 종류 중 하나로, 24절기 중 하나인 곡우穀雨 전에 찻잎을 따서 만든 茶를 말한다. 이른 봄 가장 먼저 딴 찻잎으로 만든 茶라 하여 첫물茶라고도 한다. 여린 찻잎으로 만들어 은은하고 순한 맛이 특징이다. 한재의 언급은 찻잎의 재료적 특성을 논하는 것이지 가공 방법의 茶 개념이 아니므로, 덖음차 혹은 말차抹茶일 수도 있다. 하지만 채취하기 어려운 작은 잎을 따서 그 어린잎의 특성을 살릴 수 없는 가루차를 만들거나, 어린잎의 특성이 화학적으로 바뀌어 버리는 발효차로 만들지는 않았을 것이다. 그럴 바에야 채취하기가 수월한 큰 잎을 선택했을 것이기 때문이다. 따라서 진명차의 현대적 의미는 덖음차인 '새싹 녹차'가 가장 적합한 것이라 추측된다.

침의 본질과 맞닿아 있는 것임을 알려주는 것이었다.

더더욱 중요한 것은, 茶의 맛이라는 것이 말의 영역을 뛰어넘어 한순간에 진리를 깨닫게 해주는 禪의 세계에 속한 것임을 가르쳐주는 것이었다.

그가 전하고자 애썼던 그 맛의 본질은 무엇일까? 도대체 어떤 맛이 있었기에 고작 잎을 말려 물에 우린 것에 지나지 않는 茶로써 성인의 진리에 한순간 다가설 수 있다는 말인가?

여타 식물의 茶 혹은 현대의 커피에 이르기까지, '茶'란 '식물의 잎·줄기·뿌리·열매 따위를 가공하여 달이거나 우려서 마시는 음료의 통칭'으로서 어떤 특정한 맛을 가지고 있다. 따라서 좋은 茶란 원재료가 지니는 맛의 본질적 원형에 접근된 정도로써 판단할 수밖에 없다.

하지만 이 척도로써는 단지 더운 물에 은근한 차향이 살짝 드리운 것으로 느껴지는 진명차의 미각 특성을 논할 수 없다.

생차 잎을 말린 후 물에 우려서 마시는 진명차는 여러 가지 茶의 맛 가운데서도 극히 작은 미각 자극을 가지고 있을 뿐이며, 목 넘김이 끝나기 전에 사라져 없어져버리는 느낌을 준다. 그렇다면 혹시 진명차眞茗茶의 본질적 가치가 맛의 유형적 특성이 어떠한가의 차원에 놓여있는 것이 아니라, 맛이라는 존재자의 있음과 없음 사이의 어딘가에 위치하고 있음을 말해주는 것이 아닐까?

• 탐구의 방법—목표 2

천년이 넘는 기간 동안 동아시아의 철학자였던 차인들은 그저 달을 가리키는 손가락으로만 진리를 이야기해 왔다. 불교에서 선불교의 수행 과정이 그랬었고, 그것이 또한 禪의 본질이었다.

하지만 서양의 철학자들은 비록 드물긴 했지만, 그와는 달리 매우 어려운 길을 거쳐 결국 분석적인 어투로, 손가락 아닌 달을 직접 겨냥하며 진리의 내재상태인 無의 세계를 이야기해왔다.

아우구스티누스는 '내가 여기에 있음'이 신의 살아있음의 증명이라 했고, 마이스터 에크하르트는 '신에서 벗어나기 위해 신에게 기도한다'는 말로 신에 앞선 존재의 진리에 대해 이야기했다.

그로부터 몇백 년 뒤, 키에르케고르는 불안이라는 상태의 해석을 통해 존재의 진리를 이야기하였고, 하이데거는 예술작품 속에 내재하는 '작품'의 존재는 형태 뒤에 가려진 채 숨어 있는 '無(大地²)의 은

─────

2 이러한 출현과 발현 자체 또는 그 전체를 그리스인들은 일찍이 퓌시스라 불렀다. 그리고 동시에 이 퓌시스는 인간이 자신의 거주를 그 위에 또 그 가운데 마련하는 터를 밝혀준다. 우리는 이것을 대지(Erde)라 부르고자 한다. 여기서 대지라는 말이 의미하는 바는 어떤 겹겹이 쌓여진 물질더미로서의 지층이라든가, 아니면 천체에 대한 천문학적 관념으로서의 지구와는 거리가 멀다. "대지는 모든 발현하는 것들이 그 자체로 되어 발현하면서 되돌아가는 그곳을 말한다." 모든 발현하고 있는 것들 가운데서 대지는 스스로를 감추면서 간직하는 것으로 현존한다. (M. 하이데거, 오병남·민형원 공역, 《예술작품의 근원》, 예전사, 1996, p. 49~50)
"대지는 나타남과 동시에 스스로를 감추어 간직하는 것이다. 대지는 스스

밀한 발현發顯'에 있다고 표현하였다. 그 발현은 보이는 세계[3]의 형상화에 의해 표상되며, 작품의 존재 자체가 '無'의 발현(대지의 일어섬[4])이라고 말했다.[5]

　진리 표현에 관한 이러한 서양 철학자들의 직접적 서술 태도는, 동아시아의 문화 전통 안에서는 유사한 사례가 없는 것이라 어색하고 불편하게 느껴지기도 한다. 하지만 한편으로는 그 필요성에 공감하며 담대함에 내심 고개를 끄덕이고 싶은 마음도 가질 것이다.

　이제 차인들도 좀 더 쉬운 말로 달을 직접 가리켜 이야기해야 하는 강박이 생겼다. 시대가 저만치 앞서 바뀌고 있고, 차인이 아닌 그

───────

　로를 바깥으로 드러내지 않는 것, 그러면서 지칠 줄 모르는 근면한 것이다." 이러한 대지 위에서, 그리고 그 속에서 역사적 인간은 세계 가운데서의 자신의 거주를 근거짓는다. 작품은 하나의 세계를 열어 세우면서 대지를 불러 세운다. (예술) 작품은 대지를 하나의 대지이게 한다. (위의 책 p. 55)

3 하이데거에게서 '세계'는 세계-내內-존재, 혹은 생활세계 같은 기본 개념으로 우리에게 이미 잘 알려져 있다. 그는 《존재와 시간》 14~18절에서 "현존재(Dasein)가 도구, 자연의 사물 그리고 다른 인간적인 것들과 함께 세계-내內-존재로서 체험하는 의미있는 관계들의 총체"를 세계라고 정의했다. (박정자, 《예술작품의 근원 그리고 진실》, 상명대학교, 2004.)

4 예술작품은 예술가나 물질적 예술품 자체 내에 존재하지 않고, 대지의 '일어섬'에 의해 '발현'된다.

5 그 예로, 그저 그러함의 일상 존재일 뿐인, 낡은 신발 모사模寫인 빈센트 반 고흐의 작품 《끈 달린 낡은 구두》를 통해, 또한 도리스 주범柱範의 고대 그리스 신전을 통해 형상의 뒤에 숨어 있는 無를 통한 존재의 발현에 대해 구체적으로 설명한 바 있다.

들이 먼저 보이지 않는 無에 대해 그렇게 말과 글로써 이야기해 왔기 때문이다.

• 탐구의 방법 — 목표 3

이러한 바닥이 없는, 하지만 근본적인 의문에 논리적으로 대답할 수 있는 것은 茶 자체보다는 무형의 차실 공간이 더 적합한 것일 수도 있다. 여기서 공간이란 차실 건물 자체를 뜻하는 것이 아니라, 건물이라는 바깥 껍질(外皮)로 감싸여진 내부의 빈 공간을 말하는 것이다.

볼 수도 만질 수도 없는 무형 공간의 실체적 파악은, 펼쳐져 있는 장소의 의미를 개념적 관점에서 파악할 수 있는 건축가의 안목이 필요한 것이기는 하다.

하지만 공간의 그 무형성이 존재와 비존재의 경계에 놓여있는 형이상학적 대상이기에 오히려 茶 맛의 존재적 질문에 더욱 명쾌한 대답을 보낼 수 있는 것인지도 모른다. 필자는 차실 공간에 대하여 철저하게 건축가의 관점에서만 평가하고 싶다.

옛 건물이 지금까지 잘 보존되어 있는 일본의 경우를 살펴보면, 차실 공간이 담고자 한 것은 건물 내부의 것만이 아니라, 茶 맛의 경지와 같이 현실적 공간의 소멸 과정을 통해 존재 자체의 의미를 부각시키려는 점이 돋보이고 있었다.

무한한 외부로부터 점으로서의 공간이 소멸되어 사라지는 단계로까지 이끌어가는 순차적인 차실 공간체계는, 茶를 마시는 것이 현실의 공간으로부터 점차 벗어나 상위 차원인 진리의 세계로 진입하는 과정임을 보여주려는 것이었다.

공간의 성격이 이러할진대, 그 주체인 茶, 혹은 茶 맛의 최종 지향점은 너무나 분명한 것이 아니겠는가.

茶 마심은 맛의 스펙트럼에 대한 추구가 아니라 그 공간이 지향하는 바처럼 마침내 영(zero), 혹은 無 속으로 미각적 유형성이 사라져 없어짐으로써 피안의 세계에 도달하려는 종교적, 혹은 철학적 과정일지도 모른다.

일본 전통 차실의 매우 특이한 점은, 이런 공간 과정이 일본의 보편적 전통 민가에서는 유례를 찾아볼 수 없다는 사실이다.[6] 그렇다면 일본의 차실은 茶의 의미와 함께 공간의 무화無化를 위해 특별히 창조된 것이 아닐까.

---

6 당시 한국의 농촌 초옥 민가가 일본 초암草庵 차실의 원형이라는 학설이 이미 존재한다. 초암차실 공간은 한국 전통 민가 공간 구성과 매우 유사하며, 이러한 예는 일본의 전통 민가에서는 유례를 찾아볼 수 없다. 보편적 일본 전통 민가는 하나의 지붕 아래 모든 기능을 담기에 외부 공간에서의 순차적인 접근 과정이 있을 수 없는 내부 공간 위주의 대공간 구성이 특징이다.

한편 한국 茶 공간의 경우에서는 일본 차실과 실현의 방법은 달리하지만, 근본적으로 동일한 공간개념에 속하며, 더 심층적이고 극적인 공간 無化의 길을 가고 있었다.

한국 전통 민가의 경우 별도로 차실 공간이 구분되어 있지 않았으나, 대부분 철학적 사유에 깊이 천착穿鑿했던 조선 사대부가 주택의 건축주들은 특화된 차실에서만이 아니라 공간 전체에 그들의 소우주를 구현하려 애썼다.

주택 전체를 일본의 차실과 같은 구도求道의 심화 과정으로 이해하였고, 극적인 무한성을 느낄 수 있는 무대장치로써 공간을 설정하였다.[7] 어쩌면 그런 숨겨진 이유가 있었기에 구도적 공간이라고 할 수밖에 없는 별도 차실 공간이 불필요했었는지 모른다.

기존 외부 환경에 대한 조선 사대부 계급 건축주의 형이상학적 재해석은, 눈에 보이는 가시적 세계에 새로운 의미와 가치를 부여하였고, 눈에 보이지 않는 무한차원의 세계를 그 이면에 더하여 펼쳤다.

그로써 현상계와 함께 겹치며 펼쳐진 이중 차원의 공간 위에 건축주의 우주관이 반영된 명명命名을 통해 그만의 새로운 세계를 발현시켰다.

한국과 일본은 茶문화적으로 볼 때 밀접한 하나의 세계이며, 그 뿌

---

7 이 점은 주택, 누정뿐 아니라 사찰이나 궁궐의 건축공간도 포함된다.

리는 불교, 특히 선불교禪佛敎였다. 언어도단言語道斷[8]으로 일컬어지
는 선불교 수행의 핵심은 순간의 깨우침(돈오頓悟)에 의해 견성見性을
획득하는 것이다. 말이나 사유만으로써는 진리의 세계에 도달할 수
없다. 왜냐하면 그 지향하는 바가 '형태 없음(無 혹은 空)'이기 때문이
고, 그 '없음'을 형상(相 혹은 色)의 세계인 언어나 말로써 설명한다는
것은 그 자체로 모순이었기 때문이다.

하지만 그 '없음' 속에 내재하는 진리인 '참 나(眞我)'를 깨닫고 실
천하기 위해서는 반드시 자각(見性悟道)의 초월수단이 필요했을 것
이다.

茶와 차실의 존재 의미는 바로 초월수단으로서의 역할에 있었던
것이 아닐까.

이 책의 내용은, '차실 공간에서 공간이 無化되어 사라져 가는 것
처럼 茶 마심의 의미가 형상을 초월하는 無化 과정'임과, 그것이 결
국 '진리의 세계로 다가가는 과정'이라는 것을 이야기하고자 하는 것
이다.

---

8 불교 용어로, 심오하고 미묘하여 말로 표현할 방법이 없다는 뜻이다. 《보
살영락본업경》줄여서 《영락경纓絡經》 또는 《현재보경現在報經》이라고도
하는 대승불교 경전에 나오는 말이다. "언어의 길이 끊어지고 마음이 가
는 곳이 사라진다(言語道斷, 心行處滅)." 궁극의 진리는 언어의 길이 끊겨
서 말로 설명할 수 없고, 마음속 생각으로 갈 곳이 사라져서 생각할 수 없
다. 최고 경지의 진리는 사람의 말이나 문자로써는 표현할 수 없고, 사람
의 생각으로는 미칠 수 없다는 말이다.

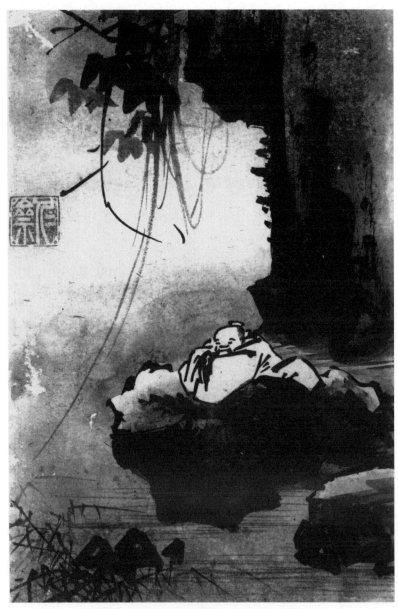

강희안, 「고사관수도高士觀水圖」(국립중앙박물관)

• 기대되는 효과

필자는 이 책의 내용을 통하여 우리가 마시는 茶와 차실 공간의 의미는 결코 기호음료와 기능적 장소로서의 의미에만 머무는 것이 아니라, 진리의 자각수단이라는 것을 말하고 싶다. 즉 茶 마심은 미각이라는 유형의 것이 없어지는 순간, 곁눈으로 흘낏 넘겨 보이는 無의 세계로의 초대일 수 있다는 것을 말하고 싶은 것이다.

차실 공간도 단지 茶를 마시기 위한 기능적인 장소로서가 아니라, 茶와 함께 진리를 향해 걷는 구도求道의 수단일 수 있다는 것을 가능한 현대적인 어투로 말하고 싶은 것이다.

또한 서로 다른 형태를 가진 일본과 한국의 전통 차실 공간은, 동일한 하나의 주제를 연주하는 두 개의 변주곡變奏曲이었다는 것도 독자들에게 펼쳐 보여주고 싶다.

그러다 보니 茶 등급의 기준마저도 커피와 같이 어떤 측량할 수 있는 미각적 요소의 구별 정도가 아니라, 茶의 맛이 입안에서 맴돌다 사라져 가는 양상의 차이가 주요한 미각 판단 요소가 되어야 하지 않을까 하는 생각마저도 든다.

언어로 표현한 옛 차인들의 茶 철학을 종합해 볼 때, 그렇게 발전되어야 마땅한 것 아닐까?

제1부

차론茶論

제1장

茶 마시기

茶는 음료만의 것이 아니다

　이상하게도 기호로 마시는 음료가 분명함에도 불구하고 천 년 전부터 차인들은 음료로서의 고유한 작용과 내용보다는 먼저 茶의 철학세계에 대해 주로 이야기해왔다.

　고작 茶나무의 이파리를 따다가 물에 타서 마시면서, 권력자로부터 종교인, 학자까지 그 맛과 깊이에 관해 찬사를 아끼지 않았을 뿐만 아니라, 초월적 무한세계로 직접 인도하는 오묘한 수단으로까지 인식하기를 마다하지 않았다. 이 점은 茶의 효용이 오직 음료로서의 미각에 관한 어떤 '맛'에 대한 것만이 아니라, 좀 더 깊은 곳에 존재하는 다른 차원, 즉 정신적 효용의 측면이 크게 작용하고 있음을 말해주는 것이었다.

　유학자들은 유학의 근본이념인 인의仁義를 茶를 통해 설명하였다. 즉 그들이 생각한 진眞을 茶를 통해 감각적 차원에서 형상화할 수 있다고 보았던 것이다.

선불교禪佛敎의 선승禪僧들은 茶를 마시는 것이 종교의 진리에 다다를 수도 있는 수행 수단의 하나로 보았으며, 많은 차서茶書를 남기기도 하였다. 특히 茶에 대한 불교 선승들의 각별한 애호는 음료로서의 효용뿐만 아니라, 깨달음 측면에서의 茶에 대한 애호와 보전에 대한 각별한 역할을 수행하였다.

즉, 이 모든 사례들은 茶가 단순한 음료가 아니라 영혼의 소양素養을 자극하는 특수한 측면이 있음을 말해주는 것이다.

하지만 여기서 우리는 커다란 의문점 하나를 가지게 된다. 즉 茶가 눈으로 볼 수도, 손으로 잡을 수도 없는 형이상학적 가치를 그토록 자극하는 계기가 되는 것이라면 茶의 어떤 면이 그런 정신세계, 즉 眞·善·美로 표현되는 초월세계와 통하는 것인가 하는 점이다.

음악은 선율의 흐름, 화음의 조화, 혹은 리듬의 강약으로 인간 사고의 음악적 감성을 활성화시킴으로써 정서의 세계로 빠져들게 한다. 마찬가지로 시는 문학적 표현과 운율로써, 회화나 서예는 화폭에 그려진 선의 강약과 여백의 배치와 같은 화면 구성을 통해 인간의 시각을 자극하여 쾌감을 전달한다.

이처럼 예술은 인간의 현실적 감각 자극을 통해 실제 현실과는 다른 영역인 형이상의 차원으로 이끄는 것이며, 초월세계인 美에 다다르게 하는 수단이 된다. 예술가는 그러한 감각의 극적인 자극을 통해 美의 초월세계를 추구하는 사람이며, 평생을 바쳐 자신만의 지극한 방법을 찾는 것이 예술가의 삶이 된다.

예술이 인간의 감각을 자극하여 현실에서 초월의 세계로 이끌 듯이, 茶가 禪이든, 철학이든 그것을 마시는 사람을 형이상학의 세계로 이끌어가기 위해서는 특정 논리나 감각의 매개가 동원되어야 함이 마땅하다.

茶가 현실의 기호품인 음료인 이상 미각과 같은 감각의 매개가 아니라면 무엇으로 종교적 진眞의 세계까지 도달케 할 것인가? 만약 그런 직접적인 수단이 될 수 없다면 茶는 단지 관념적 지식으로써만 전달되는 학문적 내용이거나, 현실의 모든 근거를 뛰어넘는 신비한 종교현상이 되고 마는 것이다.

하지만 이상하게도 茶의 경우 궁극의 지향점, 즉 '眞'의 가치만 강조될 뿐 매개수단으로서의 기능적 작용에 대해서는 거의 언급되지 않았다.

그것이 음료이므로 미각을 통하는 것일 수도 있고, 향기를 내는 것이므로 후각을 통하는 것일 수도 있으며, 빛깔을 띠는 것이므로 색을 통한 것일 수도 있다. 물론 그 셋을 종합한 것일 수도 있을 것이다. 분명한 사실은 茶 세계에 빠져든 사람은, 그것이 무엇이든 茶가 가진 감각적 자극수단을 통해 초월세계를 향해 나아갔다는 사실이다.

茶의 세계가 많은 사람들이 말했듯이 그토록 초월적이고 깊은 것이 맞다면, 그 감각의 방아쇠를 당기는 계기가 무엇이며 어떤 과정을 거쳐 그 아득한 세계로 인도되는지 먼저 살펴보아야 한다.

만약 차인茶人이 그 계기를 밝히려는 노력은 소홀히 하고 초월의 세계만을 먼저 논하게 된다면, 깨달음의 과정은 없고 기행奇行만 남은 禪僧과도 같이 비춰질 우려가 있기 때문이다.

이것은 어쩌면 불립문자不立文字[1]의 전통을 가지고 있는 선불교의 입장이나, 道에 대해 말하는 것 자체가 이미 道가 아니라고 보는 도가적道家的 전통 위에서 볼 때는 매우 다루기 어렵거나 불가능한 과제이기도 하다. 하지만, 茶를 철학의 관점에서 더 구체적으로 논하기 위해서는 반드시 거쳐야 할 과정이라 판단된다.

특히 쓰라린 근대화의 과정을 겪으며 모든 전통문화의 뿌리가 잘려진 한국의 경우, 작금의 茶 문화를 다시 잇고, 한층 더 심화된 茶 철학을 논하기 위해서라도, 형상으로서의 茶와 형이상의 세계를 이어주는 그 연결고리와 작용은 무엇인지에 대해 더욱 주의를 기울여 살펴보아야만 할 것이다.

---

1 「불립문자」는 禪의 종지를 표현하는 어구인 '불립문자不立文字·교외별전敎外別傳·직지인심直指人心·견성성불見性成佛' 가운데 한 구로서 일반적으로 「교외별전」과 함께 언급된다. 문자를 내세우지 않는다는 말은 언설과 문자를 활용하지 않는다는 뜻이 아니라, 언설과 문자가 지니고 있는 형식과 틀에 집착하거나 빠지는 것을 경계하는 뜻이다. 문자에 얽매이지 말고 자유자재하게 활용하는 禪의 입장을 단적으로 표현한 말이다.

1. 茶 맛에 대한 차인들의 형이상학적 표현

행차行茶의 가장 기본적인 형식은 찻잎을 물에 우려 마시는 '음료'라는 것이다. 이 점은 찻잎을 말려 곱게 간 가루를 물에 섞어 마시는 가루차이든, 잎을 따서 발효시켜 물에 우려 마시는 발효차든 간에 차가 가지는 기초 존재 형식이다.

즉 茶는 음료이고 음식물의 한 종류이며 달고, 쓰고, 시고, 짜다는 느낌을 혀의 자극을 통해 뇌에서 느끼게 되는 미각의 세계에 먼저 속해 있다는 것이다. 미각의 세계는 인체에 필요한 영양을 섭취하는 방법을 다루는 요리의 영역에 전유專有되고 있다.

차인들도 시다, 쓰다라는 미각에 관련된 표현을 하기는 하였다.

하지만 그들이 단순히 미각의 세계를 다룬 것은 아니었으며, 더구나 요리 방법을 논한 것은 전혀 아니었다. 茶 성분은 인체에 필요한 영양분이 많이 포함되어 있거나 자극적인 향이나 단맛이 나는 열매가 아니기 때문에 그런 종류의 논의는 처음부터 불필요했던 것인지도 모른다.

하지만 茶는 분명 식품의 한 종류인 음료이므로 먼저 미각의 관점으로 바라보는 것은 그것을 알고자 하는 자의 예의일 것이다.

차인들이 남긴 문헌에 표현된 茶의 맛에 대한 묘사를 골라 찾아보아, 그들이 茶에 대해 주목한 것이 과연 어떤 성격의 것이었는지를 살펴보면 다음과 같다.

육우(위키백과)

1) 지극히 차다 – 육우《차경茶經》

육우陸羽(733~804)는 당나라 말기의 인물로서 세계 최초의 茶 경전
인《차경茶經》의 작자이다. 중국의 차인들 가운데 이찬황李贊皇, 노동
盧同과 더불어 이름난 차인이기도 하다.

그가 쓴《차경》의 내용을 살펴보면, 제1장인 원(源) 2절[2]에 茶의
근원을 밝히면서, 당시 사람들이 茶의 맛에 대해 대개 '쓴맛'으로 먼
저 인식하고 있음을 주공의 견해를 빌려 거론하고 있다.

─────────

2 최범술,《한국의 차도》, 보련각, 1980, p. 167. 陸羽 茶經節錄(抄錄), 一之
源 2. 재인용.

周公云 檟苦茶

주공이 말하기를, "가나무는 쓴 茶"라고 하다.

하지만 그는 그것이 단순히 삼키기에 괴로움을 주는 일반적인 쓴
맛에서 그치고 마는 것이 아니라, 곧바로 미각의 세계를 넘어 그 속
에 더 깊은 차원의 기쁨으로 인도해 주는 것임을 주관적으로 밝히고
있다. 《차경》의 제1장 원源 4절[3]을 보면 그가 주장하는 茶의 형이상
학적 미각에 대한 표현이 나온다.

　茶의 용도는 맛이 지극히 차서, 행실이 정성스럽고 검소하며 덕이 높
　은(精行儉德) 사람이 마시는 데 가장 적당하고, 만일 갈증이 나고, 속이
　답답하고, 머리가 아프고, 눈이 껄끄럽고, 팔다리가 번거롭고, 온 마디가 펴
　지지 아니하는 자는 네댓 번만 마셔도 제호醍醐[4]와 감로甘露[5]로 더불어
　세력을 다툰다(茶之爲用 味至寒 爲飮最宜精行儉德之人 若熱渴凝

3 최범술, 《한국의 茶道》, 보련각, 1980, p. 168~9. 陸羽 茶經 一之源 4. 재인용.

4 제호醍醐 : 우유를 정제하면 유乳·낙酪·생수生酥·숙수熟酥·제호醍醐의 5
가지 단계의 제품이 나오는데, 이 중 제호의 맛이 가장 좋다. 제호는 제호
상미醍醐上味의 준말로 불교에서 비교할 수 없이 좋은 맛, 곧 가장 숭고한
부처의 경지를 의미하는 말로 쓰인다.

5 감로甘露 : 천상에 있는 신들이 항상 마시는 영묘한 술(또는 약)인 산스크
리트어로 아므리타amṛta, 팔리어로 아마타amata의 한역漢譯. 불교문헌에
서는 단 이슬, 즉 감로甘露라고 하였다. 이 술을 마시면 늙지도 않고 죽지
도 않는다고 하여 불사不死라고 번역하기도 하였다. 붓다의 말씀을 감로
에 비유하기도 하는데, 붓다의 말씀이 중생의 몸과 마음을 기르는 묘한 맛
을 지녔다는 의미가 있다.

悶 腦疼目澁 四肢煩 百節不舒 聊四五啜 與醍醐甘露抗衝也).

여기서 맛에 대한 표현은 '지극히 차다(味至寒)'라는 온도 표현의 것과 정순한 버터를 뜻하는 제호醍醐, 혹은 단 이슬(甘露)과 같은 상징어로 맛을 비유했을 뿐 앞서 주공의 경우와 같이 시다, 짜다, 혹은 맛있다와 같은 순수 미각 형용사는 사용되지 않았다. 대신 당시 전설적 최고 식품으로서의 정순한 우락牛酪(버터를 뜻함)이라는 뜻의 제호 혹은 신령한 약수로 상징화된 감로甘露의 표현을 사용하였다.

또한 덕행이 높은 사람이 마시는 데 적당하다고 표현한 것을 보면, 茶를 식품 혹은 약품으로서의 사물 대상으로서가 아니라, 형이상학적 정신 감각을 깨우쳐 주는 기제機制(메커니즘)로서 먼저 인식했다는 것을 알 수 있다.

2) 맑고 온화한 경지에 이르게 한다 – 북송 휘종 조길《대관차론大觀茶論》

북송의 휘종徽宗(1082~1135)황제는 茶를 매우 숭상하여 직접 차론을 썼다.

첫머리에 그는 "茶는 소란스러운 시대에는 숭상할 수 없는 것이고, 천하가 태평하고 임금부터 백성까지 어질고 덕화에 훈육되었을 때에만 찾을 수 있는 것이다."라고 칭송하였다. 아마도 자신의 치세에 대한 지향점과 그 당시 상태에 대한 스스로의 평가를 茶에 빗대어 묘사한 것일 수 있다.

즉 세상이 태평하고, 사람의 마음이 온화하며, 물자는 싫증날 만큼 넉넉하고, 학자는 학문에 힘쓰고 풍류의 즐거움을 누리는 상태이어야만이 茶를 찾는 세상이 되는 것이라고 하였는데, 지금 그 시대가 초야에 있는 선비라 할지라도 茶를 쌓아두지 못한 것을 부끄럽게 여긴다 하였으며, 참으로 맑은 것을 숭상하는 세상이라고 말하고 있기 때문이다.

茶에 대한 직접적인 평가를 살펴보면,

茶라는 것이 구구甌(절강성 동부지역)와 민閩(복건성 지역)의 빼어난 기운을 차지하고 산천의 영기를 모아서, 가슴이 막힌 것을 씻어서 떨어 없애며, 맑고 온화한 경지에 이르게 한다면 용렬한 사람이나 어린이가 알 수 있는 일은 아니다.

그리고 "성질이 부드럽고 간결하며, 높고 고요한 운치는 소란한 시대에 즐겨 숭상할 일이 아니다(沖澹間潔 韻高致靜 則非遑遽之時可得而好尙矣)."[6]라고 하였다.

즉 茶는 부드럽고, 간결하고, 높고, 고요하며, 맑고 온화한 경지에 이르게 한다고 하였는데, 이는 사실 茶의 맛이라기보다 茶를 마신 후 도달하게 되는 정신적 상태에 대한 묘사라고 하는 것이 더 정확한 표

---

6 김명배 역저, 《중국의 茶道》, 명문당, 2016, p. 155, 177, 재인용.

현일 것이다. 그렇지 않다면 '부드럽고 간결하다'는 표현은 '맛' 자체, '높고 고요한 운치'는 마신 이후의 정신상태를 구분하여 표현한 것일지도 모르나, 이 문장은 미각에 대한 설명보다는 마신 이후의 상태, 혹은 茶를 마시고 도달하고 싶은 지향점의 표현이라고 보는 것이 더 타당할 것이다.

그 이후의 내용을 살펴보면, 茶 맛의 원칙에 대하여 쓴 것이 있는데, 여기서도 茶가 지향하는 궁극의 특정한 맛과 미각의 묘사라기보다 고담준론과 같은 원론적이고 표상적인 표현이 주를 이루고 있어 아쉬움을 준다.

"무릇 茶는 맛을 으뜸으로 삼는다. 맛은 향기로운 것, 단 것, 무거운 것, 매끄러운 것이 갖추어져야만 완전하다(夫茶以味爲上 香甘重滑 爲味之全)."[7]

茶의 창槍, 바꾸어 말하자면, 가지가 처음으로 움트는 것(싹)은 나무의 성미가 시기 때문에 창(싹)이 지나치게 자라면 처음에는 달고도 무거우나, 마지막에는 어슴푸레하게 떫은맛이 난다(茶槍乃條之始萌者 木性酸 槍過長則初甘重而 終微澁).

茶의 기旗, 바꾸어 말하면 잎이 이제 막 펴진 것은 잎의 맛이 쓰다. 기가 지나치게 쇠(老)하면 처음에는 쓴맛이 혀에 머무르지만, 꿀꺽 마시

---

7 김명배 역저, 《중국의 茶道》, 명문당, 2016, p. 181, 재인용.

면 도리어 달콤하다(茶旗乃葉之方敷者 葉味苦 旗過老則初雖留舌
而飲徹反甘矣).[8]

마지막 문장에서, 어린 茶 싹의 쓴맛에 대해 얘기하고 있다. 하지
만 그 맛이 입안에 머무르기에 적합하지 않은 부정적인 미각으로 묘
사되고 있고, 꿀꺽 삼키면 도리어 달콤하다는 표현이 나오는 것으로
보아 빨리 삼켜서 처리해야만 하는 거북스러운 미각임을 암시하고
있다. 그렇다면 따기 어렵고 만들기도 어려워 고급품으로 분류되는
어린 茶 싹의 맛이 단지 꿀꺽 삼켜서 피하고 싶은 것에 불과하다는
말인가? 그렇다면 그 비싼 茶는 왜 굳이 마셔야 하는가 하는 의문에
휩싸일 수밖에 없다.

만약 茶 맛이란 그런 것이 전부가 아니라 한다면, 삼킨 이후에 느
끼게 된다고 하는 달콤한 맛이 茶 맛의 진수란 말인가? 만약 그렇다
면 茶 맛의 실체는 혀에 머무르는 쓴맛인가? 아니면 마신 후에 느껴
지는 달콤함인가? 달콤함이 茶 맛의 지향점이라면 굳이 애초에 쓴맛
을 내는 茶를 마실 이유가 과연 있을까? 이 관점에서, '茶는 일반 음료
와 같이 미각의 세계에만 속한 것이 아닐 수도 있다.'라는 의문의 실
마리를 가지게 된다.

하지만 茶의 속성과 맛의 기준에 대한 궁금증을 자극하는 이 대목
에 대한 휘종황제의 부연 설명은 아쉽게도 더 이상 보이지 않는다.
결국 이 글에서도 茶가 음료로서 갖추어야 하는 '미각'의 궁극적 지향

---

8 김명배 역저,《중국의 茶道》, 명문당, 2016, p. 171, 181, 재인용.

점에 대한 묘사와 그 기준의 규정이라는 관점에서는 아쉽기만 한 상황이다.

그렇다면 휘종황제가 직접 쓴 이 책의 茶 세계 속에서는 음료로서 茶 '맛' 자체의 중요성은 글로써 드러내어 규정하기에 적합하지 않은 것이거나, 무시해도 좋을 만한 작은 영역의 주제였다고 추측할 수 있다.

그 밖의 언급은 거의 대부분 내용이 茶의 산지·채차採茶·제차製茶·차종茶鍾·차구茶具·물·다리기·향기·말리기·茶 이름 등에 관한 것으로 내용을 꽉 채우고 있다.

3) 茶는 맛의 으뜸이다 — 에이사이 선사《끽다양생기喫茶養生記》

에이사이 선사(榮西禪師, 1141~1215)는 일본 임제종의 시조이자 일본 차의 원조라 일컬어진다. 그 까닭은 두 번째의 송나라 유학길에서 돌아오면서 전한 말차抹茶법이 오늘날까지 일본 茶道의 주류를 이루고 있기 때문이다.

그가 쓴《끽다양생기》는《다상경茶桑經》이라고도 불리는데,[9] 주로 茶와 뽕의 효능에 대해 썼다. 하지만 이 책은 茶의 약리적인 효능을

---

9 김명배 편역,《일본의 차도》, 보림사, 1987, p. 317~329. 주로 위생보건학의 관점에서 오장의 조화를 통한 생리학적 내용의《오장화합문五臟和合門》과 외부에서 침입해온 병원균을 다스리는《견제귀매문遣除鬼魅門》으로 구성되어 있으며, 전자에서는 茶, 후자에서는 뽕을 먹도록 역설하고 있다.

에이사이 선사(위키백과)

위주로 엮은 책이므로, 茶道라 불리는 茶 마시는 법도와 음료의 한 종류로서 미각의 구분에 대해서는 거의 언급이 되어 있지 않다.

사람은 목숨을 지킴으로써 한평생을 유지하는 것이 현명하다. 그 한 평생을 유지하는 근원은 양생에 있는데, 그 양생의 술책을 보이자면 오장(간·폐·심장·비장·신장)을 편안케 할지어다.

오장 중에는 심장을 왕으로 삼는데, 심장을 건전하게 지키는 방법은 茶 마시기가 묘술이다. 그 심장을 잊어버린다면 오장은 무력해진다. 오장을 잊어버린다면 신명에 위험이 있게 된다.[10]

"첫째로 간장은 신맛을 좋아하며, 둘째로 폐장은 매운맛을 좋아하며, 셋째로 심장은 쓴맛을 좋아하며, 넷째로 비장은 단맛을 좋아하며, 다섯째로 신장은 짠맛을 좋아한다."고 하였다.

심장은 다섯 장기의 군자이다. 茶는 맛의 으뜸이다. 쓴맛은 여러 가지 맛의 으뜸이다. 이로 말미암아 심장은 이 맛을 즐기는 것이다. 이 맛으로써 이 장기를 건립하면 여러 장기는 편안하다.

여기서 茶의 쓴맛에 대해 논하고 있다. 하지만 그것은 오행사상을 기초로 한 의학적인 관점에서 본 茶 맛의 미각상의 특징을 말한 것이며, 진정한 의미로서 맛의 미학적 세계를 논하는 것은 아니다.

인간의 오장 중에서 심장이 가장 중요한데, 그 심장이 쓴맛을 좋

---

10 김명배 편역,《일본의 차도》, 보림사, 1987, p. 116~119.

아하고, 쓴맛의 으뜸은 茶 맛이라고 보고 있기 때문에 결국 심장 건강에 茶가 좋다는 것을 맛의 수단을 들어 에둘러 설명한 것일 뿐이기 때문이다.

더구나 그 내용의 주제가 실제 맛의 세계를 다루는 것이라 가정하더라도, 여러 가지 맛 중에서 왜 하필 쓴맛을 으뜸으로 다루는가 하는 의문이 생길 수밖에 없다.

이 점에 있어서는 앞서 서술한 휘종황제의 글을 떠올리게 된다. 그역시 茶의 쓴맛이란 고통스러운 것이며, 꿀꺽 삼켜 처리해야 할 거북한 맛이라는 것을 굳이 감추지 않았기 때문이다.

쓴맛과 같이 미각적으로 받아들이기 힘든 느낌을, 달거나 부드러워 심신에 편안한 느낌을 주는 맛으로 변화시키려 하는 것이 일반적 미각 세계의 지향하는 바이기 때문이다.

따라서 茶의 쓴맛을 강조하는 이유는 에이사이 선사가 茶를 약용으로 먼저 생각하고 있기 때문이라는 점을 지적하지 않을 수 없다.

책의 제목에서도 알 수 있듯이 생리의학을 다루는 내용 속에서 차 세계의 미학美學을 엿보기에는 적합지 않다고 판단된다. 단, 그를 일본 차의 원조라고 일컫는 바대로, 당시 일본에 茶의 특별한 효능에 대해 처음으로 주목하여 자세히 소개한 의미를 지니고 있다고 볼 수 있겠다.

4) 茶의 맛은 道의 맛 — 고려 茶人 이규보의 차시茶詩

고려 중엽의 유명한 차인이자 대문장가였던 백운산인白雲山人 이규보李奎報(1168~1241)는 당시에 중국 모방의 글쓰기에서 벗어나 동명성왕 이야기를 서사시로 엮는 등 우리 민족정신에 바탕을 둔 글을 썼다. 그는 또한 50여 편에 이르는 차시茶詩를 남겼는데, 그중 특히 '茶 한 사발은 바로 참선의 시작'이라고 하였고, '茶의 맛은 道의 맛'이라고 하여 세계 최초이며 유일하게 차도일미茶道一味를 주장하였다.[11]

茶 '맛'으로 道의 '맛'을 느낀다고 주장한 그였지만, 기폭제가 되는 茶의 '맛' 자체가 어떻다거나, 혹은 어떠해야 한다는 구체적인 설명은 시 속에 남기지 않았다.

그의 시에 묘사된 茶에 대한 다른 표현을 살펴보면, 역시 '망기忘機', '망형忘形', '선차仙茶', '참선參禪의 시작' 등의 형이상학의 철학적 주제어를 사용하였으며, 순수한 茶의 '맛'에 관한 것은 거의 찾아볼 수 없었다. 범위를 넓혀 생각해 봐도 고작해야 신선한 '새차新芽' 정도의 표현만 보일 뿐 맛의 품위를 논한 구절을 아예 찾아볼 수 없었다.

그는 분명 茶를 약과 같은 특수한 성분으로 본 것이 아니라 '맛'의 음료로서 인식하였는데, 시에서마저도 맛에 대한 묘사 혹은 찬미를 찾아보기 어렵다는 것은, 그 길을 같이 걸어가 보고 싶은 사람에게는 궁금증을 자아내게 한다.

---

11 정영선, 《한국 차 문화》, 너럭바위, 1995, p. 160.

文順公 李奎報像

이규보(한국 기록유산 Encyves)

茶를 마심으로써 道의 세계로 진입케 한다는 것은 이해할 수 있을 듯한데, 단지 맛을 지닌 음료의 한 가지인 茶가 어떻게 그 길로 인도한다는 것인지 알 수가 없고, 읽는 이로 하여금 단지 건너갈 수 없는 언어도단의 깊은 골만 느끼게 하고 만다.

그가 지은 '장원 방연보의 화답시를 보고 운을 이어서 답하다(房壯元衍寶見和次韻答之).'라는 차시를 보면, "한 잔의 茶 마심이 바로 참선의 시작과 같다."고 하였고, 이것이 세계 최초의 차선삼매茶禪三昧 경지를 제창한 것이라 하고 있지만, 그 행위의 어떤 측면이, 어떤 연유로 그 경지에 이르게 한다는 것인지의 궁금증은 해소되지 않는다.

> 초암의 다른 선방을 두드려
> 몇 권의 오묘한 책 깊은 뜻을 토론하리.
> 비록 늙었어도 오히려 손수 샘물 뜰 수 있으니
> 한 사발은 곧 이것이 참선의 시작이라네.
>
> 草庵他日叩禪居 數卷玄書討深旨
> 雖老猶堪手汲泉 一甌卽是參禪始[12]

이 글 속에서 구체적인 茶 맛에 대한 묘사는 찾아볼 수 없다. 그에게 있어서 茶란 미각의 세계에 속하는 것임에도 불구하고 '맛'이라는 한계에서 벗어나 마시는 사람으로 하여금 참선의 세계로 이끌어 들

---

12 김명배,《차도학》, 학문사, 1991, p. 285, 재인용.

어가게 하는 실제적·형이상학적 기제로서의 역할을 오로지 중시한 것임을 확인할 수 있다.

이 글을 문장 구성 측면에서 살펴보면, 샘물 한 사발을 손수 뜨는 것이 참선 과정의 시작이라고 보았다는 것은, 그 물로 茶를 우려서 삼킨다는 것은 참선 과정의 끝이자 완성이라고 보았음을 알 수 있다. 초암草庵 선방의 문을 두드리는 것이 오묘한 책 몇 권의 내용을 깊이 공부하는 과정의 시작이라고 보았듯이 말이다.

하지만 위의 시에서 보듯, 그 과정 전말의 자세한 내용은 표현하지 않고 있다. 아마도 "道라고 말할 수 있는 것은 참된 道가 아니다(道可道非常道)."라는 《도덕경》 제1장의 역설처럼 말로는 표현되지 않는 것이라 생각했을 것이다.

하지만, 茶가 무엇보다 음료로 마시는 것인 이상, 가장 먼저 맛의 관점으로 茶의 특성을 파악해야 옳은 순서라는 점에 있어서는 매우 아쉬운 대목이 아닐 수 없다. 어떻든 고려 차인茶人 이규보를 통해 茶가 삼매의 경지에 이르게 하는 통로가 될 수 있다는 인식이 당시에 있었음을 분명히 확인할 수 있었다.

이 점, 즉 茶 철학의 핵심이 될 수도 있는 차선일미茶禪一味의 선창자가 이규보라는 데에는 우리나라뿐만 아니라 일본의 차인들도 인식을 같이하고 있다.

참고로, 쓰쿠바 대학교 구마쿠라 박사는 《전차사서고煎茶史序考》에서 이규보가 차선일미를 제창한 선구자라고 하였고, 일본에서 차선일미의 주장이 확실히 나타나는 것은 15~6세기 무렵 다이규우(大

休宗休)의 어록인《견도록見桃錄》에 "茶는 禪의 맛을 아우를 수 있어 능히 속된 티끌이 오는 것을 피한다(茶兼禪味可 能避俗塵來)."라는 기록이 있으나, 12~3세기 무렵 이규보의 기록에 비해 한참 지난 시점임을 알 수 있다. [13]

5) 명덕을 밝힐 수 있다 — 한재 이목《차부茶賦》

《차부茶賦》는 조선 전기의 문사文士 한재 이목寒齋 李穆(1471~1498)이 500여 년 전에 지은 '세계 최초의 다도 경전'이다.

한재는 초의 의순草衣 意恂(1786~1866)보다 340년 앞선 차가茶家이고,《차부》의 내용은 1,332자(제목과 협주 11자 포함)나 되어,《동차송》(492자)이나 중국의《차부》보다 분량이 훨씬 많으면서 서론·본론·결론을 충실히 갖추었고 내용이 정확하다. 또한 주체성과 독창성이 있으므로 한국 茶道의 정체성을 드러내고 있다. [14]

《차부》의 요지를 살펴보면, 진명眞茗인 작설차는 인간에게 많은 공덕을 주는 유익한 것이고, 손수 茶를 끓여 고요히 마시니 호연지기 浩然之氣가 생기며 청신淸神해져서 하늘과 인간의 도심道心을 깨우쳐 명덕明德을 밝힐 수 있다는 것이다.

13 김명배,《차도학》, 학문사, 1991, p. 285.

14 한재 이목, 정영선 편역,《차부》, 너럭바위, 2011, p. 9.

또한 茶가 단순한 기호음료이거나 여가문화의 일부, 또는 효능을 위한 양생식품에 그치지 않고 구도求道를 위한 공부거리라고 말했으며, 혼자 정좌하여 마시는 독철차獨啜茶는 茶의 덕성을 배우는 수양 공부였고, 《대학》이나 《맹자》를 읽는 것과 같다고 밝혔다.[15]

'茶의 맛을 논하면서 미각에 대한 설명이 아니라 청신淸神, 즉 정신을 맑게 해주는 것이며, 유교의 근본이념인 명덕明德을 깨칠 수 있는 수양의 수단이고, 유교 경전을 읽는 것과 같다.'라고 분명히 밝혔다. 이 견해는 처음부터 茶를 음료로서가 아니라 철학의 기제로서 대하고 있음을 드러나게 해주는 것이다.

그렇다면 茶의 어떤 품성이 어떤 작용으로 유교 근본이념과 상통한다는 말일까? 여기에 대해 한재 선생은 구체적으로 설명하지는 않았으나, '호연지기浩然之氣와 명덕을 밝힘(明明德)'이라는 표현으로 모든 의미를 대신하였다.

사전적 의미로서 호연지기란 '①도의에 근거를 두고 굽히지 않고 흔들리지 않는 바르고 큰마음, ②하늘과 땅 사이에 가득 찬 넓고 큰 정기精氣, ③공명정대하여 조금도 부끄럼 없는 용기, ④잡다한 일에서 벗어난 자유로운 마음'의 뜻이 있다.

하지만 당대의 뛰어난 유학자였던 한재 선생의 삶을 생각하면, 《맹자》 공손추편에 나오는 말의 의미를 살펴보는 것이 그 뜻의 더 깊

---

15 한재 이목, 정영선 편역, 《차부》, 너럭바위, 2011, p. 10.

은 경지에 이를 수 있을 것이다.

　제齊나라에서 맹자의 제자 공손추公孫丑가 만약 맹자께서 권력을 잡아 자신의 주장을 실현하여 작게는 패자의 업, 크게는 왕자의 업을 이룬다면, 그때 (두렵거나 의혹되는 바가 있어) 마음이 동요되겠는가를 묻는 장면이 나온다.

　맹자는 그 물음에 두 가지 대답을 하는데, 우선 자신의 나이가 40이 넘어서는 마음이 동요되는 바가 없어졌다 했다. 또 그 방법은 심중에 부끄러움이 없으면 어떠한 것이나 두려워하지 않게 되는 대용大勇을 가지는 것이라 했다. 그 말은 맹자 자신이 처음 한 말이 아니고 공자로부터 들었던 것이었다고 전했다.

　또한 자신의 흔들리지 않는 마음을 유지하는 방법은, "말을 가려들을 줄 알고 호연지기를 기르는 것(我知言 我善養浩然之氣)에 있다."고 말했다. 공손추가 호연지기가 무엇이냐고 이어 묻자,

　　"그것은 분명하게 말하기가 어렵다. 그 기氣는 지극히 크고 지극히 강하니, 정직함으로 그것을 잘 기르고 조금의 해침도 없다면, 천지 사방에 꽉 차게 되어 없는 곳이 없을 것이다. 그 기氣는 반드시 義와 道에 배합되니, 이것이 없다면 힘이 없게 될 것이다. 이 기氣는 평소에 義를 많이 축적하여야 만들어지는 것으로, 우연히 의로운 행동을 하였다고 갑자기 얻을 수 있는 것이 아니다. 하나라도 마음에 부끄러운 행동을 하게 된다면 그 氣는 힘이 없게 되는 것이다(難言也 其爲氣也 至大至剛 而直養而無害 則塞於天地之間 其爲氣也 配義與道 無是 餒也 是集

義所生者 非義襲而取之也 行有不慊於心 則餒矣)."

"이 호연지기를 기르는 데는 어떤 목적을 가져서는 안 될 것이며 한시
라도 잊지 말아야 하지만, 억지로 자라도록 도와주지도 말아야 할 것이
다(必有事焉 而勿正 心勿忘 勿助長也)."라고 하였다.

여기서 '억지로 자라도록 도와주지(助長) 말아야 한다.'는 말이 '넓
은 (물의) 흐름, 그 자체의 기(浩然之氣)'라는 글 자체 뜻에 매우 부합
한다. 큰물은 흘러갈 때 자잘한 모든 것에 개의치 않고 그저 흐른다.
사람은 그저 흐르는 것, 그 사라짐을 무심히 바라만 볼 뿐 거기에 무
엇을 집착하겠는가.

이 대목에서 한재는 손수 고요히 끓여 마시는 독철차獨啜茶의 정신
을 몇 번이나 거론하며, 자신의 상실마저 초극하는 호연지기의 경지
를 깨우쳐 주는 것이라고 강조한다.

또 다른 하나의 키워드인 '명덕明德'은《대학》경전의 '경經' 첫머리
에 등장한다.

《대학》은《중용》과 더불어《예기》의 1편이었다.《예기》의 49편 중
제42편이《대학》이고,《중용》은 제31편이었다. 이것이 주자朱子에
의해 독립 경전으로 선택되어 '四書'의 하나로 꼽히게 된 것이다.[16]

---

16 주희朱熹, 김영수 譯解,《大學·中庸−동양고전백선 3》, 일신서적출판사,
   p. 21.

12세기 중국 송대宋代에 이르러 道家 철학과 당대 불교의 종교이론체계에 눌리어 근 1000년 이상 사상 기반을 상실한 유학의 학문적·사상적 위상을 바로 세우려 한 운동이 있었다. 그 이전의 유학은 종교나 철학으로 분리되지 않은 단순한 도덕사상에 지나지 않았다. 그들은 이기설理氣說에 기반으로 한 세계관을 탐구하였는데, 그것을 체계화시킨 사람이 주희朱熹(朱子)였다.

주자가 송대宋代에 들어 체계화한 신유학, 즉 주자학은 진秦의 시황제의 분서갱유焚書坑儒 이후 한당대漢唐代에 성취한 훈고학訓詁學을 바탕으로 노불老佛의 사상을 가미하면서 심화된 철학체계를 갖추었다.

> 《대학大學》의 '경經' 제절은, "대학의 道는 밝은 덕을 밝히는 데 있고, 백성을 새롭게 하는 데 있으며, 지극한 선에 머무는 데 있다(大學之道 在明明德 在新民 在止於至善)."고 명덕·신민·지어지선 3강령을 설명하고 있다.

이에 대해 주희는 《대학장구大學章句》를 통해 그 의미를 설명하고 있다.

> "대학은 대인이 되게 하는 학문이다. 앞의 명明은 밝힌다는 뜻의 동사이다. 명덕明德이란 하늘로부터 얻는 것으로 허령불매虛靈不昧하여 뭇 이치를 갖추어서(具衆理) 만사에 응하는 것이다(大學者 大人之學也 明 明之也 明德者 人之所得於天 而虛靈不昧 以具衆理 而應萬

事者也).”라고 주석하였다.[17]

허령불매란 '마음이 텅 비어 어리석지(어둡지, 탐하지) 아니함'의 뜻이다.

그렇다면 텅 빔이란 어리석지 않기 위한 작용이다. 즉, 명덕이라는 본질이 빛나기 위해서는 비워져야 한다는 말이다. 이 대목에서 주자학의 명덕明德은 노불老佛의 이상과 합치하고 있다. 즉 맑고 깨끗한 본질(性)이 존재하고 그것을 기氣가 덮고 있는 것이니, 기를 깨끗이 닦거나 텅 비우면 본질이 빛난다는 논리는 선불교의 부처 본성 사상, 보이지 않으나 닿지 않는 데가 없다는 도가道家의 존재론과 일맥상통하고 있는 것이다.

다시 한재의 표현에 주목하면, '손수', '혼자', '고요히' 茶를 마신다는 허령虛靈의 전제 수단이, '호연지기', '청신', '도심', '명덕'을 깨우쳐 어리석지 않게 되는 불매不昧의 결과를 가져올 수 있다고 말하는 것이다.

이때, 茶는 음료로서의 茶가 아니라 형이상학적 깨우침을 가져오는 수단이며 그 깨우침의 전환사태는 수단과 결과의 변태 순간에 온다. 즉 입안에 머물러 있던 찻물이 '목 넘김'으로 인해 소멸되어 사라져버리는 존재 전환사태에 의해 격발되는 것이다.

'목 넘김'은 찻물의 존재론적 '사라짐', 맛과 향과 온기와 같은 감각

---

17 장기근 編著, 《大學章句. 中庸章句―朱子集註 四書講讀》, 명문당, 2008, p. 32.

의 '사라져 없어짐', 즉 허령虛靈으로의 사태 전개를 가리키는 것이다.

그렇다면 이제 육우와 한재를 꿰뚫는 하나의 연결고리가 생긴 셈이다.

茶는 기호식품이나 음료로서만이 아니라, 당시 시대정신이 요구했던 철학적 이상, 즉 진眞에 도달하기 위한 수단이었다는 점이 그것이다. 그것도 어느 일정 시점이 아닌, 면면히 흘러가는 수천 년의 세월 속에서도 줄기차게 추구되었고, 따라서 특정 종교나 사상, 정치 이데올로기에 속박되지 않았으며, 지역이나 국가마저도 뛰어넘는 끊을 수 없는 생명적 지향이 있었음이 분명하고, 茶는 그 지향 수단이었음을 알게 해주는 것이다.

6) 茶道는 선종으로부터 나온 것 ― 야마노우에노쇼지《산상종이기山上宗二記》

일본의 차성(茶聖) 센리큐(千利休)의 수제자였던 야마노우에쇼지(山上宗二, 1544~1590)는 그 스승의 절정기에《산상종이기山上宗二記》를 썼다. 그는 젊은 나이에 당시의 3대 차인이라 손꼽히던 센리큐(千利休), 쓰다소규(津田宗及), 이마이소큐(今井宗久)로부터 가르침을 받아 빠르게 성장하였으며, 22세 때 자신이 주최한 차회茶會가 차회기에 기록될 정도였다.

하지만 탁월한 차인으로서의 면모와는 별도로 성격이 강직하고 입이 거칠어 결국 히데요시에게 귀와 코를 잘리는 참사를 당하여 그의 나이 47세에 목숨을 잃게 된다. 이 책은 그가 죽기 전 1588년 1월부터 1590년 3월까지의 약 3년간의 유랑생활 중에 나온 것으로, 그의 아들 도이치(道七)와 그를 비호해 주던 茶道 제자들을 위해 비전서秘傳書 형식으로 씌어졌다.

이 책은《차기명물집茶器名物集》이라는 별명을 가질 정도로 당시 유명했던 茶 도구에 관한 수많은 목록이 실려 있으며, 차실茶室에 대해서도 도면을 곁들여 자세히 설명하고 있다. 이 때문에 茶道 초심자를 위한 교과서라고도 불리어지게 된 것이다. [18]

하지만 이 책이 기존의 차서와 다른 점은, 茶 자체, 도구, 또는 茶 다루는 일뿐만 아니라 차인이 지녀야 하는 덕목까지도 깊이 있게 다루었다는 점에 있다.

차인은 행차법行茶法만 아니라, 기존 茶 도구에 대한 감식안(메미키 目聞)과 새로운 茶 도구의 美를 창안해 낼 수 있는 예술적 안목(메아키 目明), 차인의 인품, 茶를 통해 禪의 경지에 다다르고자 하는 마음가짐 등에 대해서 그 중요성을 인식하여야 한다고 말하고 있다.

이 대목에서 茶는 이제 사물 혹은 대상적 주제에서 벗어나 철학 소재인 형이상학적 내용으로 전환하고 있다. 특히나 스승의 모습을 그리면서 나이가 일흔에 이르면 마음의 욕심을 따라도 도리에 어긋남

---

18 《山上宗二記》, 제35회 전시회 카탈로그, 五島美術館, 1995, p. 10.

이 없다고 한《논어》위정편의 글을 인용하며, 당시 센리큐가 가졌던 차인의 이상적 인간상을 제시한 것을 보면, 이미 그의 마음속 茶 세계는 禪으로 대표되는 형이상학의 세계임을 분명히 하고 있다.

茶의 형이상학에 대한 더욱 뚜렷한 언급은 "茶道는 선종으로부터 나온 것이므로 선승의 수행에 따라야 한다(茶湯は禪宗ヨリ出タルニ依テ僧行ヲ專ニス)."라고 한 선불교와의 관계에 대한 말이다. 茶는 이미 예술적 미美의 세계마저도 지나쳐서 종교적 진眞의 세계에 다다르고 있음을 지적한 것이다.

쇼지에 관한 기록이 있는 다른 문헌인《장암당기長闇堂記》[19]를 보면 그가 "손님이 없을 때는 茶 솥을 올려놓고 온종일 밤 깊도록 (혼자) 茶를 마셨다(客なき時は 釜つりさけ 一日一夜 有物なり)."고 하여 스스로 고요한 茶 삼매경에 든 차인의 풍모를 전하고 있다.

이는 '차선일미茶禪一味'의 경지, 즉 茶를 통해 禪의 세계에 다다르는 차인의 모습이며, 쇼지 역시 혼자 정좌하여 홀짝거리는 독철 茶를 즐기는 한재 선생의 모습과 다름이 아닌 것이다.

그렇다면 茶로 들어가 도구나 행위의 미학적 세계를 거쳐 형이상학적 정신세계의 심연에 이르는 과정에서 단초가 되는 茶 자체의 역할은 과연 무엇인가 하는 의문이 떠오르게 된다. 즉 禪의 기제로서는

---

19 久保權大輔利世,《長闇堂記》, (1640),《茶道古典全集》, 第3卷 淡交社, 1958, P. 365.

왜 꼭 茶여야 하는가 하는 최초의 의문 말이다.

그러나 아쉽게도 이 책에서도 음료로서의 茶 자체 혹은 茶 마시는 과정의 철학적 의미에 대한 더 이상의 상세한 언급은 보이지 않는다. 정 그렇게 말로 언급할 수 없는 것이라면, 茶 혹은 茶 마심의 의미는 단지 茶 도구, 차실 그리고 행차의식과 같은 수많은 형상적 수단을 펼쳐 보일 수 있도록 매개해 주는 역할일 뿐인가 하는 의심마저도 든다.

하지만 분명한 것은 茶의 형이상학적 세계가 펼쳐지는 데 茶 자체의 역할이 없을 수는 없는 일이다.

불의 과격한 팽창인 폭발의 상태가 있기 위해서는 어떤 형태로든 불의 씨앗이 있어야 하는 법이고, 그 씨앗에는 마치 거목의 작은 씨앗이 그러하듯이 불의 본질이 담겨져 있어야 한다.

차인들이 말했듯이, 茶道는 茶를 마심으로써 禪의 심연에 이르는 길이다. 그 과정에 형상의 심미적 세계와 형이상학의 세계, 철학의 세계가 염주알과 같이 연관된 채 이어져 있으며, 그 불씨로서의 茶 속에는 禪의 본질이 담겨 있어야 하는 법이다.

이 차서茶書에서는 거목의 풍성한 열매를 풍부하게 보여주기는 하지만, 그 씨앗 속의 본질은 과연 무엇일까 하는 의문에 대한 해답은 아직 명쾌히 보여주지 않는다.

7) 불법을 구함 — 난보소케이《남방록南方錄》

《남방록南方錄》은 일본의 차성茶聖인 센리큐(千利休, 1522~1591)의 수제자인 난보 소케이(南方宗啓, ?~?)가 스승에게 배운 내용을 기억을 더듬어 기록하거나 스승과 주고받은 서신의 내용을 바탕으로 만들었으며, 각 권이 완성될 때마다 스승에게 미리 보내 감수를 받으며 내용에 충실을 기하였던 일본의 대표적 차서茶書이다.

이 책이 쓰인 후 사라진 지 약 백 년 뒤에 새로이 발견했다고 하는 다치바나지쓰잔(立花實山)이 사실상 저자가 아닌가 하는 위서僞書 논란이 있는 책이다.

총론에 해당하는 1권 각서를 포함하여 전 9권으로 구성되어 있다. 제목은 육우가 쓴《차경》첫머리에 "茶는 남쪽의 좋은 나무이다."라고 말한 것에서 유래된 것으로 이 책의 발견자인 다치바나가 지었다고 한다.

각서의 제1장에는 차탕茶湯의 진수에 대해 간략히 요약하고 있는데, 본문 첫 내용을 살펴보면 다음과 같다.

> 茶의 진수는 소박하고 차분하게 한거閑居하는 가운데 있다.

> 언제인가 소에키, 즉 센리큐가 슈운암集雲庵에서 차탕茶湯에 대하여 이렇게 이야기했다. "차탕은 대자臺子를 갖추어 茶 마시기를 기본으로 하지만, 차탕에 대한 좀 더 그윽한 맛을 느끼고자 할 때는 초옥의 작은 차실에서 茶를 마시는 것만 같지 못하다."고 했다.
> 소에키가 이르기를, "작은 차실에서의 차탕은 먼저 불교의 가르침에

따라 수양하며, 깨달음을 얻으려는 것과 같다. 화려한 건물에서 진수성찬을 맛보는 일이 茶의 즐거움이라고 여기는 것은 속세의 일이다. 집은 비가 새지 않을 정도면 족하고, 허기를 면할 정도의 음식이 있으면 충분하다. 이런 마음가짐이야말로 부처님의 가르침이자 茶道의 본심이라 하겠다. 그저 물을 길어다가, 물을 끓이고, 茶를 달여서 부처님 전에 바치고 이웃에게도 돌리고, 자기도 마신다. 이런 일들은 이미 부처님이나 조사祖師들이 해오던 수행 방법이다. 우리들은 그 뒤를 따를 뿐이다. 이보다 좀 더 깊은 의미는 자네 스스로의 깨달음에 의해서 비로소 터득할 수 있을 것이다."라고 했다.[20]

이 책《남방록》첫 장의 제목에서 茶의 진수가 진수성찬 맛의 세계가 아니라 오히려 모자람, 부족한 것을 긍정하는 한거閑居의 마음에 있음을 선언하고 있다. 센리큐는 그의 제자이자 이 책의 저자에게 '차탕의 좀 더 그윽한 맛' 즉, 맛으로 모든 걸 다 감싸 안기엔 무언가 부족하며, 그보다 더 깊은 공간이 아직 비어 존재함을 느끼는 것, 따라서 한적한 느낌의 그 맛에 대하여 '초옥의 작은 차실에서 마시는 것'[21]이라는 공간적 언급으로 표현하였다.

미각의 표현을 훌륭한 공간적 표현으로 대치하였으며, 茶 맛 자체

20 난보 소케이(南方宗啓), 박전열 옮김,《南方錄》, 시사일본어사, 1993, p. 13.
21 다다미 넉 장 반의 초암차실을 말한다. 넓고 화려한 서원차실과 대비를 이루며, 센리큐의 茶道의 이상을 대변하고 있다. 소박한 공간에서 느낄 수 있는 차분하고 한적한 멋을 이상으로 하는 '와비(佗)'차' 미학의 핵심이라 할 수 있다.

에 대한 더 이상의 서술은 없다. 뿐만 아니라, 본문 전체를 통해서도 맛에 관련한 직접적인 내용은 물 온도에 대한 것 이상은 찾아볼 수 없다.

이 책 전 9권은 〈각서覺書〉, 〈차회茶會〉, 〈차선반茶棚〉, 〈서원書院〉, 〈대자臺子〉, 〈먹칠墨引〉, 〈멸후滅後〉로 되어 있으며, 추가로 보충된 〈비전秘傳〉, 〈추가追加〉편은 재발견자인 다치바나지쓰잔(立花實山)이 추가한 것이다.

각 권의 내용에서도 미각 자체에 대한 내용은 없으며, 전 내용을 통틀어 "茶道의 진수는 와비(佗) 차에 있다."는 내용에 귀결된다.

초옥草屋의 작은 차실에서 얻고자 하는 것은 '불법佛法을 구하고자 함'이었고, 茶를 대접하는 일을 특별한 일이라고 생각하지 말아야 한다고 하였으며, 茶를 마시는 것이 불법을 수행하는 것과 같은 형이상학적·종교적 실천행위라고 보았다.

그렇다면 이 지점에서 왜 굳이 '茶'여야 하는가에 대한 의문이 생길 수밖에 없다.

茶는 음료이고 기본적으로 음식임이 분명한데, 미각에서의 의미가 없다면 茶의 존재 의미는 그저 '마시는 것'의 재료에 불과한 것인가 하는 의문에 휩싸이게 된다.

스승인 센리큐나 책을 쓴 난보 소케이는 선승禪僧이었으므로 형이상학적인 사고에 익숙하다는 것을 주지하더라도, 초암차실이라고 하는 건축공간적 내용이거나 대자臺子나 차완茶碗과 같은 도구의 조형적 내용, 혹은 다다미와 곡척할曲尺割의 평면적 포치布置와 같은 주로 시각적인 것을 통한 미학 세계를 지향한 것뿐인가 하는 의문이다. 그렇다면 그 무대의 가장 중심 내용을 차지하는 茶는 과연 무엇을 위함인가 하는 의문이 생겨날 수밖에 없다.

극단적으로 그 시간, 그 장소에 찻잔 속에 담겨있는 것이 茶 아닌 적절한 내용의 대용물이어도 괜찮다는 것인가 하는 심각한 의문과 모순에 휩싸이게 되는 것이다.

그것은 절대 그렇지 않다고 부정하려 한다면, 아마도 茶 속에, 그 맛 속에, 미각세계에 속하는 무언가가 있어야 하는 것이다. 비록 난보 소케이는 친절하게 쓰지 않았다 하더라도 말이다.

8) 茶는 선과 같은 맛이다 ─ 자쿠안소다쿠《선차록禪茶錄》[22]

여기서는 茶의 맛(味)에 대해 "禪과 같은 것이다."라고 직접적으로 말하고 있다.

茶는 미각의 세계에 속해 있으면서도, 禪을 통해 불도를 깨닫게 해주는 방편이라는 것이다. 모든 사람의 마음속에는 참된 진리가 있으니, 그 사실을 깨닫고 맑고 깨끗하게(淸淨無垢) 유지시키는 것이 불

---

22 정천구 역주,《젠차로쿠(禪茶錄)》, 일본불교사연구 제3호, 일본불교사연구소, 2010, p. 165. 이 책의 최초 저작 시기도 정확히 알 수 없으나, 대체로 18세기 초엽에 저술된 것으로 여겨진다.

도이다. 禪은 그 길을 가는 방편이고, 茶는 禪과 같은 것이니, 茶 마시기는 결국 불법佛法의 길로 단숨에 가는 수단, 즉 선차禪茶가 되는 것이다.

茶 마시기(喫茶)에서 선도禪道를 으뜸으로 한 것은 무라사키의 잇큐선사로부터 비롯된 일이다. 그 까닭은 이러하다.

난도南都 쇼오묘오지(稱名寺)의 쥬코는 잇큐(一休) 선사의 법제자였는데, 찻일을 좋아하여 날마다 행하였다. 이를 본 잇큐선사는 茶는 불도佛道의 오묘한 세계와도 들어맞는 것이라 여겨서 茶 우리기(點茶)에 禪의 깊은 뜻이 서리게 하고, 또 중생을 위해서 자기의 마음을 깊이 들여다보게 하는 심법心法으로서 茶道를 완성하였다. 그런 까닭에 모든 찻일은 선도禪道와 다르지 않다고 하고 무빈주無賓主의 茶, 본체와 작용(體用), 노지露地, 스키(數奇), 와비(侘) 등 이러한 명칭들과 의미들을 찻일의 '첫머리'로 삼았다.

오로지 禪으로서 차(禪茶)를 맛보고 수행하는 것이야말로 우리 불도가 본래부터 품고 있던 것이다. 茶 우리기는 오롯한 선법이며, 자성을 깨닫게 해주는 공부다. 석가모니가 40여 년 동안 설법한 경전들의 종지는, "모든 세계의 중생을 위해서 중생이 본래 갖추고 있는 밝은 지혜를 열어서 보여주라."는 것뿐이며, "마음 밖에는 법이 없다." 는 것이다.

대체로 갖가지 인연을 비유적인 언사로써 방편적으로 풀어주고 가르치는데, 그런 의미에서 찻일 또한 부처의 방편이요 조사들의 지견에 견줄 수 있다. 즉 茶 우리기를 하는 행위는 본분을 경험하여 깨달을 만한 관법이라는 말이다. 저 부처의 교화와 다를 게 없다.

이 글이 씌어 있는 《젠차로쿠(禪茶錄)》는 1818년에 간행된 것이며, 저자 자쿠안 소다쿠(寂庵宗澤, ?~?)는 그 생애에 대해 알려진 바가 없다. 다만 이 책에 앞서 지어진 《차선동일미茶禪同一味》라는 차서의 영향을 받아서 쓰인 것임은 분명하다.

또한 《차선동일미》는 일본의 차성으로 알려진 센리큐의 손자 센소탄(千宗旦, 1578~1658)이 남긴 글을 센소(仙叟, 우라센케裏千家의 할아버지), 잇토(一燈, 오모테센케表千家 4世 조신사이如心齊의 동생) 두 사람이 보충 필사하여 한 권의 책으로 펴낸 《차도대감茶道大鑑》에 수록되어 있으니, 결국 센리큐의 茶철학이 반영된 것이라 볼 수 있다.

이 책의 내용을 살펴보면,

> 제1장. 茶道는 선도를 근본으로 한다(茶事は 禪道を 宗とする 事) ─ 茶철학의 전개.
> 제2장. 차사수행(茶事修業の事) ─ 찻그릇을 다루는 삼매에 들어서 본래의 성품을 꿰뚫어보는 일.
> 제3장. 차의 뜻(茶の意の事) ─ 茶는 곧 禪이다.
> 제4장. 차 도구(禪茶器の事) ─ 원허청정圓虛清淨의 일심一心으로 그릇을 다루면 선기禪器가 된다.
> 제5장. 노지(露地の事) ─ 茶室은 본성을 드러내는 도량.

이상 5개 장은 《차선동일미茶禪同一味》와 거의 같은 내용이며, 이후 5개 장은 저자가 새롭게 가필하여 위의 내용에 대한 의미를 더욱 구체적이고 상세하게 설명한 것이다.

제6장. 와비(佗の事) ― 부족함에서 부족함을 느끼지 않는 것.
제7장. 차사변화(茶事變化の事) ― 저절로 그러함의 경지.
제8장. 스키(數奇の事) ― 불완전함의 아름다움.
제9장. 체용(體用の事) ― 禪과 茶는 불이不二이다. 찻일은 불심에 이르게 한다.
제10장. 무빈주의 차(無賓主の茶の事) ― 형상을 벗어난 한마음의 궁극, 부처의 지혜를 보여주는 참된 茶.

이 제목들을 보면, 그 당시 일본에서 茶의 의미는 음료의 범위를 완전히 벗어나 본질적인 禪, 그리고 그 禪의 영역에서 파생된 미학의 세계에 속하는 것임을 선언하고 있음을 알 수 있다.

제3장 초두에는, "茶에 담긴 뜻은, 곧 禪의 뜻이다."라고 분명히 밝히고 있다.

미각이라는 유형의 세계에서 벗어나 전혀 다른 세상에서 茶를 논하고 있는 것이다.

그렇다면 이제 다시 처음의 자리에 서서 물어야 한다. 차사茶事가 음료로서의 의의는 아무것도 없고 단지 禪의 기제로서의 역할뿐이라고 한다면, 그 재료는 왜 꼭 茶여야만 하는가의 것이다. 그 당시에 유행했을 법한 여타의 대용 차는 왜 茶道에서 제외되어야 하는가의 의문이 남을 수밖에 없다.

뿐만 아니라, 차선동일미茶禪同一味라는 글 자체에서도 맛(味)이라는 공통점이 있기 때문에 茶와 禪이 같은 것(茶禪同一)일 수 있다는 점을 분명히 하고 있다는 것을 주목해야 한다. 그것은 역으로, 맛이라는 매개수단이 없다면 茶와 禪은 같을 수 없다는 뜻이 되기 때문이다.

모든 사람의 마음속에는 이미 참된 진리가 존재해 있으니, 그것이 있음을 일단 깨달은 후 더 이상 때가 끼지 않도록 깨끗하게 유지하는 것이 불도佛道인데, 禪은 그 길을 가는 수단(방편)이라는 것이다. 그런데 그 수단의 측면에 있어서 茶의 맛이 禪과 같은 것이라고 말하고 있으니, 결국 선차禪茶가 되는 것이다.

이 연결 관계를 다시 정리하자면, 불도의 방편이 禪이고, '禪의 기제로서의 역할'이 茶이며, 그래서 선차라 부를 수 있는 것인데, 그 이유는 茶와 禪은 맛이 같기 때문이라는 것이다. 따라서 차선동일미라 표현할 수 있는 것인데, 도대체 그 맛은 어떤 것인가 하는 대목에 이르면 여전히 설명이 불분명한 부분으로 남아 있다.

그런데 잇큐선사가 "모든 찻일(茶事)은 선도禪道와 다르지 않다."고 한 대목도 눈에 띈다. 만일 茶 맛이 아니라, 찻일로서도 그러한 선도로의 이행移行이라는 사태의 촉발이 이루어진다고 가정한다면, 茶 마심의 과정 속에 어떤 요인이 그것을 이끄는가 하는 것도 밝혀야 한다.

그런데 여기에서도 조심스럽게 분별해야 할 점이 있다. 찻일 과정 중에 만나는 어떤 외부적 요인, 즉 차실 자체이거나 족자와 같은 장식품이거나 혹은 차도구茶道具라든지 곡척할曲尺割의 배치니 하는 어떤 유형적인 것, 혹은 신체의 움직임이나 도구나 공간의 사용, 그리고 그러한 것들의 조합으로써 만들어지는 어떤 계기가 그 선계禪界로의 이행 사태를 촉발한다고 한다면, 정작 그렇게 정신을 기울여 행하는 찻일(茶事)의 목적 사건인 茶 마심 자체의 의미는 도대체 뭐란 말인가 하는 의문 말이다.

만약 茶를 마셔서 맛을 보는 것 자체의 의미를 구체적으로 찾아내지 못한다면 茶는 단지 찻일을 행할 수 있게 하는 계기를 만드는 것에 불과할 뿐이며, 그릇이니 도구니 하는 모든 다른 부수적인 것들의 행위나 사물의 가치에 의해 차 세계에로의 이행이 이루어진다는 본말이 전도된 결론에 이르게 될 것이다. 차사茶事는 어떻든 '茶를 마시는 일'이 아닌가?

달을 가리키는 손가락이 아니라 달 자체에 주목하라는 선사들의 경구가 떠오르는 대목이 아닐 수 없다. 그 가르침은 어디로 사라져 가 버렸는가?

이제 다시 '茶 마심 자체의 사태'에 대해 진지하게 생각해야 할 때에 이르게 된 것이다.

9) 간이 맞아 신령스럽다 ─ 초의 의순《동차송東茶頌》

《동차송》은 해거도인 홍현주海居道人 洪顯周가 당시 진도 부사府使 변지화卞持和를 시켜 초의스님(草衣 張意恂, 1786~1866)에게 茶道란 무엇인가를 물어보게 하니, 초의는 옛사람의 전한바 뜻을 따라서《동차송》한 편을 지어 홍부마洪駙馬에게 보낸 것이다.

본문 가운데 茶의 구체적인 맛과 향에 대한 언급은 별도로 없으며, 오히려 '신기神氣', '그 묘한 것', '정精하게 하는 것', '간이 맞는 것', '신령스러운 것' 등의 형이상학적 표현이 주류를 이룬다.

茶가 많으면 맛이 쓰고 붓는 탕수가 더하면 맛이 적고, 빛의 맑기가 빗물 같다. 쓰고 난 뒤에는 또한 차호茶壺를 찻물로 깨끗이 씻어 호壺를 산뜻하게 맑게 할 것이다. 그렇지 않으면 茶의 향기를 감한다.

대개 차관茶罐이 뜨거우면 茶의 신기神氣가 건실치 않다. 그리고 차호茶壺가 맑고 깨끗하면 물의 본성에 마땅하여 영靈한 것이다. 茶를 넣고 탕수를 부은 뒤에는 잠깐 동안 기다리면 茶와 물이 서로 섞여 어우러지고 난 연후에 茶를 거르는 것이 마땅치 아니하여 빠르면 茶의 신기神氣가 나지를 않고, 茶 마심이 마땅치 않게 되면 묘한 향기는 그 전에 사라진다.

평론할 것 같으면, 찻잎을 따는 데 있어 그 묘한 것을 다하고, 茶 만드는 데 그 정精함을 다하며, 물에 있어서는 그 참된 물을 얻어야 하고, 茶를 다려내는 데 있어서는 그 간이 알맞아야 하며, 그 茶의 체體가 되는 물과 그 茶의 정신, 기운 되는 것이 서로 어우러져서, 그 빛의 건실한 것과 그 간 맞음이 신령神靈스럽게 되어 이 두 가지가 갖추어져 있는 지

경에 이르렀을 때 茶道는 다 통하였다 할 것이다.[23]

茶의 맛에 대한 결론적 평가의 표현이 '간 맞는 것이 신령스럽게 되는 것'이라 한 것을 보면, 茶를 맛의 세계에 있는 음식물의 하나인 '음료'로서 대하고 있지 않음이 분명하다. 그렇다고 약초로서 茶를 대하고 있는 것도 아닌 듯하다. 평론 중 '간 맞다'는 표현은 신체의 쇠약한 특정 부분에 좋다 하는 종류의 것이 아니기 때문이다.

반면에 체體인 물과 茶의 정신, 기운이 간 맞는 '신령함'의 표현은 茶의 효능이 맛의 영역 안에 있는 것이 아니라 정신작용에서 비롯되는 것임을 은유적으로 밝히는 것이라 볼 수 있다. 그중 茶의 체를 물로 보았다 함에 주목해 보면, 물은 마시는 것으로서 가장 기본적 형태이며, 맛으로서도 어떠한 형태를 가지지 않은 것, 즉 가장 무형에 가까운 유형 요소임을 강조한 표현이라 판단할 수 있을 것이다.

그 밖에 다른 요소인 정신과 기운 역시 무형의 것이다. 이러한 눈에 보이지 않고 만질 수도 없는 무형의 것들이 서로 조화하여 신령스럽게 된다는 것이다. 이는 주자의 '허령불매虛靈不昧' 표현과 일치하기도 한다.

그렇다면 유형의 물체임이 분명한 茶의 어떤 부분이 어떻게 작용하였기에 무형의 정신작용과 연결되어 신령스럽게 된다는 말인가? 또한 신령스럽다는 것의 실체는 무엇이기에 茶道가 다 통하였다고

---

23 최범술, 《한국의 茶道》, 보련각, 1980, p. 286~287.

하는 것일까? 즉 허령이란 그 실체가 무엇이고, 불매란 어떠한 상태란 말인가를 되묻고 싶은 것이다.

아쉽지만 초의艸衣 역시 달을 향한 손가락만 내비쳤을 뿐 갈구하는 의문에 대해서는 입을 굳게 다물고 말았다. 그 역시 진리란 스스로 참구參究해야 하는 것으로 이해하는 선불교의 선사이기 때문일까? 아쉽기 짝이 없다.

10) 애틋한 기도 – 오카쿠라가쿠조《茶의 책(The Book of Tea)》

현대 세계에 茶道가 인류 보편의 문화로 자리 잡은 데에는 근대 일본인들의 美에 대한 안목과 끈질긴 계승 노력이 커다란 기여를 한 것임을 부인할 수 없다. 아름다움이나 의미의 가치는 절대적인 것이라기보다 그것에 주목하고 중시하는 사람에 의해 발견되는 것이기 때문이다.

일본인들은 그들 손에 흔히 들려져 있었던 茶의 가치를 알아차리고 최상의 심미안을 발휘하여 '도道'의 경지에 올려놓았다.

오카쿠라 텐신이라고도 알려져 있는《The Book of Tea》저자 오카쿠라가쿠조(岡倉覺三, 1862~1913)는 그런 노력의 연장선에서 아름답고 간결한 문장으로 서세동점西勢東漸의 시대에 서방세계에 그들의 철학과 미학을 전했다.

이 책의 첫머리는 "茶는 약용에서 비롯되어 음료가 되었다. 중국에서는 8세기에 우아한 놀이의 하나로서 시詩의 영역에 들어갔다."
로 시작하고 있다. 책의 초입에서부터 茶가 미각을 위한 단순한 음
료가 아님을 선언하는 것이고, 시의 영역에 들어갔다는 것은 그 이
전 시대에 이미 茶의 세계가 형이상학의 영역에 속하고 있음을 말하
고 있다.

15세기에 일본은 그것을 하나의 심미적 종교인 茶道로까지 드높
였다. 茶道는 일상생활의 속된 일 속에 있는 아름다움을 숭배하는 데
근거를 둔 일종의 의식으로서, 청정과 조화, 서로 사랑하는 신비, 사
회질서의 낭만주의를 순순히 가르쳐주는 것이다. 그것은 본질적으로
불완전한 것을 숭배하는 것이다. 말하자면 인생이라고 하는 불가능
한 것 중에서도 무엇인가 가능한 것을 성취하려는 애틋한 기도이기
때문이다.
　茶의 원리는 보통 말투로 받아들이는 단순한 심미주의가 아니다.
그럴 것이 그것이 윤리, 종교와 결합하여 사람과 자연에 대한 우리들
의 모든 견해를 나타내고 있기 때문이다.[24]

그는 일본에서 茶의 세계는 미학을 넘어 심미적 종교의 영역에 이
미 들어가 있으며 심지어 자연과 사람에 관계된 모든 견해를 포함한
다고 밝혔다. 그에게 茶는 종교이고, 심미주의이자 낭만주의이며, 철

---

24 김명배 편역, 《일본의 茶道》, 보림사, 1987, p. 215, 재인용.

학이었다. 또한 그는 모든 불완전한 것으로서의 쓸쓸한 인생에 대하여 그것을 넘어서는 사랑을 아름다운 글로써 권유하였고, "茶道는 도교道敎의 변장한 모습이다."라는 매우 간결한 말로써 茶에 대한 그의 철학을 책으로 전하고 있다.

위의 글을 자세히 살펴볼 때, 그는 茶道를 맨 먼저 아름다움을 숭배하는 미의 영역으로 인식하였고, 곧바로 본질적으로 불완전한 것이지만 완전함을 이루고자 하는 선善의 영역으로, 종국적으로는 진眞의 세계에 거주하고자 하는 (유형의 육체를 가지고 있는 한, 즉 살아서는 이루어질 수 없는) 지극한 열망을 기도하는 행위로써 받아들였다는 것을 알 수 있다. 불가능한 세계를 열망하는 마음인 그것으로 인하여 茶道는 종교의 영역과 닿아 있음을 설명한 것이다.

친절한 설명이고 깔끔한 문장이긴 하지만, 아쉽게도 그 모든 것을 가능하게 해주는 원인 동기인 茶의 맛에 대한 언급은 더 찾아볼 수가 없다. 〈인정의 잔〉, 〈茶와 유파〉, 〈도교와 선종〉, 〈차실〉, 〈예술감상〉, 〈꽃〉, 〈茶의 대가〉로 구성된 내용 어디에서도 음료의 대상인 茶의 맛과 향의 형상적 혹은 형이상학적 작용 과정에 대한 내용은 설명되어 있지 않다.

도대체 어찌해서 茶 마심이 청정, 조화, 사랑의 신비, 낭만주의를 가르쳐주는 수단이 되는 것인지, 또한 불가능한 것인 줄 알면서도 가능함을 구하는 것이 인생이란 점을 깨우쳐주는 기제가 된다는 것인지 점점 더 궁금해지기만 한다.

茶는 왜 그러할 수 있는가에 대해서는 말이나 글로 더 표현할 수

없으니, 단지 마셔서 알아야 한다는 뜻일까? 또한 맛은 그의 茶 철학
세계에 큰 의미를 가지고 있지 않으며, 단지 여타의 모든 심미적·형
이상학적 내용을 펼쳐 보이게 해주는 계기로서 무대적舞臺的으로만
존재한다는 말인가? 그럴 리 없다는 것을 이해하면서도 달만 가리키
는 손가락이 야속하게 느껴진다.

11) 간 맞다에 대한 해석 — 효당 최범술《한국의 茶道》

현대 한국 茶의 중흥조라 불리는 효당 최범술 스님(孝堂 崔凡述,
1904~1979)은 모든 삶의 맛을 茶를 통하여 초극하는 것이라 보았다.

이러한 茶 생활의 멋은 그 형상도 없는 것이며, 무엇을 한다는 것
이 보이지 않는 큰 사랑이었으므로, 그 어떤 때 그 어느 곳에서나 인
간다운 참 생활을 잃지 않고 누리는 생활인 것이다. 여기서 그들은
떫떠름하고, 시고, 달고, 쓰고, 짠 인간 사회의 모든 삶의 맛을 茶를
통하여 음미하고 초극하였던 것이다. 말하자면 茶는 삶의 떫떠름하
고 신맛을 재생시키면서 정화하여 정신의 원력을 회복시켜 주었던
것이다. 실상 창조의 원동력은 이곳에 있는 것이 아닐까?[25]

이에서 보면 茶道는 어디까지나 그 궁극의 목적이 일상생활 면의

---

25 최범술,《한국의 茶道》, 보련각, 1980, p. 23.

기호에 있고, 다만 물을 끓여서 간 맞게 하여 마시면 되는 것이다.[26]

이 글을 보면 효당은 茶의 맛을 논하면서 구체적인 미각적 특징을 서술한 것이라기보다는 떫떠름하고 신맛이라는 표현으로 삶에서의 모든 어려움을 이야기하고 있다. 떫떠름하고, 시고, 달고, 쓰고, 짠맛은 오미五味를 말하는 것이며, 오행사상에 바탕을 두고 상징적으로 표현한 것이다.

결국 모든 맛, 혹은 모든 것을 가리키는 것일 뿐 특정한 미각을 이야기하는 것은 분명 아니다. 즉 맛을 말하되 茶의 미각적 특징을 논하지 않고 삶의 모든 희로애락의 상태를 음미하는 것이라 보았던 것이다. 그러나 그 가운데서도 떫고 신 고통스러운 맛으로 인해 오히려 사람을 초극으로 이끌어 가고 있으며, 그것이 신령한 것이라고 설명하였다.

또한 그는 이 글의 앞머리에서 茶 생활의 멋을 '큰 사랑'으로 말하고 있는데, 이는 茶의 효능이 미각에서 연유한 것이 아니라 '삶을 초극하는 철학적 사유'와 연관되어 있음을 증거하는 표현이 아닐 수 없다. 즉 茶를 마신다는 것은 입에 좋은 맛을 즐기는 음료의 목적과는 정반대로, 인간의 삶이 그 속의 무수한 어려움을 삼켜 초극하는 과정일 뿐이라는 것을 일깨워주는 세례로서의 역할이라는 것이다. 이 초극이라는 말은 앞서 부연한 오카쿠라 가쿠조(岡倉覺三)의 '불가능한 것 중에서도 무엇인가 가능한 것을 성취하려는' 것과 일맥상통한 말이다.

두 사람 공히 애초에 안 되는 것인 줄을 뻔히 알면서도 해야만 하

---

26 최범술, 《한국의 茶道》, 보련각, 1980, p. 58.

는 것이 삶의 피할 수 없는 비극적 속성이라면, 또한 그것이 정녕 거부할 수 없는 것이라면 그저 받아들임으로써 초극超克을 이루는 것이 진정한 창조라는 점을 茶를 마시는 것에 빗대어 말하고 있는 것이다.

위의 글에서 떨떠름하고 신 茶의 맛이란 말이 보인다. 아마도 삶의 맛과 연계한 미각의 표현일 것이다. 그렇다면 고통스러운 무언가를 삼키는 느낌을 주기 위한 재료로서가 茶의 역할이고 나머지는 형이상학적 해석에 의한 것이란 말인가? 그러면 왜 꼭 '茶'여야 하는가 하는 처음의 의문으로 돌아가게 된다.

그리고 그 뒤의 문장에는 茶가 쓰고 신맛을 '정화'하여 정신의 원력을 '회복' 시켜준다는 표현이 나온다. 이는 茶의 효능을 설명한 매우 핵심적인 표현이기는 하나, 그것이 茶의 어떤 '맛'을 가리키는 것인지 알 수 없다.

茶가 음료인 이상, 삼키면서 느껴지는 어떤 '미각의 세계'가 있으리라고 보지만, 효당은 맛의 측면에 그다지 주목한 것 같지는 않다. 그의 茶道는 궁극의 목적이 일상생활 면에 있다고 보았기 때문이다. 하지만 효당은 "다만 물을 끓여서 (茶를) 간 맞게 하여 마시면 되는 것이다."라고 '茶를'이란 말을 생략해서 표현했을 뿐, 그 '茶' 속에 맛과 향의 세계가 포함되어 있다는 것을 부정하지 않았다.

하지만 음료로서의 茶의 존재 이유인 맛과 향, 그리고 그것에 의해 촉발되는 형상적, 혹은 정신적 승화, 그리고 그 과정에서 茶의 역할에 대한 부연이 없어 아쉽기만 하다.

2. 茶 맛과 또 다른 지향指向

이쯤에서 우리는 하나의 의문을 가질 수 있다.

분명 음료의 형식을 가지고 있으며, 실제 차인들은 맛의 세계를 매우 중요시한다. '이 茶는 맛이 있다'라는 흔한 표현은 분명 미각의 논점을 지니고 있으며, 초의나 효당과 같은 이는 '간 맞다'는 한국적 표현으로 맛의 세계를 애써 표현하고자 노력했다. 식단에서 '간 맞다'는 표현은 특히 물 함량이 많은 국 종류의 짠 정도를 표현하는 말이다. 왜냐하면 물을 부어 요리하는 국 종류는 소금이나 간장으로 짠맛을 가미하여 그 정도를 적당하게 맞추어야 하기 때문이다. 사전에서 '간을 보다'의 의미를 찾아보면, 짠맛의 정도를 나타내는 표현임을 명백히 밝히고 있다.

그렇다고 '간 맞은 茶'의 의미가 '짠 정도가 알맞은 茶'일 수는 없는 일이다. 왜냐하면 茶에 소금이나 간장으로 실제 간을 맞추는 일 따위는 상상조차 하기 어렵기 때문이다. 하지만 좀 더 큰 시야로 본다면, 茶 역시 마시는 음료 중 하나이고 음료는 먹고 마시는 음식 중 하나이므로 맛의 기준이 되는 '간을 본다'는 표현을 쓸 수 있을 것이다.

이것으로 미루어볼 때, 효당은 茶에 대하여 가장 먼저 맛을 가진 음료로서 대하고 있음이 분명하고, 결국 미각이라는 형상적 수단을 통해 형상이 없고 보이지 않는 더 큰 차원의 세계로 통할 수 있다는 점을 암시하고 있는 것이다.

또한 '간 맞다'의 의미를 두 물체, 사건, 상황 혹은 형이상학적 차원의 사이(間), 즉 관계의 상태로 풀이하고, '맞다'라는 것은 그것들 간의 힘이 균형을 이루고 있음을 지칭하는 것으로 본다면 여러 가지 해석이 가능해진다.

하늘과 땅 사이, 신과 인간 사이, 존재와 죽음 사이 등 중간 틈새가 있을 수 없는 상황에서 절묘한 경계에 임하고 있음을 의미하고 있는 것인지도 모른다. 하지만 그렇다 하더라도 '절묘한 상태에 임하는 지경'과 미각의 단순 연결은 '왜', 그리고 '어떻게'라는 일반적 논리 전개 측면에서 썩 자연스럽게 느껴지지 않는다.

다시 원점으로 돌아가서 생각해 본다면, 茶라는 것이 음료인 이상 약용이든 식용이든 맛의 세계에서 벗어날 수 없음은 자명하다. 고금 문헌을 통해 茶의 '맛'의 서술은 빠진 적이 없으며, 분명 미각의 자극이 모든 사건의 단초를 제공한다는 것은 자명한 사실인 것이다.

그렇다면 茶의 맛은 마시는 사람에게 과연 어떠한 실제적 미각을 가져다줄까?

우선 현대 약리학의 관점에서 茶의 성분을 분석해 보는 것이 그 맛의 특징을 가장 객관적으로 알 수 있는 방법이 될 것이다. 茶의 맛을 형성하는 주요 성분으로는 탄닌, 카페인, 유리아미노산, 비타민 무기질과 기타 성분이 있으며, 일반적인 음료에 비해 탄닌과 카페인의 함량이 큰 것을 알 수 있다.[27]

---

27 정영선, 《한국의 茶 문화》, 너럭바위, 1995, p. 61~63.

특히 탄닌은 茶의 색깔과 향기와 맛을 크게 좌우하는 성분이다. 녹차에 가장 많이 함유되어 있다. 뜸차(황차·홍차) 종류는 탄닌이 산화효소에 의해 산화 중합되어 주황색과 붉은색의 물질로 변하여 사라지게 되므로 적게 함유되게 된다. 설익은 감의 떫은맛도 이 탄닌 성분 때문이다.

하지만 녹차에 많이 함유된 탄닌은 온화한 쓴맛의 떫은맛을 내는 유리형 카테킨과 쓴 떫은맛을 내는 에스테르형 카테킨이 있는데, 단백질과 쉽게 분리되므로 입안이 텁텁하지 않고 산뜻한 떫은맛을 낸다. 탄닌은 광합성에 의해 생성되므로 일조량이 많으면 함량이 많아진다.

즉 녹차는 텁텁한 맛을 남기지는 않지만 쓰고 떫은맛을 가진 온화한 미각의 음료인 것이다.

또 하나의 특징은 카페인에 있다. 카페인은 茶의 중요 성분으로 차소茶素(thein)라고도 하며 쓴맛을 낸다. 덖은 茶가 찐 茶보다 카페인 함량이 많고 일찍 딴 茶가 일조시간이 짧아 함량이 많으며, 해가림 재배한 고급 茶가 카페인 함량이 많다. 녹차에는 커피와는 달리 폴리페놀이나 비타민과 같은 유효성분이 많아 신체적 부작용을 일으키지 않는다.

이 성분은 각성작용과 흥분작용을 일으키는 것으로, 대뇌 중추신경을 자극하여 정신을 맑게 하고 감각을 예민하게 하며, 기억력, 판단력, 지구력을 증강시킨다. 졸음을 없애주며 혈관을 확장시켜 운동

능력도 높여준다. 일반적으로 茶를 마시고 40분 후에 흥분작용이 나타나 1시간 30분 정도 지속된다. 커피의 카페인과는 달리 신체의 기능 저하나 부작용도 없으며 오히려 간의 약물대사 기능을 향상시킨다고 한다.[28]

종류	적채 시기	성분								
		총질소 (%)	탄닌 (%)	카페인 (%)	가용분 (%)	유리당 (%)	유기산 (%)	비타민C (mg%)	수용성 펙틴(%)	유리아미 노산(%)
봄차	초기	6.4	14.1	2.3	40.2	2.3	1.4	568	0.8	2.3
	후기	4.2	14.8	2.0	39.8	2.4	1.3	484	0.9	1.8
여름 차	후기	3.8	17.9	1.5	39.4	2.5	1.4	246	1.0	1.2

차탕의 화학성분 함량

결국 녹차의 카페인 성분이 정신을 맑게 하고 각성시키는 효능을 가지고 있고, 탄닌이 온화한 쓴맛을 내게 하는 원인이며, 커피와는 달리 녹차의 카페인은 몸에 해롭지 않다는 것을 알 수 있다. 생산 측면에서도 곡우 전후의 이른 시기에 茶를 따는 것이 좋은 이유, 일조량을 조절하는 이유가 카페인의 함량이 많아지기 때문이라는 것을 합리적으로 이해할 수 있다.

만들기 어렵기는 하지만, 예부터 차인들이 찌거나 발효시킨 茶보

---

28 정영선, 《한국의 茶 문화》, 너럭바위, 1995, p. 63~64.

다 덖은 녹차와 같은 비발효차를 선호한 근거도 탄닌과 카페인의 함량을 산화효소로부터 보호, 유지하는 데 유리하기 때문이었다는 것도 이해할 수 있었다. 이 사실만으로도, 한재 이목과 같은 차인들이 진명眞茗의 작설차雀舌茶를 두고 그토록 형이상학적 차론茶論을 논하게 되는 이유를 이해할 수 있는 대목이 아닐 수 없다.

하지만 위의 약리적 성분으로만 茶의 형이상학적 사고의 전개, 더 나아가 차선茶禪과 같이 깊은 정신 상태에 이르게 되는 과정을 다 설명할 수는 없다. 茶와는 세부적으로 다른 종류라 하지만, 카페인의 효능으로 정신의 각성작용을 즐기는 커피를 앞에 두고 禪의 세계에 대해 이야기하지 않는 것은 단지 동서양 문화의 차이에서만 기인한 것이 아니라, 미각적 측면에서도 그것과 다른 어떤 것이 작용하기 때문은 아닐까?

부자연스럽다 하더라도, 이제 어쩔 수 없이 분석적인 관점으로 茶의 미각작용을 크게 확대하여 꼼꼼히 살펴보아야 한다. 우선 茶의 미각적 특성을 찻물을 삼키기 전 입안에 머물러 있는 시간과, 목으로 삼켜 찻물이 입에서 사라져버린 후의 두 단계로 구분하여 생각해보자.

차인의 입장에서 茶의 작용은 가장 먼저 팽주烹主로부터 찻잔을 건네받아 그 속에 담긴 찻물을 바라보는 데서부터 시작될 것이다. 그 이후 찻잔으로부터 풍겨져 나오는 후각적 향기를 느끼게 되는데, 이 두 과정도 茶 '맛'의 한 부분으로 보아야 한다. 흔히 茶의 맛은 色·香·

味로 판단해야 한다고 하지 않는가?

그 이후 잔을 기울여 입으로 들어간 찻물의 미각 자극에 의하여 드디어 茶 '맛'의 미각세계에 접하게 된다. 茶 맛의 첫 느낌은 쓰다는 것이다. 앞서 보았듯이, 탄닌에 의한 쓴맛은 텁텁하지 않고 산뜻한 떫은맛이긴 하지만, 참으로 의외의 상황을 만들어낸 것 아닌가? 왜냐하면 사람에게 쓴맛이라는 것은 기본적으로 고통스러운 느낌을 주기 때문이다. "양약은 몸에 좋으나 입에는 쓰다(良藥苦口)"는 옛말과 같이 쓴맛이란 고통의 느낌을 동반하기 마련이다.

기호음료란 기본적으로 사람이 힘든 삶을 영위하는 데 작은 위안을 주기 위한 것으로서, 행복감을 전달하는 달달한 맛이어야 할 것 같은데, 茶는 기본적으로 그 반대쪽 미각에 서 있지 않은가.

이것만으로도 茶가 단지 식음료로서의 것만은 아닐 것이라는 추측을 가능케 해준다. 그렇다면 이제 茶가 입속에 머무르면서 혀를 자극하여 미각을 전달하는 것 외의 다른 과정을 생각해 보아야 할 차례이다.

茶의 감각세계에는 茶를 받아들여 그것을 바라볼 때 느끼는 색감, 입에 넣기 전 코로 느끼는 향기, 입속에 머무르는 동안의 茶 맛, 목 넘김 이후 혀 속에 남겨진 찻물 미각의 잔존 여운까지, 즉 행차行茶 과정의 전체가 남김없이 다 포함되어야 한다.

앞서 말한 茶의 성분은 주로 목 넘김 이전, 혀에 머물러 있는 상태에서의 茶 맛을 좌우하는 요인이었다. 하지만 앞의 차인들 글에서와 같이, '禪의 깊은 경지에 머무름'과 같은 형이상학적 사고의 전개는, 찻물을 들이키고 입에 머무는 짧은 시간만이 그 작용의 대상이 아니기에, 주로 목 넘김 이후의 시간에 전개되는 사태가 아닌가?

그렇다면 茶의 목 넘김 이후에는 무슨 일이 일어나기에 그토록 깊은 정신작용을 부르게 하는 것일까? 아무래도 茶는 옛 차인들이 하나같이 입을 모아 애써 표현했던 것처럼, 혀로 인한 감각자극으로 펼쳐지는 미각세계뿐 아니라, 그것과 연관되어 겹쳐 펼쳐지는 또 다른 형이상학의 세계가 공존하고 있는 듯하다.

이제 입안에 찻물이 머물러 있을 때의 직접적 미각작용뿐만 아니라, 미각에 의해 촉발되어 목 넘김 이후에 펼쳐지는 다양한 형이상학적 사고의 전개에 대해서도 고찰해 보아야 할 필요가 생긴 것이다.

하지만 이렇게 단계를 구분한 茶 마심 과정 고찰 속에서도, 목 넘김 상태 전과 후의 경계 순간을 더욱 확대하여, 미각과 사고의 변환의 상황과 특징에 대해서 먼저 주목해 볼 필요가 있다. 왜 굳이 茶이며, 특히 한재의 표현에 따르자면 굳이 진명차여야만 하는가에 대한 의문과 또한 왜 차인들은 하나같이 맛의 세계로 들어가서 형이상학적 철학세계에서 이야기의 끝을 맺는가에 대한 탐색과 단서를 파악하고 싶기 때문이다.

이러한 호기심은 앞서 성분 분석을 통해 알아차린 약리학적 단서와 함께, 茶의 미각味覺과 미학美學의 세계, 그리고 茶 철학의 근본 씨앗을 찾아내는 데 중요한 열쇠가 될 것이기 때문이다. 그러기 위해 茶의 '맛'에 대한 또 다른 면모를 살펴보아야 한다.

제2장

茶의 맛, 그리고 맛의 사라짐

1. 茶의 맛

1) 진명차眞茗茶·작설차雀舌茶·녹차綠茶

이 주제에 대해서는 진명眞茗인 작설녹차雀舌綠茶에 대해서만 주로 논하려 한다.

茶 종류의 다양한 스펙트럼은 끝이 없으나, 우리나라 차인들이 특히 애호했던 것으로 진명차眞茗茶를 들 수 있다. 茶에 대하여 이 명칭의 의미를 글자 그대로 풀이하자면, '진眞'은 '변화하지 않은 채 있는 그 자체대로', '명茗'은 '곡우穀雨 이후에 딴 어린 녹차 싹'의 뜻이 된다. 따라서 어린 茶 싹을 따서 발효하지 아니하여 원재료의 특징이 남아 있도록 한 제차製茶 과정을 거친 茶를 두고 칭하는 말이 될 것이다.

녹차綠茶는 말 그대로 비교적 따뜻한 곳에서 자라는 여러해살이

상록교목 중 한 종류의 고유명사로서의 '茶' 자체를 지칭하는 것이기도 하다. 그렇다면 그 茶를 따서 가공하여 여러 가지 화학적 변화를 가한다 하더라도 그 명칭은 변화가 없어야 할 것이다. 포도라는 과일로 화학적 성분이 변화된 포도주라는 술을 만들었다 하더라도, 그 원재료는 역시 포도이기 때문에 포도주라는 명칭이 유지되는 것과 같은 이치이기 때문이다.

하지만 제차 과정 후의 '녹차'라는 명칭은 茶 자체 지칭의 의미뿐 아니라, 특별히 제법 상으로 '찻잎을 따서 발효를 막기 위해 시들지 않고 덖거나 찌는 과정을 거쳐 산화효소를 없애 발효시키지 않은 茶'[29]를 지칭하는 것이기도 하다. 우려낸 찻물에 푸른색이 살짝 감도는 음용 茶의 세부 분류상의 용어이다. 따라서 녹차의 경우 위에 예를 든 포도주의 경우와 같이 '발효 녹차'라는 용어를 쓸 수가 없게 되는 것이다.

물론 이 점에 있어 엄격히 말한다면, 제차 과정에서 조금은 자연 발효되었다고 볼 수도 있다. 하지만 분류상의 관점에서 비발효차로 인정되며, 여타 발효차의 누런색이나 검은 자색과 비교하여 이러한 명칭으로 분류한 듯하다. 홍차·흑차 등 색에 따라 분류하는 경우에 홍녹차·흑녹차 등의 용어로 일컬어지지 않는 이유가 여기에 있는 것이다. 그 외 발효의 진행 정도에 따라 우롱차, 보이차 등 각각의 특성에 부합하는 특별히 고안해 낸 용어를 쓸 경우도 '어떤 녹차'라는 용

---

29 정영선, 《한국의 茶 문화》, 너럭바위, 1995, p. 43.

어를 쓰지 않고 단지 '어떤 茶'라는 용어를 사용한다.

그러므로 녹차라는 말은 고유명사로서 차나무를 말하는 의미와, 찻물의 색상을 기준으로 세분류한 의미가 동일하여 서로 오인할 가능성이 있다. 또한 한국의 경우, 고유어가 아니라 일제강점기 시대에 일본에서 유입된 용어이므로 과거 한국에서 논했던 차론茶論의 대상을 말할 때에는 '작설차雀舌茶'[30]로 표현하는 것이 더 적합한 말이 될 듯하다.

이상과 같은 용어상의 혼란을 방지하기 위하여 본 논의를 더 깊이 전개하기 전에, 먼저 주 논의 대상으로 삼는 茶가 구체적으로 어떤 것을 특정하는 것인지 정의하여야 할 것이다.

우선, '절기상 곡우부터 입하 사이 시기에 어린 茶 싹을 따서 발효하지 않고 말리거나 덖어서 우려 마시는 茶'를 대상으로 한정 지을 필요가 있다. 즉 한국의 계절 여건에 비추어보아 곡우를 지나 입하 직후의 비교적 이른 시기에 일찍 딴 작은 참새 혓바닥 모양과 같은

---

30 작설차雀舌茶: 참새 혀와 닮은 찻잎으로 만든 茶. 곡우에서 입하 사이에 茶나무의 새싹을 따 만든 한국의 전통 茶이다. 찻잎의 크기와 모양에 따른 茶의 분류 방법으로, 찻잎 색깔이 자색紫色을 띠고 끝 모양이 참새(雀) 혀(舌)와 닮았다. 작설차는 조선시대 고차苦茶 또는 산차散茶라고도 하였으며, 《세종실록지리지》에는 궁궐에 바쳐진 지방토산물(土貢品) 가운데 하나로 기록되었다. 값비싼 고급 茶로서 숙취를 줄이고 물질대사를 촉진할 뿐 아니라 관상동맥경화증, 당뇨병, 고혈압, 이질, 충치 등을 예방하며 빈혈을 치료하는 효과가 있다. 작설이라는 이름은 고려 말 이제현李齊賢이 지은 「송광화상이 茶를 보내준 고마움에 대하여 붓 가는 대로 적어 장하에 보냄(松廣和尙寄惠新茗順筆亂道寄呈丈下).」이라는 차시茶詩에서 처음 나타났다.

작은 이파리의 어린 茶 싹, 즉 '진명眞茗 작설'의 것으로, 찌지 아니하고 덖음 제차製茶한 비발효차로서, 카페인 성분이 풍부하여 정신을 맑게 만들고, 탄닌 성분이 적절히 조절되어 온화한 쓴맛을 지닌 '작설 덖음차'를 주 대상으로 하는 것이다. 이는 곧 굳이 현대어로서의 상품명으로 말하자면 '우전 녹차雨前 綠茶'에 가까운 의미가 될 것이다.

육우의 《차경茶經》 권상捲上 차지원茶之源 내용을 살펴보면 茶의 이름과 특성을 논한 부분이 있다.

> 茶의 이름은 첫째 차茶, 둘째 가檟, 셋째 설蔎, 넷째 명茗, 다섯째 천荈이다.
>
> 주공은 가檟는 쓴 茶라 했고, 양집극楊執戟은 촉나라 서남 사람들은 도荼를 설蔎이라 하며, 곽홍농郭弘農은 빨리 따는 茶를 도荼, 늦게 따는 茶를 명茗, 혹 다른 말로는 천荈이라 한다.

> 其名 一曰茶 二曰檟 三曰蔎 四曰茗 五曰荈
> 周公云 檟 苦荼 揚執戟云 蜀西南人爲荼曰蔎
> 郭弘農云 早取爲荼 晚取爲茗 惑一曰荈耳

자전字典상의 명茗자의 의미는 1.茶의 싹, 2.茶, 3.늦게 딴 茶, 4.차나무, 5.높은 모양, 6. 술에 취하다 등의 뜻이 있으나, 주로 시기적으로 늦게 딴 茶, 하지만 위도가 높은 지역에 위치한 한국의 경우 곡우를 지난 비교적 늦은 시기에 채취한 싹을 말하는 것이다.

초의선사가 쓴 《차신전》[31] 채차 편에, 찻잎을 따는 철은 곡우 전 5일을 으뜸으로 삼고, 곡우 후 5일이 버금가며, 다시 5일 후가 또 그 다음이라고 되어 있다.[32]

하지만 이 시기적 기준은 茶의 주산지인 중국 남부 지역의 채차시기를 기준으로 한 것으로, 《차신전》의 원전인 《차록》 혹은 《만보전서》의 내용을 근거로 하는 것이다. 후에 초의선사가 직접 쓴 《동차송東茶頌》에서는 "우리나라의 기후조건에는 곡우 전후의 시기는 너무 이르고 입하 이후 기간이 채차의 적기가 될 것이다."라고 하였다.[33]

그런 연유로 늦게 따는 茶 싹, 즉 명茗의 뜻이 우리나라 茶의 채취시기 기준에 더 적합할 수밖에 없다. 따라서 우리나라의 경우, 의미로만 보아서는 '茶'보다는 '명茗'이 더 적합한 글이 될 것이다.

또한 茶의 종류도 다양하여 중국 남부나 대만에서는 대엽차도 주종으로 다루긴 하지만, 우리나라의 경우 소엽종이 주종을 이룬다. 초의는 위의 책에서 찻잎의 모양을 아침 안개를 머금어 윤이 나는 새의 혀(금설禽舌)와 같다고 하였고,[34] 고려 말 이제현의 차시茶詩에도 작설雀舌이란 표현이 등장하는 것으로 보아 잎의 크기를 기준으로 한

---

31 중국 명나라 장원이 쓴 《차록》이라는 책을 모환문이 베껴 쓴 《차경채요》가 있다. 또한 이를 전사한 《만보전서》라는 책을 초의가 가려서 쓴 책이 《차신전》이다. 따라서 초의의 《차신전》은 장원의 《차록》이 원본인 셈이다.

32 최범술, 《한국의 茶道》, 보련각, 1980, p. 230.

33 최범술, 《한국의 茶道》, 보련각, 1980, p. 298, 然而驗之 東茶穀雨前後太早 當以立夏後爲及時也.

34 최범술, 《한국의 茶道》, 보련각, 1980, p. 292, 朝霞含潤翠禽舌.

소엽종의 茶 싹을 말하는 것이다.

그렇다면 우리나라에서 '진명眞茗의 작설차雀舌茶'라는 말의 뜻은 '소엽종의 찻잎(雀舌)'을 곡우 지나 입하 전후 시기의 비교적 늦게 딴 새싹(眞茗)을 발효하지 않고 말리거나 덖어서 만든 녹차로 정의할 수 있을 듯하다.

이러한 추측의 근거는 어린 싹의 채취를 선호한다는 것에 있다. 작설이라고 하는 일창일기一槍一旗 새싹의 크기는 그야말로 어린아이의 손톱만하기 때문에 따기가 무척 어렵다. 또 힘들게 딴다 하더라도 그 양이 같은 시간, 같은 노동력으로 큰 잎을 따는 것과 비교할 수 없이 적기 때문에 고가품이 될 수밖에 없다. 이렇게 귀한 재료로 찻잎의 특성이 제대로 구별되지 않는 방식의 茶를 만든다는 것은 있을 수 없는 상식 밖의 일이 된다.

예를 들면, 발효차는 어린 茶 싹이 아니라 따기가 훨씬 쉬운 큰 잎을 써도 아무런 문제가 발생하지 않는다. 이미 어린 茶 싹이 가지는 분자적 효능이 발효됨으로써 아무런 의미를 가지지 못하기 때문이다. 이는 같은 포도로 만든 것이지만 포도주스와 포도주를 다른 물성物性의 것으로 구별하는 것과 같은 이치이다.

같은 찻잎을 따서 만든 것이라 하더라도 발효차는 화학적 변화를 겪었다는 것이고, 그 이전의 비발효차와는 근본적으로 다른 분자적 특징을 가지기 때문이다. 따라서 발효차를 만들면서 구태여 따기 힘든 어린 茶 싹을 요구할 리가 없는 것이다.

이러한 이유를 근거로, 홍차로부터 흑차까지 다양한 발효차에 대한 것은 별개로 판단하여 본 차론에서 제외하기로 한다. 만약 그것들까지 포함하려 한다면 수많은 대용차 즉, 인삼차·생강차·칡차에 대한 차론은 왜 배제하여야 하는가 하는 반론에 직면할 수밖에 없기 때문이다.[35]

그뿐 아니라, 茶의 최종 형태도 중요한 요소 가운데 하나인데, 茶를 가루 내어 물에 개어 마시는 말차抹茶, 쪄서 잘게 자른 형태로서 대량생산에 용이한 전차煎茶를 만들 목적이라면 굳이 참새 혓바닥(雀舌)보다도 작은 크기의 햇차 이파리를 고집할 이유가 없다.

따라서 선인들의 차론을 바탕으로 본 고考에서 다루려고 하는 茶의 범위를, 위에서 언급한 대로 '입하 직후에 딴 어린 茶 싹(진명)으로서 발효하지 않고 덖어 만들며(비발효), 제차 후에도 원래의 작은 형태가 최대한 유지되는 (작설) 형식의 녹차', 한자어로 표현하자면 진명작설眞茗雀舌 녹차로 한정하는 것이 합리적일 것으로 판단된다.

2) 茶 맛과 존재의 경계

여타 식물의 茶 혹은 현대의 커피에 이르기까지 '茶'란 '식물의 잎, 줄기, 뿌리, 열매 따위를 가공하여 달이거나 우려서 마시는 음료의

---

35 이후부터의 '茶'는 '진명 녹차' 혹은 같은 뜻의 한국적 표현으로서의 '작설 녹차'를 대상으로 한다.

통칭'으로서 어떤 특정한 맛을 가지고 있다. 따라서 좋은 茶의 미각 기준은 원재료 맛의 이상적 원형에 접근된 정도로써 판단할 수밖에 없다.

하지만 이러한 일반적 척도 기준으로는 단지 더운 물에 은근한 차 향이 살짝 드리운 것으로 느껴지는 진명차의 미각 특성을 평가하기 어렵다.

진명차는 맛의 세계에서 논하는 미각이라는 측면에서 그 감각적 자극이 지극히 작은 것이라 좋다 나쁘다는 판단을 쉽게 내릴 수 없 다. 그 정도의 미각 자극의 범위 속에 과연 '맛'에 대한 평가를 내릴 수 있는 여지가 있기나 한 것인가 하는 근본적 의문이 들기 때문이다.

하지만 바로 이 의문스러운 지점이 차인으로 하여금 단지 茶 맛이 어 떠한가의 미각적 주제에서 우선 벗어나게 하여, "맛 혹은 향이라는 유형 의 것이 과연 존재하는가?", "존재하는 것이라면 그 미소微少한 것들의 의미는 과연 무엇인가?"를 먼저 생각하게 만들어주는 계기가 된다.

그러나 그 물음에 대한 대답이 떠오르기도 전에 곧바로 이어지는 찻물의 목 넘김으로 인해 茶 맛은 아쉽게도 사라져가 버린다. 이제는 맛의 유무와 의미를 생각하기도 전에 사라져 없어져버리는 '맛의 소 멸'을 생각하게 된다. 차인은 이제 茶 맛 자체보다 사라지고 난 후의 여운에 대해 주목하게 된다. 맛의 의미는 존재와 소멸 사이의 어느 위치엔가 존재하고 있을 테지만, 우선은 순식간에 사라져버린 그 미 세한 맛의 여운에 대해 생각할 뿐이다.

이미 사라져버린 그 茶의 맛은, 발효된 茶가 가지는 비교적 뚜렷하고 긴 여운과는 구별되며, 온화하지만 쓴 최소한의 미각 자극이 아주 잠깐 입속에 머물러 있었을 뿐이고, 그것마저도 목 넘김 이후에 급속하게 사라져버려 아쉬움만 남겨준, 아주 추상적이고 형이상학적이며 이 세상의 것과는 조금 다른 차원의 맛을 가지고 있음을 어렴풋이 깨닫게 해주는 맛임을 느끼게 한다.

그렇다면 결국 녹차 맛의 진수眞髓는 미각 자체보다 먼저, '맛이라는 감각 존재의 있음과 사라짐'의 과정에 있을 수 있다고 결론지을 수 있지 않을까?

달거나 쓰거나 하는 미각味覺의 세계에 속하면서도, 오직 茶의 맛만은 맛의 유무에 관계된 미감美感을 지닌다. 더운 물에 우려낸 녹차는 여러 가지 茶의 맛 가운데서 가장 작은 미각 자극을 가지고 있을 뿐이며, 목 넘김이 끝나기 전에 사라져 없어져버리는 느낌을 주기 때문이다.

발효차를 포함한 다른 모든 식물의 茶는 목 넘김이 끝난 후에도 혀에 닿은 특정한 맛의 여운을 남기며, 그것으로 즐거운 명랑성을 부여해 준다. 녹차를 제외한 모든 茶 세계에서 특정 맛의 지속과 여운은 중요한 주제이며 구성적 내용이 된다. 하지만 녹차는 이렇듯 정반대의 지향을 보이지 않는가. 우리는 이제 이 점을 주목하여 살펴보아야 한다.

녹차의 맛에 관한 기초적 분류를 하자면, 쓴 차(苦茶)라는 조선시대 단어가 오히려 타당해 보인다. 찻잎을 발효하지 않은 채 우려 마실 때 쓴맛이 나는 것은 당연한 일이다. 그러기에 茶를 탕수湯水에 조금만 오래 우리거나, 물이 너무 뜨거우면 쓰거나 떫은맛[36] 때문에 슬그머니 잔을 물릴 수밖에 없다. 찻잎 진액의 쓴맛이 온도나 시간의 경과에 따라 더 많이 빠져나오기 때문이다.

더욱이 茶는 예로부터 쓴맛을 가지고 있어 심장에 이롭다고 알려져 왔으며, 최초 약용으로 쓰인 경험마저 가지고 있다. 그런 기억을 상기해 본다면, 오히려 '양약은 입에 쓰다'는 말처럼 茶의 맛은 쓴 것이 바탕임은 분명하다.

그렇다면 여기 이 대목에서 이치에 맞지 않는 이상한 점이 느껴지지 않는가? '달면 삼키고 쓰면 뱉는다(甘呑苦吐).'는 옛 속담처럼, 입에 쓰면 괴로운 느낌이 들고 뱉고 싶은 마음이 드는 법인데, 오히려 그것을 미각의 유희로서 즐기게 되었다는 결과적 사실 말이다.

이제 현재의 관점을 가진 우리는 새로운 관점에 서서, 잘 우려낸 진명의 茶 한 모금을 입에 넣었을 때[37] 전개되는 미각味覺과 오감의 변화를 찬찬히 그리고 분석적으로 살펴볼 필요가 있다. 茶의 미학美學이라는 것이 혀를 매개로 하는 맛의 세계에 속한다고 하는 명제가 과연 '참'이기는 한 것인가?

그 맛의 느낌에 대해 하나하나 분리해 보도록 하자.

---

36 인간 혀의 생체 미각에는 쓰다, 달다, 짜다, 시다 네 가지밖에 느낄 수 없다. 떫다는 쓴맛의 한 종류이며, 그냥 '쓰다'라는 하나의 표현으로 무방한 맛이다.

37 비발효차인 진명차의 맛을 약리학적으로 말한다면, '탄닌의 에스테르형 카테킨 작용으로 산뜻한 쓴맛을 지니고, 카페인의 작용으로 정신을 맑게 하고 감각을 예민하게 한다.'고 정의할 수 있다.

2. 사라짐

1) 목 넘김

찻물이 입안에 머물다가 목 넘김으로 사라질 때까지 느끼는 맛의 스펙트럼은 우선 약간 쓴 바탕 맛을 들 수 있을 것이다. 그리고 그 쓴 맛의 경계에서 한 뼘 떨어져 있다는 미각적 안도감, 알 듯 말 듯 한 미소微少한 향기, 손가락으로 전해지는 찻잔의 온기, 알맞게 식은 찻물의 목 넘김에서 오는 부드러운 촉감과 같은 것을 느낄 수 있다.

이런 느낌은 미각적이라기보다 오히려 오감으로 전달받는 茶 맛의 존재적 느낌이라 할 수 있다. 미각 외적인 감각이 더 큰 부분을 차지하고 있기 때문이다.

여기서 미각의 우선 역할이 혀에 닿은 쓴맛이 크게 괴로운 것이 아님에 먼저 안도하는 것에 주목하여야 한다. 달콤하거나 상큼한 맛을 받아들임으로써 궁극의 미각적 행복감을 얻으려 하는 음료에 대한 기본적 욕망은 한순간에 좌절되어 버리고, 단지 크게 고통스럽지 않은 것에 대해서만 안도감을 느끼는 난감한 상황이 먼저 기다리고 있기 때문이다. 그 속에서 '미각의 행복이란 단지 목 넘김으로써 입속에 머금고 있던 쓴맛이 무사히 처리되었다.'라는 안도의 환희를 느끼는 순간뿐일 것이다.

물론 차인들이 그토록 살리려 애쓰는 향과 맛의 세계는 그러한 감각의 사태事態 속에, 혹은 그 이후에도 배경으로 온존해 있겠지만, 미각세계만의 관점으로는 이 범위와 크게 다를 수 없을 것이다. 그 이유는, 그 맛의 바탕이 바로 '쓴맛'이기 때문이다.

이런 茶 마심에 따른 오감의 묘사가 맞다면, 茶는 맛 혹은 미각 세계의 맏아들이 아니라는 것이 분명해진다. 마치 자기가 부화시킨 뻐꾸기 새끼를 끝까지 자기 것인 줄로 알다가 결국 둥지를 떠나버린 후 남겨진 가련한 어미 뱁새의 허무처럼, 茶의 맛은 허로써 '사라져 감'을 불안한 마음으로 느끼는 데 있을 뿐, '어떤' 맛에 거주하는 것이 아닐 것이다. 그럼 사라져버린 교주 뒤에 남겨진 가련한 '茶 맛'의 신도들은 무엇을 붙잡고 애타게 열망하고 있는 것일까?

혹시 갑자기 사라져버린 자신의 지체에서 마치 존재할 때와 같은 구체적 촉감 환각을 느끼는 절단 환자처럼, '사라짐의 맛이 남긴 존재의 여운'으로 茶의 맛을 이야기하는 것은 아닐까?

그렇다면 그것은 결국 진명차 세계의 미학적 본질이 '맛의 어떠함'의 차원이 아니라 맛의 '있음과 없음, 혹은 존재와 비존재非存在'의 경계에 놓여 있음을 말해주는 것은 아닐까?

그런 관점에서 茶 경전에서 논한 茶 맛의 묘사를 살펴보면 놀라우리만큼 유사한 공통점을 찾을 수 있다. '신神하다'라는 표현에서 홀연한 맛의 사라짐을 유추할 수 있으며, '간間이 맞다'는 표현에서 茶의 맛이 미각의 유무 경계에 존재함을 전제하고 있다고 판단할 수도 있기 때문이다. 사이(間)라는 것은 두 개 이상의 실체에 의해 형성되는 빈 공간, 즉 형태 없는 것 아닌가. 실체가 없는 그곳에 '맞다'는 것의 실체는 무엇인가? 실체와 비실체의 중간적 형태란 말인가? 그런 것이 가능하기나 한 것일까?

2) 사라짐

'사라짐'이란 있는 것(存在)과 없는 것(非存在—無)의 중간 양태의 시간적 과정 속성을 지칭하는 표현이다. 존재와 無는 서로가 배제된 상태이며, 따라서 둘의 공존 상태는 이론적으로 있을 수 없다. 하지만 사람의 정신성은 이 둘의 불가능한 공존 상태를 지향해 왔다.[38] 모든 종교와 신화가 그 직접적 증거이고, 인간의 본능은 그 출현 이래로 비존재로의 지향을 원초적 경향성으로 지속하여 왔으며, 그 이유는 아마도 현존재인 인간이 비존재적인 죽음을 응시하고 받아들여야 하기 때문일 것이기에 앞으로도 영원할 것이다.

종교는 존재하지 않는 신과 실존하는 인간의 구체적 합일을 구하

---

38 키에르케고르는 유한한 인간이 무한성을 갈구하는 것 자체가 절망이고 따라서 '죽음에 이르는 병'이라고 하였다. 하지만 이러한 인간 내부의 절망적 대립상태는, 신에게 있어서는 모든 것이 가능하다는 믿음을 가짐으로써만 구원받을 수 있다고 생각하였다. 여기에서 믿음은 인간적 차원에서의 모든 지성을 포기하는 것이다. 신을 알기 위해서는 지성을 버리는 것 외에 다른 방법이 없다고 보았다. (키에르케고르, 강성위 옮김, 《불안의 개념/죽음에 이르는 병/유혹자의 일기》, 동서문화사, 2016, p. 214)

는 행위이며, 신화는 실재와 비실재의 구분을 허무는 꿈의 존재와 유사한 것이다. 종교와 신화가 사라진 후 남겨진 인간의 고독과 비참함을 상상할 수 있는가? 비실재는 무한이므로 유한한 실재의 진리이고 구원이 된다.

茶를 마시며 茶 맛에서 문득 느껴진 어떤 '사라짐'의 사태는 부처의 견성見性을 깨우치거나 공맹孔孟의 명덕明德을 갖추거나, 道의 깊은 의미를 깨닫게 하는 단서를 던져주며, 이 단서의 명료함이 차 세계가 추구하는 맛의 기준이 된다.

여기에서 만약, 마시는 음료로서의 茶 맛이 '사라져서 홀연히 없어져버리는 느낌'을 각성시키고, 그럼으로써 '無'의 자락을 흘낏이라도 쳐다볼 수 있는 단서가 된다면 그것이야말로 茶는 음료가 가지는 미각적 기호의 세계를 떠나 영성의 형이상학, 혹은 오히려 종교의 세계로 인도하는 계기가 되는 것이다.

이제 '사라짐' 그 자체와 사라져버린 이후에 無로서 홀로 남겨진 것에 대한 의미를 차인이 아닌 종교인 혹은 철학자의 견해를 통해 살펴보자.

제3장

사라짐의 의미

차인茶人뿐만 아니라 모든 인간에게 사라짐의 사태를 느낀다는 것
은 무엇을 의미할까?

우선 그것은 삶의 죽음과의 뗄 수 없는 연관일 것이다. 살아있는
모든 생명에게 피해갈 수 없는 죽음은 밑이 보이지 않는 어두운 심연
으로서 말할 수 없는 두려움을 던져준다. 대부분의 사람들은 그 때문
에 죽음에 대해 애써 외면하려 한다.

하지만 실상은, 자신이 살아있음을 직접적으로 증거하는 그토록
소중한 자신의 몸마저도 알고 보면 매우 무상한 것이어서 곧 분해되
어 없어질 것임을 알고 있으며, 자기 자신이라고 믿고 있는 정체성과
'나'라는 것의 동일성마저도 곧 해체되어 사라질 것이라는 사실은 인
간을 끝없는 불안의 심연에 몰아넣고야 만다.

외면할 수 없는 존재의 불안은 삶에서 마주치는 작은 종말마저도
그 속에서 흘낏 마주치는 죽음의 그림자에 깜짝 놀라 지워 없애거나

덧칠하길 멈추지 않는다. 나라는 달라도 헤어질 때의 인사말에서 공통적으로 "잘 가!"라는 말보다 "다음에 또 보자!"는 표현이 더 자주 사용된다는 사실을 생각해 보면, 인간 삶의 바탕에 죽음의 불안이 얼마나 크고 짙게 깔려있는지 느낄 수 있다.

하지만 그러한 절망적인 불안 속에서도 몇몇 영웅적인 사람들은 그 끔찍한 사실을 외면하거나 두려워하지 않고 꿋꿋하게 직시하였으며, 마침내 그 속에서 자아의 비동일성을 발견해 내었다. 죽음과의 대면을 통해 의식은 오히려 형태와의 동일화로부터 벗어날 수 있다는 것을 알게 된 것이다. 아마도 그런 이유 때문에 몇몇 유파의 불교 수도자들은 정기적으로 시신 곁에 앉아 행하는 명상수행을 가졌을 것이다.[39]

죽음이 두렵기는 하지만, 만약 죽음을 단지 외면해 버리고 만다면, 대신 삶이 그 깊이를 잃어버리게 될 것이다. 만약 정말 그런 것이라면 인생이란 단지 눈에 보이는 것, 즉 외부적이고 유형적인 것만 중시하는 단조롭고 진부한 것이 되고 말 것이다. 그런데 현대문화는 이 점에 있어서 매우 안타까운 상태에 있음이 틀림없다.

죽음에 대한 부정이 광범위하게 퍼져 있으며, 심지어 노인들조차도 죽음에 대해 깊이 생각하거나 말하려 하지 않으려 한다. 위험은 없고 거실 소파처럼 부드럽고 안락하며 편하게 지속되어야 하는 것이 삶이라고 여기는 듯하고, 정당과 정치인은 자신들이 그런 세상을

---

39 에크하르트 톨레(Eckhart Tolle), 《Stillness Speaks》, Read How You Want, 2008, p. 89.

만들어 주겠다고 약속한다. 하지만 위에서 말했듯이, 죽음이 부정되면 삶은 그 즉시 깊이를 잃어버리고 만다.

고대 로마시대 전쟁에서 승리한 장군의 개선식에는 개선장군의 뒤를 따르며 "죽음을 기억하라(Memento Mori)!"고 반복해서 말을 해주는 노예가 있었다고 한다. 지금은 신처럼 떠받들어지고 있지만, 너도 언젠가 필연적으로 죽어야 하는 인간 운명이 기다리고 있으니, 결코 교만에 빠져 자신을 잃어버리는 어리석음을 저지르지 말라는 경고를 들려주기 위한 것이었다.

이런 관점에서 '사라짐'의 의미는 죽음으로의 이행移行 과정이며, 끝이 보이지 않는 어두운 심연을 체험적으로 들여다보게 해주는 행위자라는 데 있다. 폭포에서 떨어져 내리는 짧은 시간 속에 있는 사람은, 아마도 그전까지 삶 전체를 무겁게 짓누르던 모든 불안이 삶에서 아무런 의미도 가지고 있지 않다는 것을 깨달을 것이다.

그래서 선불교의 선승들은 이렇게 말했다.

"백척간두진일보(百尺竿頭進一步)."

모든 집착을 끊고 벼랑 위에서 한 걸음을 내디딜 때 죽음만이 기다리고 있는 것이 아니라 새로운 탄생이 동시에 거기 있다는 것이다. 즉, 죽음의 반대는 삶이 아니라 탄생이며, 새로이 탄생된 삶이 계속 이어져 나가는 것이다.

이러한 역설에 대하여 존경받는 현대 영성교사인 에크하르트 톨레(Ekhart Tolle, 1948~)는, "만약 당신의 인생 속에서 종말을 받아들이거나 오히려 반기기를 한다면, 당신은 처음에 불편해 했던 공허의 느낌이 깊은 평화의 감각을 가져다주는 내적 광활함으로 바뀌는 것을 발견할 수 있을 것이다. 이런 식으로 매일 죽는 것을 배우는 것에 의해 당신은 삶에 자신을 열어 놓게 된다."[40]라고 현대적인 말투로 설명하였다.

그렇다면 차인들은 고대 로마의 개선장군처럼 茶 마심이라는 '사라짐'의 제의祭儀를 통해 매 순간 죽음을 향해 한 발을 내딛고, 그럼으로써 매 순간 새로운 탄생을 맞이하려는 열망을 구체화하려 했던 것은 아닐까? 그럼으로써 실존 상태의 사라짐의 불안을 새로운 탄생이라는 삶의 의지로 승화시키려 한 것 아니었을까?

이제 여기서 '사라짐'의 의미와 그로 인해 촉발되는 '불안', 결과로서의 '無', 그리고 '無'로서 연결되는 '영원성'의 주제에 대하여 종교인과 철학자들의 말에 귀 기울여 보자.

---

40 에크하르트 톨레(Eckhart Tolle), 《Stillness Speaks》, Read How You Want, 2008, p. 90.

1. 사라짐에 대한 차인들의 함의

1) 망형忘形·망기忘機

《삼국사기》의 기록에 따르면, 우리나라 땅에 차나무가 처음 나타난 것은 신라 흥덕왕 3년(828년)에 입당회사入唐廻使인 김대렴(金大廉, ?~?)[41]이 중국에서 茶 씨앗을 가져와 왕의 명에 따라 지리산 남녘, 지금의 화개동에 심은 것을 필두로 당시 귀족사회와 불교 승려 사이에서 애호되던 것이 점차 민간에 보급되었다.

하지만 민간에 널리 보급되었다고 해도 '다반사茶飯事'라는 말의 뜻과 같이 그저 식후에 후식으로 마시는 일상적 음료로서가 아니라, 특별한 시간과 공간에 의미 있는 주제로서 다루어지는 정서적 대상이었다.

특히 불교와 더불어 차문화가 발전했던 고려시대의 기록을 보면, 茶는 자신의 좁고 작은 개체의 형상에서 벗어나(忘形) 진리의 세계로 향하게 하는 성물聖物로서 받아들였다. 고려의 차인 이규보와 이숭인의 차시茶詩를 보면 '형체를 잊는다'는 말이 자주 등장한다.[42]

---

41 김대렴金大廉 : 통일신라시대 당나라에서 茶를 가져온 사신. 828년(흥덕왕 3년) 당나라에 사신으로 갔다가 귀국하는 길에 茶의 종자를 가지고 왔으며, 흥덕왕이 이것을 지리산에 심어 재배하도록 명령하였다. 茶는 이전부터 있었으나 대개 중국으로부터 수입한 것이며, 그가 茶 종자를 가지고 온 이후부터 성하였다.

42 김명배, 《茶道學》, 학문사, 1991, p. 282~283.

강변을 방랑하니 저절로 형체를 잃고　　江邊放浪自忘形

— 이규보, 「숙빈강촌사宿瀕江村舍」

거칠고 헤진 옷차림에 이미 형체를 잊고　　蘿衣白衲已忘形

— 이숭인, 「제신효사담사방題神孝寺湛師房」

　그 밖에 유사한 의미로서 '망기忘機'라는 말이 이색李穡(1328~1396)의 「전차즉사煎茶卽事」에서 찾아볼 수 있는데, '망기'란 말의 의미에서 기機는 마음의 기틀을 의미하며, 망기란 세속의 일을 잊는 것을 말한다.[43]

　이와 유사한 의미로서 좌망坐忘[44]이라는 말이 이숭인의 《현성사독서玄聖寺讀書》에 보이는데, 이 말은 道家의 《장자莊子》에서 나온 것으로서, '정좌하여 잡념을 잊어버리고 절대 무차별의 경지에 들어가는 것'을 가리킨다.

　이러한 고려 차인들의 기록을 보았을 때 당시 귀족들의 생활에서 茶 마심의 의미는, 음식의 재료 혹은 미각적 기호음료라는 바탕의미를 넘어서, 그것을 통해 자기라는 에고(ego)의 형체를 여의고 물아物我를 초월하여 무위자연의 도를 깨우치는 성스러운 행위를 실천하는 것으로 받아들여졌음을 알 수 있다.

---

43 김명배,《茶道學》, 학문사, 1991, p. 283.

44 좌망坐忘 : 장자莊子가 주장한 수양법인 심재좌망心齋坐忘의 준말. 심재는 마음의 모든 추악한 면을 버리고 허虛의 상태에서 道와 일체가 되는 것을 의미하고, 좌망은 마음이 육체의 괴로움에서 벗어나고 세속적인 지知에서 벗어나 대도와 합일하는 것을 말한다. 사려思慮를 떠나 無의 세계로 들어가는 수양법이다.

2) 자득自得의 정신

다산 정약용은 세 번의 귀양살이 중 세 번째 유배지인 전남 강진에
1808년 봄, 만덕리 귤동에 다산초당을 짓고 은거하였는데, 여기서 지
은 시를 보면 그가 처한 극한상황인 귀양살이를 대하는 정신이 잘 나
타나 있다.

새 비가 내린 뒤 귤림橘林은 자못 사랑스러운데
바위에서 나오는 샘물을 손으로 떠서 찻병을 씻네.

頗愛橘林新雨後
巖泉手取洗茶瓶

유배 상태라는 인생의 막다른 골목에서도 다산은 과거의 덫에 얽
매이지 않고 비 온 뒤의 느낌, 귤림의 풍성함, 바위틈 샘물의 청명함
등, 그때 그 순간의 느낌에 완전히 현행現行하고 있음을 알 수 있다.
그 현행하는 순간, 고통은 생각이라는 실체를 잃고 사라져가 버린다.
그러기에 불교에서는 '고통에는 실체가 없다(無常·苦·無我).'고 하지
않았던가.

이 장면, 다산이 언제 풀려날지 기약도 없는 상황을 소요와 자득
自得의 드높은 정신력으로 극복한 것이라 볼 수 있다.[45] 여기서 자득
自得의 정신이란, 좋든 싫든 지금 주어진 삶의 조건을 마치 스스로 선

---

45 김명배, 《茶道學》, 학문사, 1991, p. 353.

택한 것처럼 여기며 긍정적으로 수용하는 마음자세를 말하는 것이다.

에크하르트 톨레는, "이 순간이 어떤 느낌이건, 어떤 경험을 겪든, 그것을 온전히 당신이 선택한 일처럼 사는 것이 고통의 종결이며 자유다(True freedom and the end of suffering is living such a way as if you had completely chosen whatever you feel or experience at this moment)."라고 말한 바 있다.

다산은 자기 자신이라는 에고(ego)의 울타리를 벗어나, 마치 원래 그래 왔던 것과 같은 대자유를 향유할 수 있는 마음가짐이 茶 마심에서 길러질 수 있다고 보고 실천했던 것 같다.

3) 명선茗禪과 차선일미

추사가 써서 초의선사에게 보낸 '명선茗禪' 휘호는 그가 가졌던 茶 철학의 면모를 엿볼 수 있다. '명선' 휘호의 오른편에 쓴 작은 글씨에는, "초의가 직접 만들어 어렵게 가져온 명차는 몽정노아蒙頂露芽보다 못하지 않다. 이에 글로써 보답한다(艸衣崙來自製茗不減蒙頂露芽書以爲報)."라고 씌어 있다.

여기서 말하는 몽정노아는, 몽정차와 노아차를 말하는 것으로서 중국에서 손꼽는 명차名茶로 알려져 있다. 육우가 쓴 《차경》 속에 '천하의 명차는 몽정이 제일이고, 고저가 둘째'라는 말도 나온다. 추사는 그렇게 초의선사가 가져온 茶 맛을 칭찬한 후 〈명선茗禪〉이라는 불후

명선茗禪 휘호(필자 그림)

의 휘호를 굵고 강하게 남겼다. 결국 '그 모든 茶의 작용은 禪으로 통한다.'라는 다선일미의 의미를 뚜렷이 밝혔던 것이다.

이상의 고찰을 종합해 보면, 결국 한국의 전통사회에서 茶 생활과 그 과정에서 수행되는 모든 행위 동작의 귀결점이 단지 미각세계로 향했던 것만이 아니었음을 발견할 수 있다. 선불교로 대표되는 한국 전통사회의 보편정서와 철학이 지향하던 바 '나'라는 좁은 한계에 갇힌 유형의 세계를 버리고 무한시공의 차원으로 뛰어들고자 하는 바람과 지향의 실천이었을 것이다.

이제 그 과정에서 '茶 마심'의 행위는 에고라는 존재의 유형적 틀을 버리고 무형의 비존재로 변화하여 무한 시공간으로 돌아가게 해주는 기제였음을 알 수 있게 되었다.

4) 고통 속의 깊은 맛 — 시부사(澁さ)

일본인들은 茶의 맛 속에서 그들의 정서에 맞는 '無'의 맛을 발견했던 것 같다.

현세를 영속적인 것이 아닌, 곧 사라져버릴 운명의 것으로 바라보는 일본인의 심성에서 사라짐의 흔적을 남기는 茶 맛의 여운은 매우 반갑고 또한 공감할 수 있는 것으로 받아들여졌을 것이다.

수많은 전란과 인간의 힘이 미치지 못하는 숱한 자연재해 속에서 살아온 일본인의 역사는 그 속에 사는 사람들에게 쓰라린 추억과 함께 현세의 무상함을 심어주었다. 고통스러운 현세에 대한 절망감은 무한한 것, 그리고 영원한 것에 대한 끝없는 갈망을 심어주었을 것이다.

무상과 영원이라는 양립할 수 없는 대립적 두 요소는 대다수 일본인들로 하여금 찰나에서 진리를 찾는 선불교의 전통에 공감하며 매료되게 만들었다. 이제 일본인들은 눈앞에 보이고 변화하는 현세보다 눈에 보이지 않고 변하지 않는 영원의 세계를 더 동경하게 되었다. 선불교는 영원으로 통하는 그 길이 지금 이 순간 바로 너와 함께 있음을 알려주고 있다. 茶의 쓴맛과 그 맛의 돌연한 해소 과정은 영원으로 통하는 선불교의 구도과정을 체험적으로 한순간에 일깨워 주는 계기가 되었다.

여기에 덧붙여 일본인들의 심층적 심성을 이해하기 위해서는 '아름다움의 표준'으로 사용되고 있는 '시부사(澁さ)'라는 말에 대해 눈여겨볼 필요가 있다. 한자 澁(삽)자는 설익은 감을 먹을 때 느끼는 떫은 맛을 표현하는 형용사이다. 생각만 해도 이맛살이 찌푸려지는 맛의 매우 부정적인 형용사이다. 그런데 이런 맛을 긍정적이고 아름다운 상태를 의미하는 형용어로 사용하는 경우가 있을 수 있을까?

일본인들의 정서로는 그렇다. 물론 그들도 떫은맛 자체를 좋아하지는 않는다. 다른 표현 '시부쓰라(澁面, 우거지상)', '시부시부(しぶしぶ :마지못해 떨떠름하게)'와 같은 말을 보면 당연히 떫은맛의 괴로움의 느낌을 염두에 두고 있다. 하지만 일본에서 이 명사형의 말은 놀랍게도

'은근하고 깊은 미의 기준', 혹은 '한 사람이 경험과 연륜이 더해져서 도달하게 되는 원숙한 경지에서의 은근한 멋'을 뜻한다.

보편적인 일본 젊은이들이라 하더라도 그들이 나이가 들면 곧 그러한 아름다움을 갖추게 될 것을 기대하고 있으며, 시골 촌로라 하더라도 이 표현을 일상적으로 쓴다는 점을 생각한다면 일본인이 동경하는 미의 표준임을 부정할 수 없다.

이렇게 껄끄럽다, 더듬다, 꺼리다라는 부정적인 형용사인 삽(澁)자가 아름다움의 기준을 나타내는 표준어로 고착된 데에는 일본 불교사상, 그리고 茶道와 깊은 관련이 있는 듯하다.

즉, 일본인은 은근한 맛을 깊은 아름다움이라고 인식하는 점에 일본인의 절대적인 특질이 있다고 한다.[46] 야나기 무네요시는 이 멋의 특질을 단순성, 함축성, 겸허성, 침묵성, 자연스러움 혹은 필연성, 거친 것을 말하는 소소성 등으로 설명하였다.

그중 소소성은 차인들이 말하는 조작이 없는 자연스러움, 정적의 의미를 담고 있으며, 정형이 아닌 파형, 기수奇數의 아름다움을 말하는 것이다.[47] 일본인들은 茶의 맛과 같은 거친 것, 파형, 쓴 것과 같은 부정성을 기피의 대상으로만 인식한 것이 아니라, 현실은 어쩔 수 없으니 오히려 달게 받아들이고 승화시키는 것이야말로 영원성을 획득할 수 있는 유일한 수단임을 믿고 있었던 것 같다.

---

46 야나기 무네요시, 구마쿠라 이사오 엮음, 김순희 옮김, 《다도와 일본의 미》, 도서출판 소화, 1998, p. 201.

47 야나기 무네요시, 구마쿠라 이사오 엮음, 김순희 옮김, 《다도와 일본의 미》, 도서출판 소화, 1998, p. 198~208.

5) 쓸쓸함 – 적寂(사비さび)

일본에서는 茶道의 핵심을 '화경청적和敬淸寂'으로 표현한다. 모두가 다 茶 생활의 지향하는 바이지만, 일본의 지역적 특성이라는 관점에서 특히 눈여겨보아야 할 것이, 고요함 혹은 평온함, 쓸쓸함을 나타내는 '적寂'의 표현이다. 쓸쓸함은 혼자 있음의 고통이 더해진 외로움의 상태를 표현한 말이다. 그런데 이 사태는 고정적인 것이라기보다 변화의 상태에서 더욱 아프게 느끼는 것이다.

'함께'의 안전하고 편안한 상태에서, 갑자기 '홀로'라는 당혹스럽고 끝 모를 어두운 심연으로 내던져져버린 자의 불안한 심경, 그 변화의 과정에서 생생하게 느낄 수 있는 감정의 쓸쓸함이다. 혼자된 지 오래되어 그것에 익숙해진 사람이 그 생생한 쓸쓸함을 느낄 수 있을까? 그것은 머무름이 아니라 떠남의 세계에 속해 있는 것이다. 안락하고 익숙한 모든 것에서 떠남이고, 종국적으로는 나 자신마저도 떠나야만 하는 인생의 허무함을 가리키는 것이다.

이 말은 불법에서도 즐겨 사용되고 있다. 종파는 여러 가지로 나뉘어도 모든 불문佛門의 귀추는 '적寂'으로 돌아간다고 할 수 있다. 불교에서 말하는 적寂이란 집착을 떠난 상태를 말하는 것이다. 이것만이 마음에 평화를 준다. 그리하려면 떠나야 한다. 떠나는 자는 쓸쓸함을 느끼지만 불법의 가르침은 이와 같은 집착에서 벗어나 아무것에도 사로잡히지 않는 자유자재를 가지라고 한다. 즉 有無의 이원에서 벗어나는 것이다.[48]

---

[48] 야나기 무네요시, 구마쿠라 이사오 엮음, 김순희 옮김, 《다도와 일본의 미》, 도서출판 소화, 1998, p. 177.

지금도 사찰에서 '고요함의 큰 빛이 있는 집'이라는 뜻을 가진 대적광전大寂光殿이 제일 높은 위계의 건물이라는 것은 누구나 다 알고 있으며 잘 알려진 사실이다.

또한 이 적寂이라는 말은 궁극적인 것을 가리키는 '무한無限' 나라는 개체를 벗어난 '불이不二' 혹은 그러한 상태를 의미하는 '공空', '허虛'와 같은 부정의 의미를 가지고 있다. 그것은 자아든 타인이든 어디에도 의지하지 않는 홀로 섬, 자유 자재함을 표현하는 부정어이다. 즉 자타불이自他不二의 주인 됨을 뜻한다. 그 속에서 고귀한 아름다움이 빛을 발한다. 화려한 것이 아닌 가난함의 고귀함이다.

일본 차 예절에서는 그러한 모자람(貧)의 아름다움을 '와비(佗)'[49]라고 한다. 와비는 한적하며 정취가 있는 모습을 말한다. 일본 차서 《선차록禪茶錄》에 따르면 와비는 '부족不足'의 뜻이고 '빈貧'의 마음이며, 그리하여 부족한 것에서 만족을 아는 마음씨를 가리키는 것이라고 되어있다.

쓸쓸함과 부족함을 느낀다는 것은 현세에서 어쩔 수 없는 일이니, 그것을 거부하거나 배척하려 하지 말고 오히려 반갑게 받아들임으

---

49 다를 타佗자는 사람이라는 뜻을 나타내는 사람인 변(亻=人)과 음音을 나타내는 글자 타它가 합하여 이루어진 글자이다. 직역을 해보면 무언가 다른 (감성을 가진) 사람을 나타내는 뜻으로 해석할 수 있을 것이다. 사전적 의미로는, 1. 다르다, 2. 짊어지다, 3. 끌다, 4. 더하다, 보태다, 5. 풀다, 풀어헤치다, 6. 아름답다, 우아하다, 7. 다른, 딴, 8. 남, 딴사람 등 여러 가지 뜻이 있다.

로써 초극하는 것이 더 큰 아름다움을 획득하는 일임을 茶 맛을 통해
가르치는 것이다.

다른 음료와는 달리 茶를 마시면 그 맛의 끝은 행복의 여운이 아니
라, 사라져가 버리고 아무것도 없음의 쓸쓸함과 아쉬움이 남기 때문
이다. 하지만 그것으로 만족할 뿐이다.

일본 茶道가 지향하는 것은 부족한 것, 여의치 않은 것을 그대로
받아들임으로써 그 사라져가는 것의 허무와 허전함의 틈새에서 변하
지 않는 영원성의 자락을 느끼는 경지로 보인다.

6) 외로움 - 기수미奇數美

차인들은 스키(數奇, 풍류)라는 말을 오랫동안 사용해 왔다. 스키야
(數奇屋)는 차실을 말한다. 스키는 일본어 스키(好き, すき, 좋아하다)의
차음자借音字 표현이기도 하다.

하지만 짝 없는 상태인 홀수를 뜻하는 말이 기수奇數이기도 하다.
홀수는 외로운 상태이며, 정형이 아니라 비정형, 완전함보다는 불완
전함, 편안함보다는 고독과 쓸쓸함의 아름다움을 표현하는 것이다.
《주역》에서는 짝수에 비해 홀수가 상대적 우위 개념인 양陽의 수로
여겨졌다.

이 스키라는 표현이 茶의 전용어로 바뀌었다. '그냥 좋다.'라는 뜻

을 담기 위해서라면, 한 글자의 간단한 표현(好き)이 쓰기 쉬웠을 것이다. 하지만 그 '좋다.' 라는 의미에 더해 홀수의 쓸쓸함, 고고함, 부족함, 가난함을 표현하기 위함이 아닐까? 홀수는 짝수에 비해 맞아 떨어지지 않는 부족함이며, 따라서 쓸쓸하고 가난한 느낌을 주는 것이다.

그렇다면 일본 차인들이 추구했던 차 세계에서의 '아름다움'은, 일상생활에서 흔히 추구하는 풍요롭고 안락한 상태가 아니라, 그 반대의 세계를 지향한 것으로 판단하는 편이 더 타당성 있음을 이 스키라는 단어를 통해 추측할 수 있다.

실제로 일본 차서《선다록》에는 '화려한 것을 배척하고 부족한 것에서 만족을 아는 것이 스키(數奇)의 뜻'이라는 표현이 있다. 이것은 불충분함의 아름다움을 시사하는 점에서 茶의 정신이 그 단어 속에 내포되어 있음을 알 수 있다. 이것은 茶道의 아름다움이 기수미奇數美, 즉 불충분함, 가난함, 쓸쓸함을 바탕으로 삼는다는 것을 암시하는 것이다.

《남방록》에는 차회茶會에 초대받은 센리큐의 스승인 다케노조오가 "완전한 모양인 꽃병의 형태를 깨뜨리려고 망치를 품고 갔으나, 센리큐가 미리 한쪽 귀를 쳐서 깨뜨린 후 꽃을 꽂아 차회에 내는 바람에 싱겁게 되었다."라고 소개한 일화가 있다.[50]

불완전성의 미학에 대한 차인들의 시각을 알 수 있는 일화라 하겠

---

50 난보 소케이(南方宗啓), 박전열 옮김, 《南方錄》, 시사일본어사, 1993, p. 164 ~166.

다. 하지만 茶의 미학은 기수奇數의 쓸쓸한 세계에만 머무르는 것이 아니라, 그것을 기꺼이 수용함으로써 영원하고 궁극적인 곳을 향한 뚜렷한 지향이 있었다.

이러한 외로움을 주시하는 정서는 茶에서뿐만 아니라 문학에서도 자주 표현된다. 17세기 일본 하이쿠(俳句)의 대가로 알려진 일본 방랑 시인 마츠오 바쇼(松尾芭蕉, 1644~1694)의 시구를 보자.

　　　이 가을엔
　　　왜 이리 늙는가
　　　구름에 가는 새

　　　此秋は何で年ょる雲に鳥[51]

　　올 가을은 왜 이렇게 몸이 쇠약해졌는가?
　　갑자기 푹 늙었다.
　　가을하늘에 구름 속으로 새 한 마리가 사라져 간다.
　　무상한 인생 마감이 눈앞에 다가온다.
　　하지만 그저 그럴 뿐, 어쩌겠는가?

　　방랑에 병들어
　　꿈은 마른 들판을

---

51 마츠오 바쇼, 유옥희 옮김, 《마츠오 바쇼의 하이쿠》, 민음사, 2005, p. 126.

헤매고 돈다.

旅に病んで夢は枯野をかけ廻る[52]

긴 방랑에 병이 깊어져 고통스런 꿈을 꾼다.
황량한 겨울 들판을 헤매는 꿈에 시달린다.

죽음 앞에서 초연하지 못하는 방랑시인의 스산한 최후가 오히려 감동을 준다. 하지만 그뿐, 스산함에 아무런 저항이 없다.

일본 茶 정신은 화려한 것, 맞아떨어지는 것, 완전한 것, 구체적인 것에서가 아니라, 가난한 것, 짝 없이 홀로 서는 것, 쓸쓸한 것, 불완전한 것, 추상적인 것을 바탕으로 한 것이고, 이러한 미의식은 어쩌면 인생의 불완전함과 세상의 어쩔 수 없음에 대한 초연과 긍정에서 찾을 수 있다.

또한 茶의 맛은 달콤하거나 향기가 나는 '어떤 유형의 맛을 탐닉하는 행위가 아니다.'라는 것을 내포하고 있다. 그 암시의 핵심은 모든 인간은 사라질 운명이고, 인생은 제행무상諸行無常의 덧없음일 뿐이라는 선불교적 의미의 체험적 깨우침이며, 고통스러운 소멸(사라짐) 과정 끝에서의 깨우침(頓悟)을 통해서만 '참 나'를 만날 수 있으며, 그로부터 새로운 삶을 살아야 함을 가르치고 있는 것이다.

---

52 마츠오 바쇼, 유옥희 옮김, 《마츠오 바쇼의 하이쿠》, 민음사, 2005, p. 128.

2. 동양철학에서의 사라짐의 의미

1) 선불교와 사라짐(消滅)

이미 많이 알려져 있으며, 본 고考의 주제에서는 주 내용에서 살짝 벗어난 곁가지의 내용이지만, 앞에서 '茶 마심은 그 자체로 선불교'라 했으므로 茶의 지향하는 바를 더 깊이 이해하기 위해 선불교에 대해서도 교리의 핵심을 살펴볼 필요가 있다.

불교의 선종이라 하면 우선 중국 불교 13종파 중의 하나로 떠오르지만, 법상, 화엄과 같은 개별 종파와는 달리 선종의 禪적 의미는 통불교通佛敎적인 사상이어서 하나의 종파 범위를 넘어서는 것임을 잊어서는 안 된다. 특히 선불교는 특정 종파를 일컫는 말이라기보다 禪적 의미가 강조된 불교사상이라고 이해하는 것이 좋다.

석존釋尊이 6년간 수행을 쌓아 크게 깨닫게 된 수행 방법에 대해 '비고비락非苦非樂의 중도행'이라 말하였고, 그 내용은 팔정도八正道[53] 라 하였는바, 그중 정견正見은 출발점이요, 정정正定은 종착점이라 할 수 있다.

정견正見은 석존의 교설敎說에 대한 올바른 이해를 말하는 것이고, 정정正定은 이러한 정견에 의하여 정신을 통일하는 수행의 결실을 의미하는 것으로서, 이것이 팔정도 중도행의 완성, 즉 대도를 깨달아

---

53 정견正見·정사유正思惟·정어正語·정업正業·정명正命·정정진正精進·정념正念·정정正定을 말한다.

얻는 유일한 방법이다.[54]

따라서 선정禪定적인 방법이란, 중국 선불교만의 것이 아니라 원시·소승·대승을 막론하고 모든 불교에 일관되는 수행 방법이며, 중국에서는 토착 도가사상의 영향과 함께 특히 이 사상만을 독립시켜 발전시킨 결과, 이것이 선종禪宗이라는 한 종파로 성립하게 되었다.

禪은 인도 고속어古俗語 쟈나(jhāna)라는 말의 후부 모음인 a가 떨어져 나간 쟌(jhān)의 음역어이며, 인도의 성어聖語로는 디야나(dhyāna)라고 하며 지가나持訶那라고 음역하고, 신역新譯에서는 정려靜慮라고 번역한다. 정靜은 적정寂靜의 뜻, 적정은 지止(사고분별의 멈춤)의 뜻으로서 정定을 말하는 것이며, 려慮는 사려思慮의 뜻, 사려思慮는 관觀의 뜻으로서 혜慧(지혜)를 의미하는 것으로 정려靜慮와 정靜과 혜慧의 뜻이 구비된 것으로 본다. 이와 같은 의미에서 본다면 선정禪定이라는 숙어가 사용되고 있는 것도 결코 무리가 아니다.[55]

또한 정定의 원어는 사맛디(samādhi, 三摩地 또는 三昧)로서 마음을 한 경지(一境)에 유지(持)하는 것, 또는 둔다(置)는 뜻이니, 그렇다면 이것 역시 정신통일의 방법이다.

그렇다면 선적 행위의 본질적인 요소는 무엇이며, 과연 이것이 종

---

54 동국대학교 불교사회문화원 편집, 《禪宗思想史》, 雷虛 金東華 전집(9) 불교시대사, 2001, p. 19~20.

55 동국대학교 불교사회문화원 편집, 《禪宗思想史》, 雷虛 金東華 전집(9) 불교시대사, 2001, p. 20.

교의 속성을 가지고 있는가 하는 의문이 들게 된다.

석존은 우리 중생이 삼계고해三界苦海로부터 초탈할 수 있는 본 능력이 일체중생의 마음 가운데 구비되어 있음을 설파하였다. "일체중생 실유불성 중생심성 본래청정(一切衆生 悉有佛性 衆生心性 本來淸淨)"이 바로 그것이다.

선종에서는 신조信條적으로 지시한 것이 직지인심直指人心이고, 석존을 신앙하는 것은, 즉 이 직지인심의 신조에 있는 것이다. 이 신조의 귀결은 모든 중생이 석가와 동등한 불타가 되는 데 있는 것으로, 이 점을 요약 제시한 것이 견성성불見性成佛이다.[56]

이와 같은 신앙에서 출발하여 성불의 목적지까지 가는 데 이론이나 욕망만으로 되는 것은 아니며 실천이 있어야 하는데, 선종에서는 정문일침頂門一鍼격으로 불립문자不立文字를 전제하고 다만 좌선을 가르치고 있는 것이다.

禪의 본질은 이와 같이 신근信根, 성불成佛, 좌선坐禪 등의 3조로 요약될 수 있다.[57]

禪에 대한 간결한 정의는 서산대사의 《선가귀감禪家龜鑑》[58]의 내용

---

56 동국대학교 불교사회문화원 편집, 《禪宗思想史》, 雷虛 金東華 전집(9) 불교시대사, 2001, p. 27.

57 동국대학교 불교사회문화원 편집, 《禪宗思想史》, 雷虛 金東華 전집(9) 불교시대사, 2001, p. 28.

58 《선가귀감禪家龜鑑》: 선종禪宗과 교종敎宗, 양종兩宗 사이의 이견이 심하고 일반 대중이 불교의 진의를 잘 모르므로 그 이해를 넓히기 위하여 禪·敎의 정의, 선문오종禪門五宗에 관한 설명, 선 수행상의 주의사항 등을 기술한 책으로서, 책명 그대로 현재까지 불도佛道 수행의 귀감이 되고 있다.

을 살펴보는 것이 좋을 듯하다.

> "고봉원묘高峰元妙가 말하기를, 참선은 모름지기 세 가지를 구비해야 하는데,
>
> 첫째는, 생사일대사를 판결해야 하겠다는 큰 심(大憤志)을 가지는 것,
>
> 둘째는, 석존의 교설을 신뢰하고 받들겠다는 본(大信根)을 가지는 것,
>
> 셋째는, 모든 형상에 대한 큰 의심(大疑情)을 가지고 참구하는 것이다.
>
> 만약 이 셋 중 하나라도 빠뜨리면 마치 다리가 부러진 솥과 같아서 마침내 쓸모가 없어질 것이다.
>
> (高峰云 禪須具三要一有大憤志 二有大信根 三有大疑情 苟闕其一 如折足之鼎 終成廢器)."

이제 중국의 불교를 보자. 선불교는 인도불교가 중국에 전해진 후 중국 전통의 道家의 이념과 결합하여 禪의 성격이 특별히 강조된 중국적인 불교를 만들었는데, 달마대사를 개조로 하는 선종의 전통이 그것이다.

중국불교의 5조 홍인弘忍(601~674)이 6조 혜능慧能에게 적통 자격을 부여하는 의발衣鉢을 전수할 때,[59] 홍인의 문도門徒 중 상좌이자 교수사敎授師[60]였던 또 다른 제자 신수神秀와의 선문답은 선불교의 돈오

---

59 법을 잇는 사법嗣法 제자라고 한다.

60 출가하여 계를 받은 뒤 10년 이상을 지나고 나서 새로 온 수행자를 지도하는 스님을 말한다. (홍정식 역해, 《반야심경 / 금강경 / 법화경 / 유마경 / 회쟁론 / 육조단경 ─ 세계사상전집 008》, 동서문화사, 2016, p. 484)

頓悟에 대한 지극한 지향을 보여준다.

당시 신수가 스승인 홍인과 대중 앞에서 읊은 게송偈頌[61]은 다음과 같다.

몸은 바로 보리수요	身是菩提樹
마음은 곧 명경대라네	心亦明鏡臺
때때로 부지런히 털고 닦아	時時勤拂拭
티끌이 끼지 않도록 하라.	勿使若塵埃

―《육조단경六祖壇經》

즉, 진리를 깨우치기 위해서는 매일 거울처럼 닦아서 마음을 청정하게 해야 한다는 것이 신수의 믿음[62]이었다. 하지만 5조 홍인은 신수의 게송에 대해 부족함을 평했다.

"그대가 지은 이 게송은 소견은 당도하였으나, 다만 문 앞에까지 이르렀을 뿐 아직도 안으로 들어오지는 못했다. 범부들이 이 게송을 의지하여 닦아 행하면 타락하지는 않지만, 만약 이런 견해를 가지고 위 없는

---

61 게송偈頌 : 산스크리트 가타(gāthā)의 음사音寫인 게타偈佗의 게와 풍송諷頌의 송을 합하여 쓴 말. 일반적으로 운문체의 가요·성가·시귀·게문偈文·송문頌文을 뜻한다.

62 신수는 홍인으로부터 6조로 인가받지 못했으나, 실천과 수행(漸修)의 중요성을 강조한 그의 선풍은 그 후 북방에서 큰 선풍을 떨쳤다. 그의 禪을 북종선北宗禪이라고도 한다. (신지우 편저, 《재미있는 禪이야기 100》, 불교시대사, 1994, p. 99.)

진리를 찾는다면 결코 얻지 못하리라."[63]

이에 반하여, '처음부터 닦을 것이 없는 것(本來無一物)을 왜 닦는 가?'라는 혜능의 대답[64]은 선불교의 정곡을 찌른다.

보리는 본래 나무가 없고	菩提本無樹
명경 또한 대臺가 아니더라	明鏡亦非臺
본래 한 물건도 없는데	本來無一物
어느 곳에 티끌이 낄까.	何處若塵埃

―《육조단경六祖壇經》

혜능은 문맹文盲이었기에 글 쓸 줄 아는 사람에게 청하여 벽 위에 자신의 본마음을 쓰게 했다. 이 일은 문자의 전통이 강했던 당시 중국의 토양에서 그 자체만으로도 획기적인 사건인 셈이다.

오조 홍인은 이 게송을 보고 혜능이 큰 뜻을 잘 알고 있음을 알았다. 그날 밤, 홍인은 혜능에게 법과 가사를 전하였고, 해 뜨기 전 삼경에 그를 남쪽으로 떠나보냈다. 그전 인도에서 24대 조사祖師인 사

---

63 홍정식 역해,《반야심경 / 금강경 / 법화경 / 유마경 / 회쟁론 / 육조단경 – 세계사상전집008》, 동서문화사, 2016, p. 480.

64 이 사건 후 홍인은 대중들의 박해를 우려하여 6조 혜능을 그날 밤으로 남쪽으로 도피시켰고, 혜능은 남쪽에서 선풍을 드날렸으므로 혜능의 禪을 남종선南宗禪이라고 한다. (신지우 편저,《재미있는 선이야기 100》, 불교시대사, 1994, p. 100)

혜능慧能선사(한국 기록유산 Encyves)

자존자獅子尊者는 악왕惡王에게 피살되었고, 중국 불교의 초조인 달마대사와 2조 혜가도 반대파의 미움을 받아 큰 난을 당했으며, 3조인 승찬대사도 북주北周시대 파불破佛을 경험했기 때문이다.[65]

이후 중국에서 선종은 위 사건의 한 주인공인 신수를 개조로 하여 북부지방을 근거로 하는 북종北宗과 신수의 측근들에게 쫓기어 남쪽으로 도망가 그 지방에서 활동한 혜능을 개조로 하는 남종南宗 두 개의 분파로 나누어졌다. 이 둘은 그 뒤로 서로 명맥을 달리하면서 협력하거나 때로는 대립하면서 각자의 전통을 이어갔다.

위 이야기 속의 혜능의 대답에서 보듯, 남종은 교외별전教外別傳·불립문자不立文字·이심전심以心傳心의 선정禪定을 닦아 불법에 이르는 것을 주장하며 문득 깨닫게 되는 돈오주의頓悟主義를 주장한다. 북종은 신수의 성격에서 보듯, 계율과 경전을 통한 점수漸修를 중시한다.

중국에서는 불교의 교리를 정리할 때 점漸·돈頓·원圓 등으로 나누었는데, 간단한 교리로부터 점차 심오한 교리로 들어가는 것을 점교漸教라 하고, 이와는 반대로 그와 같은 과정을 거치지 않고 문득 진리를 깨달아 불과佛果를 성취함을 목표로 하는 것을 돈교頓教라 한다. 화엄·천태·진언·선종 등이 돈교로 간주된다.[66]

일본은 주로 중국 남종선의 전통을 받아들여 지금까지 계승 발전

---

65 홍정식의 책, p. 484~485.

66 홍정식의 책, p. 475.

시켜 왔고, 작금의 茶 문화를 꽃피운 이유가 주로 선종의 정신적 영향이라 판단된다.

그것은 경전에 대한 이해와 노력에 의한 점진적 깨달음이 아닌 즉각적인 깨달음(頓悟)을 중시하는 선불교의 전통에서, 茶의 맛으로 전해지는 순간적 자각의 느낌이 선불교가 지향하는 깨달음의 경지와 일치하거나 혹 유사하여, 茶 마시기를 불교 수행의 직접적인 수단으로 받아들였을 가능성이 크기 때문이었을 것이다.

그렇다면 茶 마시기는 어떠한가?

茶 마시기는 찻물이 입에 닿는 순간 그 맛, 향, 따뜻한 물의 촉감에 즉각적인 정신적 반향을 불러일으킨다. 깊고 그윽하다는 표현이 맞을 것이다. 자극적이지 않고 기본적으로 쓴 것이어서 행복감을 유발케 하는 다른 어떤 '맛'과 유사하지 않으며, 그래서 형상의 세계에 속한 오만가지 생각의 연쇄를 불러일으키지 않는다.

또한 물에 우려 마시는 박차薄茶의 경우 그것의 미각 자극은 너무나 작은 것이어서, 맛의 지향이라기보다 맛의 '있음'과 '없음'을 오르내리는 존재의 지향이라고 하는 편이 더 정확한 표현인 듯하다.

그것은 오직 그것, 그 순간일 뿐이다. 그리고 찻물을 삼키는 순간, 혀끝에 혹은 목 안에 남아, 조금 전 입안에 존재하여 '어떤 맛'을 전달하던 감각이 순간적으로 사라져 없어져 간다. 내심 기대했던 그보다 더 진한 어떤 뒷맛을 전혀 남기지 않고 폭포수처럼 사라져가 버린다. 입속에 남아있는 것은, 비록 매우 작은 어떤 유형의 '것(맛)'이었지만, 그래도 무언가를 바라고 기다렸던 기대가 무너진 허전한 마음일 뿐이다. 어쩔 수 없이 "원래 그렇지!" 하는 체념과 받아들임이 뒤따른다.

茶 마심에 있어서 그 작은 체념이 단순한 받아들임, 즉 '無'의 받아들임, 바로 '無' 그 자체인 것이다.

'無'는 '없음'일 뿐 다른 종류의 어떤 '것'이 아니다. 체념 속에 보이지 않는 무언가가 따로 존재해 있어 또 다른 비형태적 사건을 던져주거나 받는 것이 아니다. 하지만 그 '없음'은 그것이 어떤 맛의 잔영보다도 더 길고 묵직한 존재적 사건임을 '있음'보다 더 뚜렷하게 가르쳐준다. 하이데거는 無를 통해 존재의 본질을 발견하는 사태를 그의 책 《예술작품의 근원》 속 고흐의 그림에서 웅변적, 직접적으로 설명해주었다.

禪 사상의 가장 큰 특색은 인간의 본마음을 청정하다고 본 것이다. 청정이란 비어있음(空)의 뜻이다. 마음이 깨끗하다는 것은 완전히 아무것도 생각으로 떠오르지 않는다는 것이다. 거기에는 착한 것도 악한 것도, 깨끗한 것도 더러운 것도 없다. 좌선은 그런 본심의 실증實證에 지나지 않는다.[67]

한자의 '禪'은 홑, 하나, 오직, 외로움을 뜻하는 單(단)자와, '보이다, 가르치다, 알리다.'라는 뜻의 示(시)자가 결합한 글자다. 즉 인간의 본성을 깨닫는 것, 견성見性을 말한다.

---

67 홍정식의 책, p. 23.

見性이란 두 글자가 하나의 정확한 개념을 가지고 禪의 역사에 나타난 것은 《육조단경》이 최초이며 혜능의 가르침이기도 하다. 그것이 존재의 본질인지도 모른다.

일본은 주로 남종선南宗禪의 전통을 받아들여 지금까지 계승 발전시켜 왔다. 동양사상 표현의 진수라고 세계적으로 칭송받는 작금의 일본 차 문화도 그 내용의 바탕이 선종사상으로부터 비롯된 것임을 부인할 수 없다.

일본 차의 시조로 알려진 센리큐(千利休)도 선승이었고, 그가 茶道의 비법을 전수 받았던[68] 스승 기타무키 도친과 다케노 조오도 선사였으며, 茶의 성전이 된 《남방록》을 쓴 그의 제자 난보 소케이(南方宗啓)도 모두 선승이었다. 이것으로만 보면 茶道는 어쩌면 동아시아 불교문화의 한 부분이라고도 볼 수 있을 것이다.

茶 마심의 과정에 있어서 선불교로부터의 의미는 茶의 세계를 어떤 특정한 '맛'에 고정시켜 판단하고 받아들이는 것이 아니라, 혜능의 지적처럼 입속에 머물러 존재해 있던 맛이 원래의 상태로 '사라져 없어져 감'을 통해 위 없는 진리를 얻는 것에 있었다.

이것을 음료가 가지는 맛이라는 관점으로 본다면, 미각 자극의 사

---

68 대자臺子를 다루는 법이나 서원차書院茶에 관한 것은 대개 기타무키 도친에게서 듣고 배웠으며, 작은 차실에서 하는 茶道는 다케노 조오와 상담해 가면서 그가 지어낸 것이다. (난보 소케이, 박전열 옮김, 《남방록南方錄》, 시사일본어사, 1993, p. 18.)

라짐을 통해 無의 세계로 인도되는 것을 지향하는 것이다. 또한 그것은 말이나 글로 다 설명할 수 없는 '無'의 그곳을 단지 맛이라는 수단으로 단숨에 가르치는 것이라 볼 수 있다.

2) 불경 속의 茶

불교는 세계 종교사를 통틀어 매우 독특하고 색다른 종교이다. 그것은 여타 종교의 본질이 하늘에서 지상으로, 위에서 아래로 강림해 내려온 절대자의 절대성에 기인하고 있는 것과는 반대이기 때문이다.

하지만 불교는 지상의 모든 인간이 현실의 차안此岸에서 영원 세계인 피안彼岸으로의 승화, 즉 아래에서 위로 해탈해 올라가는 역방향의 종교이다. 따라서 절대 권위를 지닌 신의 존재 중심이 아닌 인간 위주의 종교가 된다.

붓다 당시 불교세계는 인도의 모든 신분제도를 뛰어넘어 누구나 부처의 제자가 될 수 있으며, 입문한 뒤에는 인간고人間苦의 초극超克을 향한 구도의 길만 있을 뿐 그 외는 아무런 차별이 없었다. 한 나라의 왕족과 천민이 같은 교단 하에서 평등해진다는 것은 그 당시 매우 혁명적이고 민주적인 종교 특성을 보여주는 것이었다.

이러한 특성은 여타 종교에서는 볼 수 없는 禪이라고 하는 독특한 탈속적 태도를 탄생시켰고, 다른 한편으로는 정토교와 같은 종교적 정열도 생겨나게 하였다. 즉 절대적인 자력과 절대적인 타력이 공존하고 있는 불가사의한 종교인 것이다.[69]

그 불가사의의 핵심은 '비어있음(空)'을 자각하는 것이었다. 《반야심경》의 주 내용이기도 하다.

《반야심경》은 예부터 8만 4천 법문이라고 할 만큼 헤아릴 수 없이 많은 불교 경전 중에 가장 심오하면서도 간결하고 기본이 되는 경전이다. 줄여서 《심경》이라고 표현하기도 하는데, 원이름은 《반야바라밀다심경般若波羅蜜多心經》이며, 유교의 기본경전인 《논어》와 같은 위치를 점하고 있다.

매우 간략히 구성되어 간단한 내용 같아 보이지만, 이 경전만큼 불교의 모든 진리를 포함하고 있으면서도 처음과 끝이 하나로 통해 있는 경전은 없다.

반야般若라는 말은 원래 힌두어를 한자로 음역한 것으로서 범어로는 '프라쥬냐', 팔리어로는 '판야(paññā)'이며 '지혜'의 의미를 가지고 있다. 하지만 이것은 보통 사람이 일상적으로 쓰고 있는 의미의 그런 지혜가 아니다. 그러한 보통의 지혜는 지知란 용어로 표현하며, 참다운 道를 깨닫지 못한 거짓 지혜로서 모든 번뇌가 이로 인해 생겨나게 되는 것이다.

따라서 '반야'의 의미는 보통의 지혜를 벗어나 우주의 지혜를 체

---

69 홍정식의 책, p. 12.

득한 부처가 지닌 참 지혜로서, 일종의 무분별지無分別智를 말하는 것이다.

바라밀다波羅蜜多 역시 범어를 그대로 한역한 것으로 '저 언덕에 이른다(到彼岸).'는 의미이다. 불교에서는 현실세계를 망상에 사로잡힌 부자연스런 세계로 보며, '이 언덕' 즉 차안此岸이라 부른다. 따라서 '바라밀다'는 고해苦海의 이 언덕에서 이상세계인 저 언덕(彼岸), 즉 부처의 세계로 건너가는 것을 뜻한다. 스스로 부처가 된다는 의미이다.

'심경心經'의 '心'의 의미는 인도어 '후리다야'를 한자로 번역한 말로서, '심장', '마음' 혹은 '진수眞髓'를 의미하며 '經'은 범어 슈트라를 한역한 것으로 '진리'를 뜻한다.

즉 《반야심경》은 '인생의 참다운 목적지인 부처의 세계를 향해 가는 진리의 진수'를 기록한 글이라는 뜻이다. 불교사상의 가장 심오한 내용이 단 260자의[70] 글자로 표현되어 있는 매우 놀라운 경전이 아닐 수 없다.

이 《반야심경》 내용의 핵심을 매우 대담하게 표현한다면, '無에 대한 자각'이라고 말할 수 있지 않을까. 간단히 직역해 보면 다음과 같다.

관자재보살이 심오한 반야의 지혜를 실천에 옮길 때, 인간을 구성하

---

70 현재 우리가 읽고 있는 당나라 삼장법사 현장玄奘 번역의 《心經》은 '一切 일체'라는 두 글자가 더 있으므로 모두 262자이다.

는 다섯 가지 감각(五蘊)이 모두 실체가 없는 것이라는 것을 문득 깨달으면서 모든 고통에서 벗어났다.

觀自在菩薩 行深般若波羅蜜多時 照[71]見五蘊皆空 度一切苦厄

사리자舍利子[72]야, 형상(있음, 물질, 色)은 空(없음)과 다르지 않고, 空은 형상과 다르지 않다. 형상(있음, 色)이 즉 空(없음)이요, 空은 곧 형상이다. 수상행식受想行識[73] 역시 마찬가지다.

舍利子 色不異空 空不異色 色卽是空 空卽是色 受想行識 亦復如是

사리자야, 이 모든 진리는 공空의 모습이니, 생기거나 사라지는 것이 아니고, 더러워지거나 깨끗해지는 것도 아니며, 늘거나 줄어드는 것도 아니다.

舍利子 是諸法空相 不生不滅 不垢不淨 不增不減

---

71 照 : 비칠 조. 비추다, 밝다, 환하다, 빛, 햇빛……. 여기서는 스위치를 켜면 빛이 한순간에 비추어지는 것과 같이 갑자기, 불현듯, 문득 등의 뜻으로 해석하였다.

72 사리자舍利子 : 석가모니불 10대 제자 중의 한 사람으로, 지혜 제일인 사리불과 같은 인물.

73 수상행식受想行識 : 인간을 육신과 정신으로 나눌 때, 정신적인 네 가지의 요소. 오온五蘊 중에 색色·수受·상想·행行·식識의 다섯 가지 중 색을 제외한 나머지 네 가지를 말한다. 일반적으로는 정신적인 측면에 대해서 표현할 때 이 네 가지만을 말한다.

따라서 공空의 세계에는 형상도 없고 어떠한 분별작용도 없다. 눈·귀·코·혀·몸·뜻이 없으며, 형상·소리·향기·미각·촉감·개념도 없는 것이다.

是故 空中無色 無受想行識 無眼耳鼻舌身意 無色聲香味觸法

보이는 세계 혹은 의식의 세계라는 것이 존재하지 않을 뿐 아니라, 무명의 세계 혹은 무명이 다함의 세계도 없다. 늙고 죽음이 없을 뿐 아니라, 늙고 죽음이 없다는 것도 없다.

無眼界 乃至 無意識界 無無明[74] 亦無無明盡 乃至 無老死 亦無老死盡

고·집·멸·도苦集滅道의 4제도 없고 지혜도 없고 득도 없다. 이처럼 얻을 것이 없는 까닭에 보살은 반야바라밀을 의지하며, 따라서 마음에 걸림이 없다. 마음에 걸림이 없으므로 공포가 사라지고 꿈속을 헤매는 것과 같은 전도된 생각에서 멀리 떠나게 되어 마침내 열반의 경지에 이른다.

無苦集滅道 無智亦無得 以無所得故 菩提薩埵 依般若波羅蜜多故 心無罣碍 無罣碍故 無有恐怖 遠離顚倒夢想 究竟涅槃

三世 부처들도 반야바라밀을 의지하기에 가장 높고 참된 깨달음을 얻었다.

---

74 무명無明(avidyā) : 인간 존재의 처음부터 오늘까지 이르는 무지無知. 이 무지야말로 나고 죽고 하는 인간의 근본을 이루고 있다는 점에서 근본무명根本無明이라고 한다. (홍정식의 책, p. 63.)

三世諸佛 依般若波羅蜜多 故得阿耨多羅三藐三菩提

그러므로 알아라, 반야바라밀은 위 없는 신비로운 진언이고, 견줄 데 없는 진언이며, 모든 고통의 평정자이고 거짓이 없는 진실이다.

故知 般若波羅蜜多 是大神呪 是大明呪 是無上呪 是無等等 呪 能除一切苦 眞實不虛

따라서 반야바라밀의 주문을 말한다. 즉 주문을 말하여 가로되, 넘 어가자, 넘어가자, 저 언덕을 넘어가자, 저 언덕으로 온전히 넘어가면 깨 달음이 있으리라.

故說 般若波羅蜜多呪 卽說呪曰 揭諦揭諦 波羅揭諦 波羅僧 揭諦 菩提 娑婆訶

《반야심경》은 무한히 심원한 내용을 매우 간결하게 표현한 글로 서 불교 경전 중의 경전이라 불린다. 이 내용을 단 한 문장으로 정리 하자면, 「색즉시공 공즉시색色卽是空 空卽是色」 즉 비어있되 결코 어둡 지 아니한 (절대 무가 아닌) 허령불매虛靈不昧로의 지향이라고 할 수 있지 않을까?

하지만 茶의 세계에서는 이 의미심장한 내용을 茶 한 잔을 마심으 로써 그 속에서 사라짐(空)의 느낌을 체현케 하고, 말이라는 형상적 수단 없이 즉각적이고 직관적으로 돈오頓悟하게 만드는 것이다. 그것 은 어떤 존재의 '것'이 아니므로 말이나 글이라는 형상적 수단으로 표 현할 수 없다. 이때 茶 마심은 말이나 글로써 다 표현할 수 없는 '無'와

'쏘'의 세계를 한순간 어떤 '것'처럼 느끼게 해주는 직접 전달의 계기가 된다.

이제 우리는 茶의 철학을 논하기 위해 피해갈 도리 없이 '없음', '無', '쏘'의 사태에 대해서 말로써 논해야 한다.

하지만, '없음'이란 말 그대로 '없는 것'이기 때문에 그 '것' 자체에 대하여 말을 할 수가 없다. 또한 그러므로 어떠한 '있음'의 것, 즉 형상의 수단을 동원하더라도 '없음'을 설명할 수도 없다. 난처한 상황에 이르게 된 것이다.

이러한 상황 속에서 없음을 다룰 때 참고할 수 있는 분야가 있다. 그 '없는 것'을 꼭 다뤄야 하는 분야, 바로 십진법을 기본으로 하는 수 數의 영역이 그것이다. 흔히 제일 큰 수라고 받아들여지는 9 다음에 오는 10의 0은 '있음'의 영역인가, 아니면 '없음'의 세계에 속하는 것인가? 이 어려운 물음에 석존의 나라 인도의 수학자들은 용케도 대답해 왔다.

이제 茶道의 궁극적 지향점이자 선불교의 진眞이 되는 無를 더 가까이에서 기술하기 위해, 없음의 세계에 속한 0을 수학자들은 어떻게 다루고 소화해 왔는지 살펴보고 참고할 필요가 생긴 것이다.

3) 수학에서의 空 — 숫자 '영(0, zero)'과 空, 그리고 유마의 일묵—默

空, 혹은 영(0)은 숫자의 표기이며, 그 철학 또한 우선 수학의 세계에 속한다. 이제 종교의 영역에서 물러나와 수학의 관점에서 없음의 세계, 즉 空을 탐색해 보자.

세계 수학사에서 '없음'의 숫자 0의 발명은 가장 획기적인 사건이었다.

그것은 숫자의 자릿수 표기를 가능하게 해주며, 인식으로는 표현할 수도, 표기할 수도 없는 무한의 수를 매우 간단히 인식 안으로 끌어들일 수 있는 수단이 되었다. 그것으로 인해 수, 혹은 수학은 그 이전까지 머물렀던 마법과 추상의 세계를 벗어나 명징明澄한 현대과학을 가능하게 만들어준 모태가 될 수 있었다.

현대의 관점에서 보아 너무나도 당연하게 인식되는 숫자 0은, 그러나 인류문명이 태동한 이후로도 까마득한 세월 동안 그 출현을 기다리며 보내야 했다. '없음'을 나타내는 '0'이라는 기호가 '있음'의 수효를 나타내는 '數'의 한 종류로서 받아들여지기에는 건너기가 너무나 어려운 큰 인식의 강을 건너야 했기 때문이었다. 이 강을 건너기 전 인류는 수의 자릿수에 대한 고민이 먼저 있었다.

중국 수학자들이 거쳤던 고통의 과정을 지켜보자.[75]

---

75 조르주 이프라(Georges Ifrah), 김병욱 옮김, 《숫자의 탄생(Les Chiffres, ou, l'histoire d'une grande invention)》, 도서출판 부키, 2011, p. 333~338.

七千八百二十九(7,829)

이와 같이 중국의 기수법에는 천·백·십과 같은 단위를 가리키는 문자를 넣는 방식으로 수를 표기했었다.

七八二九(7,829)

하지만 천·백·십 단위의 자리 위치가 약속되어 있다면 위와 같이 쉽게 표기할 수 있었을 것이다. 즉 천·백·십의 표기가 별도로 없다 하더라도 수의 위치만으로 단위를 알 수 있게 되는 것이다.

이렇게 수의 위치를 발견하는 데 성공한 민족은 인류 역사상 바빌로니아인, 중국인, 마야인 단 세 민족뿐이었다.[76]

하지만 중국의 수학자들은 수의 자릿수 표기만으로는 충분치 않은 심각한 문제에 또다시 맞닥뜨리게 되었음을 곧 알게 되었다.

2,640은	二六四十
20,064는	二萬六四
264,000은	二六四千

0의 표기가 되지 않으니, 위와 같이 문자를 써서 자릿수를 맞추었다가, 결국 자릿수의 칸을 비워놓는 방법을 고안해내기 시작

---

76 조르주 이프라(Georges Ifrah), 김병욱 옮김, 《숫자의 탄생(Les Chiffres, ou, l'histoire d'une grande invention)》, 도서출판 부키, 2011, p. 355.

했다.

2 0 0 6 4	二			六	四

2 6 4 0 0	二	六	四		

중국의 수학자들이 빈칸이 가진 0의 개념을 사용하고, 그렇게 함으로써 모든 어려움을 해결한 것은 8세기 이후 인도 수학자와 천문학자의 영향 덕택이었다.

이 간단한 원리를 구상해내기까지 인류는 수천 년 동안이나 기다려야만 했으며, 이집트나 그리스 로마 문명과 같은 최고의 문명도 이 원리만큼은 까막눈처럼 모르고 있었다.

로마숫자 체계는 중국의 경우보다 더 형편없는 경우여서, 그것을 이용하여서는 간단한 덧셈마저도 불가능하다는 사실을 알고는 경악하게 된다. 새김 눈금을 사용하던 선사시대 선조들의 유물로 시작되어 라틴어 알파벳으로 정착된 로마숫자 체계는 다음과 같다.

I	V	X	L	C	D	M
1	5	10	50	100	500	1000

I, V, X 정도의 숫자는 시계의 바탕에서 익히 본 터라 익숙해 보이지만, 그 이상의 숫자는 현대인에게 매우 낯설다. 너무 불편하여 그동안 거의 사용되지 않았기 때문이다.

이 수 체계를 이용한 덧셈 사례를 보자.

	CCXXXII	232
+	CCCCXIII	413
+	MCCXXXI	1231
+	MDCCCLII	1852
	MMMDCCXXVIII	3728

(1000+1000+1000+500+100+100+10+10+5+1+1+1)

이런 주먹구구식 과정을 보자면, 마치 간단한 점심을 마치고 회계원 카운터 앞에 서서 지폐와 동전을 하나씩 세면서 계산을 치러야 하는 가련한 손님의 처지에 놓인 것 같은 느낌에 빠져들고 만다.

숫자 체계가 이러하니, 일상에서 벌어지는 거래 차원의 셈은 일반인의 지성으로서는 정밀함을 담보하기가 불가능했을 것이라 상상할 수 있으며, 서양 사회에서 회계 영역의 전문 직업인이 역사적으로 일찍 등장했던 이유를 이해할 수도 있게 된다.

어쩌면 친한 사람끼리의 일상적 모임에서도 각자가 자신의 식대만 부담하는 각자 계산(더치페이) 습관도 여기에서 그 단초가 연유된 일인지도 모를 일이다. 그렇지 않았다면 아마도 식사 시간보다 계산 시간이 분명 더 오래 걸렸을 테니까 말이다.

상황이 이러했으니 수학을 일종의 마법처럼 생각할 수 있었던 고대 유럽인들의 정서를 이해할 수 있고, 16세기 근대 철학자 몽테뉴마저도 자신을 '펜으로도 패牌(인식표)로도' 셈을 할 줄 모르는 사람[77]이라고 자탄한 이유를 이해할 수 있다.

이러한 기수법의 중요성과 0의 표기는 수의 표현뿐만 아니라, 수학 연산演算을 가능케 해주는 기적의 열쇠를 인류에게 제공해 주었다.

흔히 아라비아에서 만들어진 숫자로 잘못 알려진 숫자 0은 석가모니 부처의 나라 인도가 고향이다. 6세기 말경 인도인들은 유난히 추상적인 제로(0) 개념을 다른 수들과 같은 하나의 수로 만들었다. 즉, 無 자체를 유형의 추상으로 바꾸었던 것이다. 그것은 인류 수학의 혁명이었다.

하지만 이후 반세기도 채 지나지 않아 이 개념은 이미 '空' 또는 '無'를 무차별적으로 의미하고 있었다. 그 사이에 이 개념은 오늘날 우리가 이해하고 있는 '값이 없는 양' 또는 '제로 수'에 부여하는 의미를 받아들여 스스로를 정립시켜 갔다.

사실 그 이전까지 '제로'를 가리키는 상징어는 위에 든 중국의 사례와 같이 다만 빈 공간이나 빈칸을 의미하는 데 지나지 않았다. 바빌로니아인들이나 마야인들도 마찬가지였다.

---

77 조르주 이프라(Georges Ifrah), 김병욱 옮김, 《숫자의 탄생(Les Chiffres, ou, l'histoire d'une grande invention)》, 도서출판 부키, 2011, p. 405. "나는 농가에서 나고 자랐다. 지금의 가산을 나보다 앞서 소유했던 이들이 떠난 뒤부터 나는 직접 집안일을 관장한다. 그런데 나는 펜으로도 패牌로도 셈하는 법을 모른다." (몽테뉴, 《수상록》, 제2권).

처음 인도인들의 제로(0)는 말로 표현되거나 문자로 쓰인 수 표상, 즉 자릿수 가운데 단위가 없을 경우 생기는 '공백'을 채우는 기능밖에 하지 못했었기 때문이다.

한국의 수학 혹은 수의 역사도 크게 다르지 않다. 중국의 수학이 《주역》의 수리사상과 함께 받아들여진 이후에도 숫자 0의 개념은 한국인의 사상체계에 명확히 포착되지 않았다.

10진법의 수리체계 속에서도 가장 큰 수로 10이 아닌 9가 용用의 수로서 가장 큰 것으로 인식되었다. 19세기 조선의 명필이었던 추사 김정희의 아호 중에는 '칠십이구초당七十二鷗草堂', '삼십육구초당三十六鷗草堂'이라는 특이한 이름이 있다.

직역하면 '72마리 갈매기의 초가집' 혹은 '36마리 갈매기의 초가집'이지만, 여기서는 72, 혹은 36이라는 숫자에 특별한 의미가 있다. 혹자는 추사의 나이와 관련짓기도 하지만, 그는 71세 1856년에 세상을 떠났다. 이 숫자가 뜻하는 바는 7과 2, 3과 6이 더하여 9가 되는 수이고, 따라서 최대의 용用의 수數이며,[78] 사물이 많음을 가리키는 것이다.[79] 더 큰 수이며 꽉 채워진 10은 이미 그 다음의 차원으로 승화해 사라져 가버린다고 생각한 듯하다.

---

78 《주역》의 기초가 되는 「하도낙서河圖洛書」의 수 가운데 낙서의 수는 10이 없기 때문에 1~9 수로 이루어져 있으며 구성수라고도 한다. 여기서 9는 최대수이다.

79 유홍준, 《완당평전 2》, 학고재, 2002, p. 535.

김정희, 「삼십육구초당 휘호」 (순천제일대학 임옥미술관 완당인보)

십진법 체계에서 '1에서 10까지'의 차원에서 수학적으로 가장 큰 수는 10임이 자명한 일임에도.[80]

628년 브라흐마 굽타라는 인도 수학자 겸 천문학자는 자신의 저술에서, 오늘날 '양수', '음수', '허수'에 해당하는, '재산', '부채', '무'에 대한 여섯 가지 기본 연산(덧셈·뺄셈·곱셈·나눗셈·거듭제곱·제곱근 구하기)을 쉽게 하는 방법을 가르칠 수 있었다.[81]

이 학자는 無에서 부채 하나를 빼면 재산 하나가 되고, 無에서 재산 하나를 빼면 부채 하나가 된다(음수의 역은 양수, 양수의 역은 음수)라는 대수학代數學의 근본 개념의 하나를 정립시켰다.

인도인들의 수학적 천재성은 '부재不在'와 '무가치'의 개념에 대해

---

80 세계 각국에서 뉴 밀레니엄 소동이 있었던 2000년 1월 1일을 생각해 보라. 진정한 새 밀레니엄의 시작일은 그 해를 다 채운 후인 2001년 1월 1일이어야 한다.

81 조르주 이프라(Georges Ifrah), 김병욱 옮김, 《숫자의 탄생(Les Chiffres, ou, l'histoire d'une grande invention)》, 도서출판 부키, 2011, p. 400.

주목하였고, 그것이 현대 대수학을 탄생시킨 사건이 된 것이다.[82] 현재의 인도인들은 초등학교 산수교육에서 구구단이 아니라 20단을 기본으로 하고 있다.

하지만 無의 개념에 대한 주목과 숫자 0의 발명이 오직 과거로부터 이어져 온 인도인들의 수학적 재능에만 의존한 것일까?

숫자 '0'은 발명된 것이지 발견된 것이 아니다. '0'이란 존재하지 않는 '無'의 작용을 포착하여 개념적으로 형상화한 것이기 때문에 '발견'할 수 없는 것이다. 즉 원래 존재하던 것을 찾아낸 게 아니라, 존재하지 않은 없는 '것'을 만들어낸 것이다.

이것은 無의 반전이며, 석가모니가 말한 불교적 깨우침이 있은 후에야 논할 수 있는 일종의 코페르니쿠스적 개념 전환의 세계인 것이다.

이러한 수에 대한 혁명적 사건이 있기 천 년도 훨씬 전, 붓다는 이미 존재의 있음이 없음(空)과 다르지 않으며(色卽是空), 空이 곧 형상(色)이라고 단언하였고(空卽是色), 그 둘이 다르지 않은 것(不二)이라 하였다.

천성적으로 종교성 깊은 인도인들은 붓다 이후 無(없음·空·zero·0)에 대해 매우 깊이 생각해온 듯하다. 숫자 '0'이 인도에서 '발명'된 것이 결코 우연한 것이 아닌 이유가 바로 여기에 있지 않을까.

수많은 불경 가운데 부처의 제자 중 출가 승려가 아닌 재가불자在

---

82 조르주 이프라(Georges Ifrah), 김병욱 옮김, 《숫자의 탄생(Les Chiffres, ou, l'histoire d'une grande invention)》, 도서출판 부키, 2011, p. 400~402.

유마힐, (돈황벽화敦煌壁画)

家佛子 신분이었던 유마힐의 가르침을 적은《유마경維摩經》의 내용 중에 문수사리가 유마힐維摩詰(비말라키르티)에게 불이법문不二法門에 대해 묻는 장면이 나온다.

"우리들은 각자의 생각을 말했는데, 당신도 불이不二의 법문에 대해 뭔가 말해 주었으면 합니다만."
그때 비말라키르티는 입을 다물고 한 마디도 하지 않았다.[83]

불이의 법문이란 색色과 공空이 둘이 아님을 말하는 것이다. 無와 有가 둘이 아님을 '말'하기 위해서는 없음을 설명해야 하나, 그것은 불가능한 일이다. 존재하지 않음이란 '말'할 수 있는 어떤 '것'이 아니기 때문이다. 사물이나 상황이 개념적으로 구체화된 것을 '말'하게 되는 것인데, '없다'라는 사태를 어떻게 구체화할 것이며, 어떻게 그것을 말로 설명할 수 있다는 말인가?

'있다'와 '없다'가 둘이 아니란 사실은 '산다'와 '죽는다'가 하나라는 말과 같다. 말로는 도대체 설명할 길 없는 '죽음'의 상태가 이와 같은 것이다. 그러기에 후에 '유마의 일묵一默'이라고 명명된 이 유명한 장면이 설득력을 가질 수 있으며, 그러한 침묵만이 유일한 대답일 수밖에 없는 이유가 된 것이다.

---

[83] 홍정식의 책, p. 395.

4) 일본의 무사도와 禪 혹은 선불교禪佛敎

茶를 禪과 결부시켜 茶道를 형성시킨 것은 일본 선불교의 경우만이 아니었다. 일본에 茶 문화를 전파한 중국이나 한국의 경우도 불교 승려들에 의해 주로 음용되던 것이 민간에 알려져 하나의 문화현상으로 자리 잡게 된 과정과 기록 속에서 茶道란 용어가 공통적으로 자주 등장하는 것을 보면, 일본 특유의 현상이라기보다 동아시아 공통의 보편문화였다고 보는 것이 진실에 가까울 것이다.

하지만 일본에서는 茶 자체뿐만 아니라 茶의 공간과 행차行茶 과정의 미학 전체를 포괄하는 '茶道'에 더 큰 의미를 부여하여 유현하고 엄정한 미의 세계와 특히 와비차의 개념을 접목시켜 형이상학적 세계를 구체화시켰다. 이러한 형식미와 형이상학적 의미로의 경도 성향은 茶道만이 아니라 일본의 여타 문화현상에도 공통된 흐름이 있었다. 그 대표적인 것으로 무사도武士道를 들 수 있다.

일본인은 무사도 정신을 매우 자랑스러운 전통이라고 여기고 있으며, 특히 19세기 서세동점西勢東漸의 시대에 아시아 국가들 중 오직 일본만이 유럽세력에 대항할 수 있었던 역사의 원동력은 그것이 무사도 정신에 바탕이 있다고 보고 있다.[84]

茶道와 武士道는 전혀 다른 문화현상이긴 하지만, 일본 문화현상

---

84 일반적으로 무사도라고 하는 것은 17세기에 가서 야마가소코오(山麓小行, 1622~1685)에 의해 이념형으로 구성된 것으로서 무사 윤리와의 실상과는 거리가 있다. (민두기 편저, 《일본의 역사》, 지식산업사, 1992, p. 94)

의 바탕에 흐르는 공통의 정서를 가지고 있으며 그것을 '道'라 이름 붙이고 있다. 그렇다면 무사도에서 추구한 '道'의 정신이 무엇인지 살펴보아 茶道와의 공통점을 가려낸다면, 결국 茶道에서 추구한 지향의 본질이 무엇이었는지 찾을 수 있을 것이다.

북해도 소재 노보리베츠에 있는 에도시대(江戶時代) 마을을 재현한 민속촌 노보리베츠 다테지다이무라(登別伊達時代村) 사무라이관에는 무사도에 대한 간략하지만 깊은 정수를 표현한 유키 교이치의 글이 있다.

사무라이 정신은 무엇인가—state of samurai

인간의 투쟁본능은 보편적인 것이고 또 자연스러운 것이다. 일본은 이 거친 투쟁본능에 제어장치를 붙여 통제하려고 했다. 이를 무사도라고 한다. 이는 사회를 통제하고 또한 활력을 주었다. 그리고 투쟁 본능의 깊은 곳에 숨어 있는 그 어떤 신성한 것의 존재를 일본인에게 깨우쳤다. 봉건제도는 무너져도 그것을 지탱해준 무사도는 아직도 사라지지 않고 있다. 이를 체현한 이를 사무라이라고 한다.

무사도를 일본인의 독특한 관념이라고 말하는 이유는 그 독특한 출생의 비밀에 있다. 무사도의 아버지는 禪이고 어머니는 유교儒教이다. 禪은 불교에 있어서 명상이며, 심사묵고深思默考에 의해 지知의 영역을 넘어서서 절대의 영역을 지향하는 것이며, 유교는 조상숭배신앙을 기초로 민족의 보전을 목적으로 하는 도덕적 규범이다. 따라서 상호 모순된 개념을 가진 아버지와 어머니 사이에서 생긴 무사도를 체현한 인간, 즉 사무라이는 이 둘의 조합의 비율에 따라, 또 그 시대의 요청에 따라 여러 가지 모습을 가지고 나타난다.

"사람의 인생은 무거운 짐을 지고 가는 것이며, 서두르지 말고 참는 것이 무사장구無事長久의 기본이다."라고 말한 도쿠가와는 일본 최고의 사무라이이고, 강함을 추구하면서 결투에 생애를 걸고 상대를 죽여 간 미야모토 무사시도 사무라이다. 이 두 사람 간에는 공통된 삶의 방식이 없어 대국對局에 위치하는 듯하다. 단 하나 있다고 한다면 간난신고의 한가운데서 각각 신神에 다가가 체험한 것, 이것이 사무라이 정신이다.

무사도의 형이상학적 전범典範은 禪이고 그것은 불교의 명상이며, 지知의 영역을 넘어선 절대영역을 지향한 것으로서 신에게 다가서는 것이라 말하고 있다. 이 말은 茶道에 있어서도 그대로 통용되는 말이다. 禪이란 디야나(Diyana)라는 고대 인도어를 한자로 옮긴 것인데, '명상을 통해 언어로 나타낼 수 있는 범위를 초월한 사상의 영역에 도달하고자 하는 인간의 노력'을 말한다.

그러나 명상은 방법일 뿐, 근본적인 목적은 삼라만상 속에 존재하는 원리를 확인하고 그것을 통해 자신을 절대적인 것과 조화시키는데 있었다.

불교는 마음의 평정을 유지하고 모든 것을 운명에 맡기는 평상심을 무사도에 부여했으며, 피할 수 없는 운명에는 냉정한 마음으로 복종하고, 위험과 재난이 닥치면 금욕적인 의연함과 삶에 집착하지 않는 마음을 갖게 했다.[85]

불교의 의미로서는 "분별하는 의식이 끊어진 절대적 경지를 인식하고 현상계에서 존재함과 동시에 그 초월의 세계 속에 거居하라."는 것이었다.

의義는 무사도에서 가장 엄격한 교훈이다. 유명한 무사인 하야시 시헤이(林子平)는, "義란 용기를 수반하여 이뤄지는 결단력이다. 도리에 따라 결단을 내림에 있어 추호도 주저함이 없는 마음을 말하며, 죽어야 할 때 죽고, 베어야 할 때 베는 것이다."라고 정의했다.[86]

이것은 생사를 건 무사의 결단을 요구하는 것이며, 백척간두에 서서 기어코 진일보하라는 것이다. 이 경지에서 사고의 분별이란 어떠한 의미도 지니지 못한다. 죽느냐 사느냐를 헤아리는 판단마저도 버린 그저 단 하나, '생각이 죽는 것' 그것뿐인 것이다.

검도의 달인 타지마노카미(柳生但馬守)[87]는 문하생이었던 도쿠가와 이에미츠(德川家光)에게 마지막으로 검의 심오한 뜻을 전수한 뒤, "더 이상 가르칠 것이 없으니 이제부터 禪을 배우라."고 했다[88]고 한다.

---

85 니토베 이나조(新渡戶稻造), 양경미 외 1인 역,《日本의 武士道》, (주) 생각의 나무, 2005, p. 37.

86 니토베 이나조(新渡戶稻造), 양경미 외 1인 역,《日本의 武士道》, (주) 생각의 나무, 2005, p. 47.

87 야규 무네노리(柳生宗矩, 1571~1646)는 아즈치모모야마시대부터 에도시대 전기까지의 무장, 다이묘, 검술가이다. 에도 막부에선 도쿠가와 장군가의 병법지도 역을 맡았다. 야마토 야규 번 초대 번주를 지냈다. 장군가의 비호 아래 야규 신음류의 지위를 확립하였다.

88 타지마노카미(柳生但馬守) : 니토베 이나조(新渡戶稻造),《日本의 武士道》, p. 37.

대적한 상대를 벰으로써 내가 살아남는 세계 속에서 검술의 기술을 모두 익힌 후엔 어떤 경지의 무술이 필요할까?

아마도 그것은 살겠다는 마음마저 초월하고 죽음도 수용하는 진정한 무사의 마음가짐일 것이다. 역사상 가장 전란이 치열했던 일본 전국시대 무사들 사이에서 茶道가 유행했던 이유가 어쩌면 이것 때문이 아닐까?

생사의 갈림이 한칼 끝에 매달려 있는 위태한 현실에서 벗어나, 그와 같이 삶과 죽음의 구분마저 벗어난 초월의 세계에 다다르고 싶었던 열망의 표현이었는지도 모른다.

평화 시기가 아닌 전란의 시대에 와비차 茶道가 연구되고, 명상적 은자인 센리큐에 의해 완성되었다는 사실은 무사도와 茶道의 지향점이 같은 것이었음을 증명해 준다.[89]

무사도에서의 생사를 분별하는 생각의 끊어짐, 그리고 茶道에서의 茶 마심을 통한 존재 자체의 사라짐. 《금강경金剛經》에는 분별이 끊어진 상태를 "무릇 형상을 가진 모든 것은 다 허망한 것이다. 만일 모든 형상을 형상이 아닌 것으로 보게 되면 곧 여래를 보게 된다(凡所有相 皆是虛妄 若見諸相非相 則見如來)."고 설명하며, 그것이 곧 부처의 세계임을 말하고 있다.

이 내용을 상기해 보면, 武士道와 茶道에서 각각 지향하는 두 갈

---

89 니토베 이나조(新渡戸稲造), 양경미 외 1인 역, 《日本의 武士道》, (주)생각의 나무, 2005, p. 81.

래 길의 궁극적 종착점은 분별의 끈이 사라져 없어진 초월의 세계일 것이다. 그렇다면 그 둘은 결국 같은 세계의 다른 표현일 뿐이며, 석가모니 부처가 말한 불이不二 즉, 형상이 사라진 초월세계가 아닐 수 없다.

茶道든, 武士道든 그 뿌리를 받혀주고 있고 토양인 선불교의 진리는 형상이 사라진 초월세계, 바로 '無'의 깨달음에 있는 것이다.

5) 空과 無, 그리고 茶

우리는 茶가 지향하는 바가 무엇인지를 알아보기 위해 그 뿌리를 받치고 있는 선불교라는 토양에까지 이르는 먼 길을 둘러 다시 茶의 세계에 돌아와 있다. 그 여정을 통해 이제 茶道의 세계란, 어떤 '맛'의 유형적 있음과 그것에서 비롯된 감각에 뿌리를 두고 있는 것이 아님을 분명하게 알게 되었다.

茶道의 핵심은 茶가 음료로서 가지는 '맛'이라고 하는 유형적인 요소에 존재해 있는 것이 아니라, 오히려 그 쌉쌀한 맛의 사라짐과 그것으로 인한 안도감, 입속 미감 안에서 머물지 않고 모든 사상事象이 없어져 無의 심연 속으로 영원히 사라져가 버리는 찰나의 그 느낌, 그러나 공허하기만 한 절대 無가 아니라 모든 것을 다 포함하고 있는 無에 있음을 알았다.

미륵보살반가사유상, 국보 83호(국립중앙박물관)

茶 마심이란 無라고 표현하는 비존재의 나락으로 폭포수처럼 쏟아져 가는 찰나 속에서, 그 속에 모든 존재가 다 포함되어 있기도 한, 살아있는 無의 자락을 '흘낏 보게 되는' 부활의 사태를 경험하는 것이고, 결국 그것은 '살아있는 선불교'라 할 수도 있는 것이다.

3. 사라짐은 곧 부활 – 서양 철학사에서의 해석

1) 하느님을 위해 하느님을 놓아버림 – 마이스터 에크하르트

13세기 독일 도미니코 수도회 소속 신학자이며 철학자, 저술가, 교사였던 마이스터 에크하르트(Meister Eckhart, 1260~1328)는 신성神性에 대한 핵심을 자기 자신에서 떠나는 '초탈'과 신의 근저로 진입하는 '돌파'의 개념으로 설명했다.

중세 가톨릭 신비주의 신학자인 그가 "나는 하느님으로부터 자유롭게 해달라고 하느님께 기도한다."라는 파격적인 언사로 추구했던 것은, 인격화되어 하나의 대상이 되어버림으로써 내가 그 신을 조정하고 이용할 수 있는 타자他者로서의 삼위일체 내의 성부 하느님이 아니었다. 당시 아비뇽 교황청으로부터 이단 판결을 받은 이유도 이러한 과격함 때문이었다.

그는 그러한 신보다도 더 궁극적이고 원초적인 신의 근저根柢, 우리의 모든 의지와 소유와 앎마저도 완전히 포기하고 아무것도 아닌 無가 되어야만 비로소 만날 수 있는 진정한 신神, 즉 신성神性을 추구하였다. 그 신은 일체의 형상과 속성을 여읜 있는 그대로의 신이고, 삼위三位의 구별마저 떠나 어둠과 침묵 속에서만 비로소 만날 수 있는 신성의 세계이며, 有로서의 신이 아니라 無로서의 신이었던 것이다.

에크하르트의 신비주의 핵심은 인간 영혼 근저에서 이루어지는 완벽한 신인합일神人合一이었다.

'탄생'과 '돌파'를 영혼의 근저이자 신의 근저인 신성에 도달하는 초탈의 길의 두 단계로 간주하면서 돌파야말로 신성의 無에서 영혼과 하느님 사이에 상존하는 아버지와 아들의 이원적 구별마저 완전히 극복되는 최고의 경지라고 보았다.[90]

초탈은 단순히 자기 자신과 피조물에 대한 집착, 자신에 대한 의식인 '에고(ego, 我相)'로부터 벗어나는 것일 뿐 아니라, 적어도 온갖 헛된 관념과 상像으로 점철된 하느님으로부터도 벗어남을 뜻하는 것이었다. 돌파는 초탈의 극한적 국면을 말하는 것이다.

기본적으로 에크하르트가 '하나' 또는 영혼과 신의 '근저'에 관해 이야기할 때는 모두 이 돌파에 관련되어 있으며, "모든 것을 받기를 원하는 사람은 모든 것을 주어버려야 한다."고 말하면서 돌파의 자기 부정성, 즉 에고의 죽음을 강조한다.

시카고 대학의 버나드 맥긴은 '출원'과 '환원'이라는 말로 에크하르트 사상의 전체 구도, 즉 만물이 그 근원으로부터 나와서 다시 그리로 되돌아가는 역동적 존재론을 설명했다.

만물이 궁극적 실재로부터 넘쳐흘러 나온다(出源)는 생각은 에크하르트가 처음이 아니라, 無로부터의 창조라는 전통적인 창조론과

---

90 길희성, 《마이스터 에크하르트의 영성사상》, 분도출판사, 2003, p. 40.

더불어 아우구스티누스 이래로 그리스도교 신학사상에 공존해 왔던 사상이었다.

'無로부터의 창조'라고 할 때, 마치 無가 하느님 밖의 어떤 실재인 양 착각해서는 안 되고, 존재 자체인 하느님밖에는 그야말로 아무것도 존재할 수 없기 때문에 無로부터의 창조란, 곧 존재 자체인 하느님으로부터의 창조이며 하느님 안에서의 창조일 수밖에 없다는 것이다.

이러한 범재신관凡在神觀은 세계와 만물이 근본적으로 하느님을 떠나 존재할 수 없고, 하느님 안에 존재한다는 신관이다.[91]

하지만 이러한 오직 하나로서의 하느님에 대한 우리의 참다운 인식은 단순한 대상적 인식으로는 불가능하고, 신과 인간이 하나가 되는 신비적 합일의 경지로 들어가야만 함을 에크하르트는 말하고 있다.

하느님을 알려면 우리 자신을 벗어나 하느님 자신이 되어야 한다는 것이다. 모든 차별성과 매개와 개념들을 초월한 순전한 '하나'로서의 하느님을 우리가 인식하고 사랑하려면 보통의 인식과 보통의 사랑으로는 안 된다. 주·객의 분리를 떠나 직접적으로 인식하고 순수하게 사랑할 수 있어야 하며, 그러기 위해서는 내가 그가 되고, 그가 내가 되는 경지로 들어가야만 하기[92] 때문이다. 그의 말을 직접 들어보자.

<hr />

91 길희성, 《마이스터 에크하르트의 영성사상》, 분도출판사, 2003, p. 68.
92 길희성, 《마이스터 에크하르트의 영성사상》, 분도출판사, 2003, p. 80~81.

...... 신은 반드시 존재를 넘어서 있을 수밖에 없는 어떤 것이라는 답변에 대해 말하고자 한다. 시간이든 장소든 존재를 갖는 것은 신에 도달할 수 없다. 신은 그것들 너머에 있다. 신은 피조물이 존재를 갖는 한 모든 피조물 가운데 있지만, 여전히 피조물 너머에 있다. 신은 모든 피조물 안에 있기 때문에 그것들 너머 있는 것이다 ......[93]

결국, 에고를 가진 분리된 '나'라는 존재가 죽어 없어져 無의 상태가 되어야만 하느님을 만날 수 있거나, 혹은 하나가 될 수 있다는 논리가 된다.

에크하르트는 십자가 위에서의 하느님의 죽음을, 우리도 세상에 대하여 죽기 위해서, 즉 우리들 자신의 고난과 죽음을 위한 것으로 해석하고 있다. 또한 우리가 세상에 대하여 죽는 것, 무화無化되는 것은 죽음 자체가 목적이 아니라, 우리 안에 아들이 탄생하여 우리도 똑같은 하느님의 아들이 되게 하기 위함이라고 해석하고 있다.[94] 이 죽음은 결국 부활이며, 다름 아닌 '초탈'인 것이다.

우리의 영혼 안에 하느님의 아들이 탄생한다는 것은 우선 우리 영혼 안에 깊이 각인되어 있었으나, 현실적으로는 은폐되어 있던 하느님의 형상이 드러나 빛을 발하는 것을 의미하며, 우리 영혼이 하느님

93 마이스터 에크하르트(요셉 퀸트 본) 저, 이부현 편집 및 옮김, 《연대별로 읽는 마이스터 에크하르트 선집》, 누멘, 2013, p. 286.
94 길희성, 《마이스터 에크하르트의 영성사상》, 분도출판사, 2003, p. 238.

과 같은 형상이 되어 하느님과 하나 되는 것을 뜻한다.[95]

우리에게 중요한 것은 이러한 객관적 진리가 나의 주체적 진리가 되고, 형이상학적 사건이 나의 실존적 사건이 되어야 하는 것이다.

여기에서 주목해야 할 점은, 에크하르트는 하느님의 은총에 의해서만 죄를 씻고 하느님의 나라로 들어갈 수 있다는 전통 기독교적 속죄관을 넘어서서, 모든 사람이 예수와 전혀 다름이 없는 본성상 하느님의 아들이라고 주장한다는 점이다. 이는 두말할 필요도 없이 전통적 기독교 기반을 흔들 수 있는 '위험한' 사상으로서, 그가 이단의 혐의를 받은 단초가 되었다.

그 주장의 핵심적 의미는 신성의 하느님을 만나기 위해서는 영혼이 표피적 세계를 뚫고 들어가 자기 자신의 근저이자 신의 근저를 만나야만 한다는 것이었다. 여기서 하느님과 하나가 되는 경지가 바로 초탈의 의미이고, 자기 자신이 죽는 행위이며, 십자가 위에서 죽은 예수의 의미인 것이다.

초탈, 다시 말해, 온 생명을 자기 자신의 것으로, 자신의 본질로 살아가고자 하는 자는 살기에 앞서 먼저 자신과 세상에 대해 철저히 죽어서 사라져야 한다.

'나'라고 하는 에고가 죽어서 없어져야만이 '하느님의 아들로 다시 태어나는 자'가 될 수 있다는 것을 가리키고 있는 것이며, 한 마디로

---

95 길희성, 《마이스터 에크하르트의 영성사상》, 분도출판사, 2003, p. 249.

초탈의 죽음을 통해 부활한 완전히 새로워진 삶을 마이스트 에크하르트는 지향하는 것이었다.

결국 에크하르트가 설명하는 '자신이 죽어 사라짐'의 사태는 아무 것도 없는 황량하고 절대적인 '無'의 상태를 향하는 것이 아니라, 삶의 표피적 세계를 떨치고 들어가 영원함을 획득하기 위한 부활의 과정을 가리키는 것임을 알 수 있다. 사라짐이 부활을 의미한다는 것은 역으로 영원으로 살아있기 위해서 '나'라는 분리된 개체가 먼저 사라져 없어져야 함을 의미한다.

2) 실존의 불안 상태의 인간 – 키에르케고르

인간은 어떤 경우에 있어서든, 죽음에 의해 자신이 파멸되고야 말 것이라는 끔찍한 위협에서 끝내 벗어날 수 없으며, 이 근원적 불안의 덫 속에 갇혀 한평생을 보내야 하는 가련한 존재이다.

현대의 위대한 영성가 중 하나인 에크하르트 톨레가 지적하였다시피, 영리하게도 현대사회의 모든 문화는 이 감당할 수 없는 불안의 심연을 외면하기로 결심하였다. 모든 활동은 자기 자신을 죽음과는 무관한 일상세계의 틀 안에서 벗어나지 않도록 잘 조절되어 있으며, 혹시라도 맞닥뜨리게 되는 파멸의 그림자는 황급히 지우거나 감추려고 애써 노력한다. 현대적인 삶이란, 모든 것을 종말의 두려움 없는 세계, 끝도 없고 시작도 없이 영원히 반복되는 피상적이고 일상적인

것으로 만드는 방식을 의미하게 되었다.[96]

쇠렌 오뷔에 키에르케고르(Søren Aabye Kierkegaard, 1813~ 1855)는 이러한 군중 속으로 도피하는 일에 관하여, '비겁하게 개별자가 되는 일로부터 도망치는 행위'에 관하여 이야기한다.[97]

하지만 사실상 죽음은 삶의 주변에 늘 서성이며 배회하고 있다. 모든 만남의 끝, 모든 여정의 끝은 작은 죽음에 다름 아니기 때문이다.

만약 인간이 동물이나 천사였다면 불안해지는 일은 없었을 것이다. 동물이라면 존재의 불안을 알 수 없을 것이고, 천사라면 실존하고 있지 않기에 존재의 이유로 불안할 이유가 없기 때문이다. 키에르케고르는 불안과 두려움을 구분했다. 두려움은 어떤 특정한 것에 관계하고 있는 반면, 불안은 그 대상을 갖고 있지 않은 것이다. 그래서 동물은 두려움을 가질 수 있으나, 근거 없는 불안에 빠져 고통받는 일이 없는 것이다. 천사는 말할 것도 없다.

성서에는 순진무구한 상태의 인간에게는 선악을 구별할 만한 지식이 없다고 키에르케고르는 주장하고 있다. 순진무구는 무지이며, 그 상태에 있어서 인간은 정신적으로 규정되어 있는 것이 아니고, 평화와 안식이 그 속에 있는 것이다. 하지만 동시에 거기에는 다른 어

---

96 니체는 그것을 '영원회귀永遠回歸'라 부르며, 삶의 무의미함을 설명하였다. 따라서 인생이란 무의미한 것이며, 인간의 의지란 단지 살아가기 위한 '힘에의 의지'만 있을 뿐이라고 역설하였다.

97 아르네 그뢴(Arne Grøn), 하선규 역, 《불안과 함께 살아가기—키에르케고르의 인간학(Begrebet Angst hos Søren Kierkegaard)》, 도서출판 b, 2016, p. 262 ~263.

떤 것이 있는데, 그것이 다름 아닌 바로 '無'이다.

無는 불안을 낳는다. 순진무구가 동시에 불안이라는 것, 이것이 순진무구함이 갖는 심오한 비밀이다.[98] 그것은 인간 존재의 근원적인 것이어서 개인의 역사에 있어서 불완전함을 나타내는 것이 아니다. 오히려 근원적인 정신상태에 있는 인간일수록 그 불안은 점점 더 깊다고 해야 한다.

대상도 없고 끝도 알 수 없는 두려움, 그것이 '無'이다. 동시에 구원의 가능성마저도 그 속에 담겨져 있다. 사람은 그것을 두려워하는 동시에 그리워하는 것이다.

불안을 경험하지 않은 사람들이 있다는 것은 마치 아담이 단순한 동물이었다면 아무런 불안도 느끼지 않았을 것이라는 의미와 같다. 인간은 하나의 종합(정신에 의한 마음과 육체의 종합)이기 때문에 불안해질 수 있는 것이므로, 그 불안이 깊으면 깊을수록 오히려 인간은 위대해질 수 있는 것이다.[99]

개별자가 된다는 것은 바로 이러한 자기 상실의 부정적인 가능성으로부터 온다.

역설적으로 인간은 불안을 통해서 존재의 자유의 가능성을 느낄 수 있다. 그것은 또한 부자유의 가능성이기도 하다. 불안 자체가 모호함과 연관되어 있기 때문이다. 불안을 모호한 힘이라고 말하고 있

98 키에르케고르, 강성위 역, 《불안의 개념(Begrebet Angest)》, 동서문화사, 2016, p. 44~45.

99 키에르케고르, 강성위 역, 《불안의 개념(Begrebet Angest)》, 동서문화사, 2016, p. 166.

고, 모호성은 인간이 불안 속에서 자기 자신과 마주서게 한다는 사실에서 기인한다. 결국 불안 속에서 한 인간은 바로 자신을 유일무이한 자기 자신, 즉 개별자로서 경험하게 된다. 불안은 개별자가 자기 자신으로서 존재함을 증거하여 주는 현상인 것이다.

또한 불안을 느낄 수 있기 위해서는 인간 스스로가 여러 상이한 요소들 사이에 따로 놓여 있는 어떤 상태가 되어야 한다. 왜냐하면 불안이라는 이 모호한 감정은 인간이 자기 안에서 자신과 분리된 다른 어떤 것으로 그것을 바라볼 때 비로소 생기는 것이기 때문이다.

이제 인간은 불안해하는 자아와는 다른 존재, 개별자로서 자신을 인식하기 시작한다. 즉 불안한 자기 자신을 어떤 객관성으로 분리된 객체로서 경험할 수 있는 가능성에 직면하는 것이다. 그때 개별자는 갑자기 자기 주변에 생겨난 공간과 시간 속에 놓이게 된다. 까마득한 공간과 시간 속에서, 즉 불안 속에서 낯선 개별자로서 존재함을 느낄 수 있게 되는 것이다.

'無'라고 하는 '불안'의 상태를 통해 인간은 익숙한 자아의 껍질을 깨고 근원적 자신과의 관계를 맺게 되고, 그 결과로 부활하게 된다는 것을 의미한다. 분리를 넘어 불이不二의 상태에 이르는 것이며 '구원'이라고도 부른다.

따라서 이 상태는 오히려 인간의 실존함의 의미를 더 잘 보여주게 된다. 키에르케고르는 결국 불안, 즉 '無'는 인간으로서의 존재함에 포함되어 있는 근원적인 현상이라고 말하고 있는 것이다.

3) 無, 그리고 실존實存 - 하이데거

데카르트는 피코에게 다음과 같은 내용의 편지를 써 보냈다.

"이렇듯 철학의 과제는 하나의 나무와 같습니다. 그 뿌리는 형이상학이요, 그 줄기는 자연학입니다. 그리고 이 줄기로부터 뻗어 나오는 가지들은 여타의 다른 학문입니다……."

하지만 하이데거는 이렇게 묻는다.

"그 뿌리를 받쳐주는 토양은 과연 무엇인가? 그리고 그 뿌리를 통해 전체의 나무는 어떤 흙(토양)으로부터 생명의 즙과 활력소를 받고 있는가?"

마르틴 하이데거(위키백과)

이 한 마디의 물음에 기존의 서양철학사는 할 말을 잃는다.

20세기 독일철학자 마르틴 하이데거(Martin Heidegger, 1889~1976)는 존재함 이후의 존재자로서 벌어지는 모든 사태와 존재 자체를 구분하였다. 또한 형이상학이 언제나 단지 존재함 이후의 존재자를 표상하고 있는 한 존재 자체를 사유하는 것이 아니라고 간파하였다.

형이상학은 여전히 철학의 첫째로 남아있지만, 그것은 사유의 첫째 것인 존재 자체에는 도달하지 못한다고 본 것이다.

그의 저서 《존재와 시간》에서 시도된 것은 기존의 형이상학의 극복을 위해 떠난 길이었다. 그 여정의 지평은 오직 사유되어야 할 것 그 자체뿐이었다.

기존의 형이상학은 존재자로서의 존재자를 표상함으로써만 존재를 사유하기 때문에 형이상학은 그러한 물음을 던지지 않았다고 보았고, 대신 그는 '현존재(거기에 있음)'라는 이름으로 존재의 인간 본질을 포착하였다.

"현존재의 본질은 그의 실존에 놓여 있다."

실존이라는 이름은 《존재와 시간》에서 오로지 인간의 존재를 지칭하기 위해서만 사용되고 있다. 올바르게 사유된 '실존'으로부터 현존재의 '본질'이 사유되어야 한다고 본 것이다.

《존재와 시간》에서 '실존'은 존재의 한 방식을 의미한다. 인간만이 실존의 방식으로 존재한다. 바위는 존재하지만 실존하지 않는다.

그에 따르면, 존재는 '시간'과 다른 어떤 것이 아니다. 왜냐하면 '시간'은 존재의 진리에 대한 앞선 이름으로서 사용되고 있으며, 이 존재의 진리는 존재가 본질적으로 드러나고 있는 그것으로서 존재 자신이기 때문이다.

하이데거는 다음과 같은 근본 물음으로 기존 형이상학에 의문을 제기하고 있다.

"도대체 왜 존재자가 있고 오히려 無는 없는가?"

만일 이 물음이 존재자를 문제 삼지 않으며, 이 존재자의 존재하는 첫째 원인을 밝히려 하는 것이라면, 이 물음은 존재자가 아닌 것에서부터 시작하지 않으면 안된다. 그는 이와 같은 것을 無(Nichts)라고 명명하고 대문자로 썼다.[100]

그런데 이 無는 사유의 절벽에 부딪친다. 왜냐하면 사유는 항상 어떤 '것'에 대한 사유인데, 無란 어떤 '것'이 아니기에 사유의 본질에 위배되기 때문이다. 여기서 '無'는 존재하는 것 일체에 대한 부정으로서 단적으로 존재하지 않는 것이며, 따라서 無는 없는(아닌) 것, 부정된 어떤 것이 아니다. 그 반대로 아님과 부정보다 더 근원적이라고 주장하고 있다.

---

100 M. 하이데거, 이기상 옮김,《형이상학이란 무엇인가?》, 서광사, 1995, p. 52.

無는 존재하는 것 일체의 완전한 부정이다. 無의 이와 같은 특성이 궁극적으로 우리가 無를 유일하게 만날 수 있는 그 방향을 지시하고 있는 것이 아닐까?

인간의 현존재를 '無' 자체 앞으로 데려오는 사태는 매우 드물기는 하지만 실제로 일어나고 있다. 그것은 '불안'이라는 형태 속에서 순간적으로 나타난다. 불안은 두려움과 다르다. 불안은 규정되어 있지 않다는 점에서 두려움과 다르며, 본질적으로 규정이 불가능한 그것이다.

이 無를 근원적으로 드러내고 있는 것은 오직 불안뿐이다.

불안은 거기에 있다. 단지 잠자고 있을 뿐이다. 불안의 숨소리는 끊임없이 현존재 전체를 파르르 떨게 하고 있다. '겁 많은 사람'은 가장 적게 떨릴 테고, 분주한 사람의 "그래 그래"와 "아니 아니"에는 거의 들리지 않을 것이다. 자제하는 사람에게 있어 가장 쉽게 떨릴 것이고, 근본적으로 과감한 현존재에게 있어 가장 확실하게 떨릴 것이다. 그렇지만 이것은 오직 그것을 위해 현존재가 자신을 소모하고 있는, 그렇게 해서 현존재의 궁극적인 위대함을 보존하려는 그 목적에 맞추어 일어나고 있다.

과감한 사람의 불안을 안일한 세상살이의 기쁨이나 흐뭇한 만족과 대립시켜 생각해서는 안된다. 그 불안은—그러한 대립의 차원을 떠나—창조적인 쾌활이나 온화와 비밀스럽게 결속되어 있다.

감추어져 있는 불안 때문에 (즉 불안에 근거해서) 현존재가 無 속으로 들어서 머물러 있는 것이 인간을 無의 자리지기로 만든다.

감추어져 있는 불안에 근거해서 현존재가 無 속으로 들어가서 머물러 있는 것은 존재자를 그 전체에 있어 넘어서는 것이다. 즉 초월이다.[101]

불안이 無를 드러낸다는 것은, 불안이 물러갔을 때 그제야 인간 자신이 직접 안도하며 확증한다. "우리가 불안해 한 바로 그것은, '본래' 아무것도 아니었다." 그렇긴 하다. 바로 거기에 無가 있었던 것이다.

이제 인간은 불안이라는 근본 기분과 더불어 비로소 '현존재'라는 사건에 도달하게 된다. 불안 속에서 '존재자'는 전체가 의미를 잃어버리기 때문이다.

이제 無에 대한 물음의 대답을 얻었다. 無는 대상도 아니고 존재는 물론 아니다. 하지만 無는 존재자가 인간 현존재에 드러날 수 있게끔 해준다. 그렇다면 無는 존재자의 대립개념이 아니고 오히려 존재자의 본질에 속해 있다. 존재자의 존재에서 無의 무화작용이 일어나는 것이다.

하이데거는 본질적인 불안에 대한 분명한 용기는 존재를 경험할 수 있는 신비스러운 가능성을 보장해준다고 보았다. 또한 그 용기를 가질 수 있는 인간의 담대함이 놀람의 심연에서 아무도 밟아보지 못

---

101 M. 하이데거, 이기상 옮김, 《형이상학이란 무엇인가?》, 서광사, 1995, p. 97.

한 존재자의 존재를 경험한다고 단언한다. [102]

    하이데거는 한 발 더 나아가 그 無가 모든 존재의 근원임을 예술작품의 사례를 들어 증거하고 있다. 그의 저서《예술작품의 근원》에서는 예술작품의 근원이 존재자의 부정으로서 無가 아니라, 모든 존재의 근원으로서의 無로부터 창조되어 나오고 있음을 실증적으로 해석해 보여주었다.

    「끈 달린 낡은 구두」[103] 와 도리스 주범柱範의 고대 그리스 신전의 사례[104]는 無에서 창조되어 無와 함께 있는 예술작품의 존재를 통해, 그 끝자락에 드리워진 無의 그림자를 흘낏 엿볼 수 있다고 하여 예술작품을 통해 존재와 그 발현에 대해 설명한다.

    "예술작품이 그 안으로 후퇴해 들어가, 이 후퇴 안에서 그것을 앞으로 끌어내는, 그것을 우리는 대지라고 불렀다. 대지[105]는 앞으로 나타나고 동시에 숨는 어떤 것이다."

    그는《존재와 시간》14~18절에서 '현존재(Dasein)가 도구, 자연의

---

102 M. 하이데거, 이기상 옮김,《형이상학이란 무엇인가?》, 서광사, 1995, p. 121.

103 암스테르담 반고흐 미술관 소장. Vieux souliers aux lacets, Old boots with laces. (Faille's no. 225)

104 M. 하이데거,《예술작품의 근원》, p. 48. 이 신전은 신의 모습을 숨겨 간직하고 있으며, 그 숨겨진 간직 속에서 열려진 주랑柱廊을 통해 그것을 성스러운 영역 가운데로 드러내고 있다. 신전이 거기 있음으로써 신은 신전 가운데 현존한다.

105 존재의 근원으로서의 無.

고흐, 「끈 달린 낡은 구두」(반 고흐 박물관)

사물 그리고 다른 인간적인 것들과 함께, 세계－내內－존재(존재자)
로서 체험하는 의미있는 관계들의 총체'를 '세계'라고 정의했다. 이것
은 우리가 일상적으로 살아가며 체험이 이루어지는 지평을 말하는
것이다. 이에 비해 여기서 말하는 '대지'는 그 개념이 모호하고 불분
명하며 신비적인 측면을 가지고 있다.

예술작품의 존재는 '숨어 있는 대지大地[106]의 은밀한 발현發顯'에 있다.
그 발현은 현상해서 나타나는, 즉 눈에 보이는 존재자의 '세계[107]'의

---

106 이러한 출현과 발현 자체, 또는 그 전체를 그리스인들은 일찍이 퓌시스
라 불렀다. 그리고 동시에 이 퓌시스는 인간이 자신의 거주를 그 위에
또 그 가운데 마련하는 터를 밝혀준다. 우리는 이것을 대지(Erde)라 부
르고자 한다. 여기서 대지라는 말이 의미하는 바는 어떤 겹겹이 쌓여
진 물질더미로서의 지층이라든가, 아니면 천체에 대한 천문학적 관념
으로서의 지구와는 거리가 멀다. 대지는 모든 발현하는 것들이 그 자
체로 되어 발현하면서 되돌아가는 그곳을 말한다. 모든 발현하고 있
는 것들 가운데서 대지는 스스로를 감추면서 간직하는 것으로 현존한
다. (M. 하이데거, 《예술작품의 근원》, p. 49~50.)

대지는 나타남과 동시에 스스로를 감추어 간직하는 것이다. 대지는 스
스로를 바깥으로 드러내지 않는 것, 그러면서 지칠 줄 모르는 근면한
것이다. 이러한 대지 위에서, 그리고 그 속에서 역사적 인간은 세계 가
운데서의 자신의 거주를 근거 짓는다. 작품은 하나의 세계를 열어 세
우면서 대지를 불러 세운다. (예술) 작품은 대지를 하나의 대지이게 한
다. (M. 하이데거, 《예술작품의 근원》, p. 55.)

107 하이데거에게서 '세계'는 세계－내內－존재 혹은 생활세계 같은 기본
개념으로 우리에게 이미 잘 알려져 있다. 그는 《존재와 시간》 14~18절
에서 "현존재(Dasein)가 도구, 자연의 사물, 그리고 다른 인간적인 것들
과 함께 세계－내(內)－존재로서 체험하는 의미 있는 관계들의 총체"
를 세계라고 정의했다. (박정자, 《예술작품의 근원 그리고 진실》, 상명
대학교, 2004.)

고대 그리스 신전의 주범(위키백과)

일어섬'에 의해 표상되며, 작품의 존재 자체가 대지,[108] 즉 '無'의 발현
發顯이라고 본 것이다.

　그렇다면 앞서 말한 하이데거의 無는 텅 빈 공허함이 아니라 모든
것의 본성이 감추고, 또한 모든 것을 포함하고 있으며, 두 발을 딛고
인간이 우뚝 서 오를 수 있는 대지와 같은 근본이고, 모든 창조물, 더
나아가 피조물의 근원, 모든 사상事象의 끝 모를 심연으로서의 無를
말하고 있음이 분명하다.

---

108 예술작품은 예술가나 물질적 예술품 자체 내에 존재하지 않고, 대지의
　　'일어섬'에 의해 '발현'된다.

4) 근원일자로의 합일 — 니체

프리드리히 빌헬름 니체(Friedrich Wilhelm Nietzsche, 1844~1900)는 그의 저서《비극의 탄생》에서 고대 그리스 비극의 성립의 예를 통해, 예술은 아폴론적인 것과 디오니소스적인 것의 조화와 상극의 가운데에 존재한다고 하였다.

아폴론적인 것은 분명하고 명료하며 개별화의 길을 걸으며 개체의 개별 존재를 아름답게 표현하고자 한다. 반면에 디오니소스적인 것은 모든 것의 합일, 만물의 일체성으로의 귀일歸一을 희구한다. 그 일체성을 근원일자根源一者라 불렀다.

예술 활동이란 단지 인간에게 한정된 것만이 아니라 근원일자根源一者에서 유래하는 것이며, 그 증거는 '도취'와 '꿈'의 두 가지 현상에서 알 수 있다. 이러한 현상은 일상생활의 윤리로부터 멀리 떨어진 곳에 존재하며, 따라서 역으로 그것들의 근원성이 증명된다. '디오니소스적인 것'(도취:음악의 원리)과 '아폴론적인 것'(꿈:조형예술의 원리)을 예술적으로 승화하고, 또한 기적적 융합에 의한 그리스 비극이 그리스 민족의 구제가 될 수 있었던 것은 그 때문이다.

아이스킬로스의 디오니소스적 서정시는 근원일자와 개별자와의 혼연일체를 음악적으로 표출한 것이며, 디오니소스적 세계 근원 고통이 아폴론적 언어를 통해서 상징적으로 표현되는 것이라 하였고, 예술은 이런 방식으로 인간으로 하여금 세상의 고통에서 벗어나라고

아이스킬로스의 비극(위키백과)

말한다고 하였다.

니체는 소크라테스의 디오니소스적 세계를 내다버린 아폴론적인 선언[109]으로부터 그리스 민족의 멸망은 이미 예견된 것이라 보았다. 인간은 분리된 형상과 개념의 세계인 아폴론적 세계에 발을 딛고서, 근원일자의 디오니소스 세계와 혼연일체의 상태로 구원받으며 살 수밖에 없는 존재이다.

'개체성의 사라져감'은 그것이 단지 절대 '無'로의 소멸만을 의미하는 것은 아니라, 오히려 모든 것을 품고 있는 원천으로 돌아가는 것이다. 니체는 개체성의 소멸을 그 사라짐과 동시에 더 근원적인 혼연일체의 궁극의 세계로 미끄러져 들어가는 것이라는 점을 본 것이다.

아이스킬로스로 대표되는 그리스 예술은 디오니소스적인 근원 고통과 아폴론적인 언어가 융합되어 표출되었던 것이고, 그 속에서 고대 그리스인들은 위안 받았으며, 그것이 예술의 진정한 의미라고 보았던 것이다.

그런데 소크라테스로부터, 명징明澄하게 드러나 보이는 것만이 세상의 모든 것으로 의식하게 된 고대 그리스 민족은 무한 근원일자의 세계를 내다버림으로써 최소한 예술작품의 세계, 더 크게는 민족 전체의 운명에서 멸망의 씨앗을 품게 되었다고 비판하는 것이다.

---

109 세상을 이데아와 그림자라는 이분법의 도그마에 빠뜨린 것.

5) 분리의 극복 — 에리히 프롬

에리히 젤리히만 프롬(Erich Seligmann Fromm, 1900~1980)은 그의 책 《사랑의 기술(The Art of Loving)》에서 '분리감이 모든 불안의 원천'이라고 하였다.[110]

> "인간의 가장 절실한 욕구는 분리 상태를 극복해서 고독이라는 감옥을 떠나려는 욕구이다. 이 목적의 실현에 절대적으로 실패할 때 광기狂氣가 생긴다. 우리는 외부세계로부터 철저하게 물러남으로써 분리감이 사라질 때에 완전한 고립의 공포를 극복할 수 있기 때문이다. 이때에는 인간이 분리되어 있던 외부세계도 사라져 버린다."[111]

성경 속에서 아담과 이브가 선악과를 따먹은 다음에 둘은 서로 발가벗고 있다는 것을 알고 매우 부끄러워하였다는 것은, 남자와 여자가 성적으로 분리되어 있다는 사실을 처음으로 알고서 다시 결합할 수 있는 방법을 찾지 못한 채 영원한 수치심과 불안에 떨고 있는 현 상황을 보여주는 장면이다.

하늘의 명령에 불복종함으로써 지혜를 가지게 된 인간은, 그 대가로 영원한 불완전의 상태를 선사받은 것이다. 그 이후 인간은 그러한 분리 상태를 극복하는 것이 가장 크고 시급하며 중요한 욕구로 남게

---

110 Erich Fromm, 황문수 역, 《사랑의 기술(The Art of Loving)》, 문예출판사, 2000, P. 24.

111 Erich Fromm, 황문수 역, 《사랑의 기술(The Art of Loving)》, 문예출판사, 2000, p. 25~26.

되었다. 세상의 모든 문화와 문명, 한 발짝 더 나아가 모든 종교마저도 이러한 사명적 과제에서 한 발짝도 벗어난 적이 없었다.

원시민족의 여러 가지 정기적 광희狂喜 의식도 이러한 욕구에서 비롯된 것이리라. 집단적인 의식을 통해 전체가 하나가 되는 주기적 경험을 가짐으로써 실존의 공포 원인인 분리감을 극복하고 너와 나의 구분이 없는 일체감을 공유하게 되는 것이다.

이러한 관습이 미덕이거나 올바른 방법으로 인정받을 수 없는 시대를 살고 있는 현대인들은 알코올이나 마약, 섹스와 같은 부정적인 도피처로 피난하곤 한다. 하지만 잠시뿐인 도취에서 깨어나게 될 때 치유되지 않고 오히려 더 심화된 수치심과 분리감은 대항할 수 없이 절망적으로 커져 있음을 보게 된다. 결국은 그것 없이는 견딜 수 없는 상태가 되어 중독 상태에 이르게 된다.

이렇듯 시대를 막론하고 인간에게는 분리된 개체로서 느끼는 절망적인 불안감의 극복이라는 과제가 가장 중대한 실존적 과제가 되어왔다.

인간은 결국 너와 내가 둘이 아니라는 것, 원래 하나라는 것을 알고 서로 합일의 상태로 있을 때 더없는 만족감을 체감할 수 있다는 것이다. 너와 나를 넘어 우리라는 것마저 포함한 모든 것의 구별이 없어질 때까지 '분리' 상태를 극복해야 하며, 그러한 개체의 사라짐이 있은 후에야 우리는 비로소 궁극적으로 완전한 만족, 지고지순의 복락의 세계에 거居할 수 있는 열쇠를 받아 쥐게 된다는 뜻이다.

프롬이 말하는 분리감의 극복을 위해서는 너와 나를 구분하는 개체성과 '나'라는 존재의 소멸이 전제되어야 함을 의미한다. '나'의 존재가 사라져 없어지지 않는다면, 어떻게 너와 나의 분리상태를 극복할 수 있다는 말인가? 만약 분리감이 해소되지 않는다면 광기어린 고립의 공포는 어쩔 도리가 없는 것이다. 인간의 가장 절실한 욕구가 그러한 것이라면, '개체성의 소멸'이란 끝없는 공포의 나락으로 떨어지는 것이 아니라 오히려 그 반대 복락의 세계에 머물 수 있는 구원과 부활의 의식이 되는 것이다.

관습·관례·신앙과 같은 것들은 개체와 집단 간의 합일을 위한 전통적인 것이었다. 하지만 고독에 대한 불안에서 벗어나고자 하는 욕망으로 집단의 유형에 개체를 일치시키려는 경향 속에서 독재체제와 같은 정치적 위협이나 몰개성, 평균화, 타인의 목적을 위한 수단으로서의 평등, 혹은 상투적 생활의 그물에 갇힌 개인과 같은 것들을 생겨나게 하기도 했다.

그는 이런 모든 도취적 융합에서 이루어지는 합일은 일시적이고 진실한 것이 아니라고 보았고, 오직 하나뿐인 구원이 개체성의 사라짐에 있다고 보았다.

그는 현세적 삶에서의 그러한 분리 상태의 극복수단, 개체성의 소멸 수단, 외부세계의 소멸수단으로 '사랑'을 들었다. 형제애로 대표되는 모든 인간에 대한 배타성 없는 사랑, 모성으로부터의 분리 과정을 밟고 있을 때의 어린애마저도 사랑할 수 있는 실존에 뿌리박고 있는 어머니로서의 사랑, '본질적으로 하나의 생명인 의지 행위를 다른 사람의 생명에게 모든 면에서 완전히 위임한다.'라는 의미에서 성애, 다른 사람들을 사랑하는 것과 마찬가지로 자신을 사랑하는 자기애, 그리고 '내가 신으로 변하고, 신이 나를 신 자신과 하나로 만든다면', 즉 신을 사랑함으로써 내가 신에게 침투하여 신과 나는 하나가 되는[112] 신에 대한 사랑이 그것이다. 이 모든 것의 전제가 형상으로써 개체화되어 있는 '나'의 인식의 소멸을 통해 도달할 수 있는 것임을 말한 것이다.

6) 지금 이 순간을 받아들임 – 에크하르트 톨레

에크하르트 톨레(Ekhart Tolle, 1948~)는 독일 태생의 캐나다 거주인으로 현대 영성 사상가 중 가장 영향력이 큰 인물로 꼽힌다. 2008년 뉴욕타임즈는 그를 미국에서 가장 잘 알려진 영성 작가로 꼽았고, 왓킨스 리뷰는 그를 세계에서 가장 영적 호소력이 큰 사람으로 꼽았다.

원래 이름 울리히 레오나르드 톨레(Ulrich Leonard Tölle)에서 첫 이름을 에크하르트(Ekhart)로 바꾼 것은 중세 독일의 철학자로 신비주의 신학자였던 마이스터 에크하르트에 대한 경의의 마음에 의한 것이었다. 하지만 저서를 통해 본 그의 사상은 기독교 사상보다는 오히려 선불교적 철학에 가깝다.

---

112 Erich Fromm, 황문수 역, 《사랑의 기술(The Art of Loving)》, 문예출판사, 2000, p. 109. 원래 마이스터 에크하르트의 언급을 에리히 프롬이 인용.

에크하르트 톨레(위키백과)

그는 개인이 자기 자신이라고 느끼는 자아 뒤에는 생각으로 만들어진 '작은 나'보다 훨씬 더 깊은 의식의 차원이 배경으로 존재하고 있으나,[113] 보통의 경우 과거에 의해 제한되고 개인화된 자아의 편협함 때문에 그 너머로 가보지 못한다고 말했다. 그는 그 의식 차원을 현존(presence), 깨달음(awareness), 또는 조건 지워지지 않는 의식(unconditioned consciousness) 등의 용어로 표현했으나, 본인이 새롭게 본 것이거나 규정지은 것이 아니라, 과거부터 인류가 '내부의 그리스도' 혹은 '부처 본성'으로 불렀던 바로 그것을 말한다고 설명하였다.

인류가 고통의 바다에서 빠져나오지 못하고 헤매고 있는 이유는,

---

[113] 불교에서는 이것을 진여眞如라고 표현한다.

이기적이고 편협한 자아(ego)가 만들어내는 '작은 나'가 세상의 전부가 되어 각자의 인생을 휘저어가는 것을 자각하지 못했기 때문이며, 그 너머의 의식의 차원을 발견하는 것이 자신뿐만 아니라 다른 사람의 고통으로부터 세상을 구원하는 일이라고 보았다.

사랑·즐거움·창조적 확장·내적 평화의 지속은 속박되지 않은 의식 차원을 통해서만이 개인의 인생 안으로 흘러들어올 수 있으며, 조건지워지지 않은 원초적 지성인 전념(attention)을 주는 단순한 행동으로 일어나는 것이라 하였다. 하지만 대부분의 사람들이 개인화되고 파편화된 생각의 굴레에 매몰되어 있어 모든 것들과 분리된 작은 에고의 차원에서만 살고 있기 때문에 현실에서 실현이 불가능한 것이라 보았다.

그는 인류 역사를 통해 이름지을 수 있는 모든 규범들, 예를 들자면 정치적 과학적인 것뿐만 아니라 종교적인 규범조차도 인류에게는 고통만 안겨주었는데, 그것은 그들이 주장하거나 신봉하는 진리를 하나의 개념적 틀에 가두어 원하는 대로 형상화시켰기 때문이라 했다.

형상화된 개념은 결국 작고 이기적인 자아의 틀 속에 또다시 갇히게 되는 것이다. 그는 이러한 오류의 원인으로 모든 것이 통합되어 있는 전체적 차원이 아니라 분리된 개체로서의 자기 정체성과 거기서 파생된 개인화된 생각과의 동일화를 꼽았다.

톨레는 이 대목에서 의식(consciousness)[114]의 영역은 생각이 움켜

---

114 진여眞如라 바꾸어 말해도 좋을 것이다.

잡을 수 있는 것보다 훨씬 더 크고 광대하며, 그리하여 자신이 생각하는 것을 전적으로 믿지 않을 때, 즉 자기 자신으로부터 빠져나와 그 생각하는 사람이 원래의 자신이 아니라는 것을 볼 때 만날 수 있는 것이라고 보았다.

즉 마음은 항상 충분하지 못하고 탐욕스러우며 지루해하고 불안한 상태에 있는데, 이 상태에서 벗어나기 위해서는 두 가지의 선택이 있다. 하나는 그러한 결핍감을 채우기 위해 더 많이 소유하거나 더 많이 탐닉하거나 더 많이 먹어치우는 등 욕망을 끝없이 충족시키려하는 경우와, 고통스럽지만 불안하고 지루한 상태에 머물면서 그 불안과 지루함이 어떤 느낌인지를 관찰하는 경우가 그것이다.

후자의 경우 처음에는 어색하지만, 자신의 의식을 그 느낌으로 옮겨옴에 따라 갑자기 그 주변에 어떤 공간과 침묵이 원래 그곳에 있었다는 듯이 생겨나게 되고, 차차로 자라나게 되어 처음 느꼈던 불안과 지루함과 같은 고통의 느낌이 점차로 감소하게 되는 것을 느끼게 될 것이라고 했다. 바로 이때 자신이 그 지루함이나 불안함 자체가 아님을 알게 되며, 진정한 자신은 그것들을 객관적으로 쳐다보는 의식임을 알게 된다.

마찬가지로 화내거나 슬프거나 두려워하는 것도 자기 자신이 아니며, 자신은 다만 인간 내부의 속박된 에너지일 뿐인 감정의 덩어리들이 떠돌아다니다 끝내는 사라져 버리는 것을 쳐다보는 배경 존재임을 알아차리는 주체라는 것이다.

그러한 떠돌아다니는 감각들이 자기 자신이 아님을 알아차리고 그 편협한 굴레에서 벗어나 더 큰 광활의 차원에서 쳐다보는 것, 그것이 바로 '지금 이 순간'이라는 현존의 차원에 몸담고 있는 것이고, 모든 고통에서 벗어나는 길이라 했다.

선불교에서는 이런 상황을 회광반조回光返照라 한다. 밖으로만 향하던 자기 마음을 거두어 내면의 상태를 지켜보는 자가 되어 빛을 비추기만 하면 어둠이 즉시 사라지는 것과 같이 마음의 무명 상태를 즉시 거두는 방법을 가르쳐 왔다.

여기서의 어둠이란 새털처럼 작고 이기적이며 탐욕스럽기 짝이 없어 절대 만족할 줄 모르고 끝없이 불안해하며 문제만 일으키는 '이기적인 나'를 말하는 것이다. 그 '나'라는 것이 얼마나 잔물결과 같이 허망하고 무상하며 일시적인 형성물인가를 아는 것은 누구인가? 그토록 집착하던 육체적·정신적 형상이 무상하다는 것을 알아차리는 사람은 또 누구인가? 바로 그것이 과거와 미래와 관련이 없는 지금 이 순간의 '더 깊은 나'인 것이다.

매일 마주치며 항상 중요하다고 생각해 온 삶과 관련한 여러 문제들도 자신의 육체가 죽는 순간에는 과연 무엇이 남겠는가? 탄생일과 사망일 사이의 선 표시뿐이다. 이기적 자아에게는 괴롭고 허망한 일이겠지만, 죽지 않고 항상 그 자리에 있는 진정한 의식으로서의 자신에게는 자유이다. 죽음의 반대 의미는 삶이 아니라 탄생이며, 영원한 의식인 삶은 계속되기 때문이다.

육체로서의 자아, 항상 불평하고 중얼거리고만 있는 머릿속 목소리의 주인공으로서의 자아가 아니라, 그것들의 뒤편에 배경으로 항상 거기에 존재해 있는 의식이 진정한 자신이라는 것을 아는 것이 바로 '자유'이다.

그렇다면 문제투성이인 작은 자아가 죽는다는 것, 사라져 없어진 다는 것은 두려워할 것이 아니라 오히려 반길 일이다. 비구나 비구니들이 출가 후 가장 먼저 하는 것이 머리카락을 잘라 없애는 것을 선택한 이유도 속세의 작은 자아는 이제 죽어 없어졌다는 것을 상징적으로 표현하기 위해서이다.

가톨릭 신부가 되는 마지막 의식인 신품성사神品聖事도 지금까지의 자신은 세상에 대해 가장 비천한 자로서 이제 막 죽어 없어졌다는 의미로 땅에 엎드린다. 엎드릴 때는 인간으로서 엎드렸다가, 일어날 때는 신의 대리인으로 다시 태어나 부활한다. 영원히 살기 위해서는 먼저 죽어야 하는 것이다.

성경에는 "한 알의 밀이 땅에 떨어져 죽지 아니하면 한 알 그대로 있고, 죽으면 많은 열매를 맺느니라."(요한복음 12 : 24)고 씌어 있다. 또한 죽음 앞에 내몰린 예수가 그럼에도 불구하고 "내 뜻대로가 아니라 당신 뜻대로 하소서."(마태복음 26 : 39)라고 외친 구절도 마찬가지다.

톨레는 만약 에고가 죽지 않은 상태에서 자유를 원하는 이기적 목표를 세운다면, 지금의 이 순간이 단지 그곳에 도달하는 수단이 되어버리므로 그 목표를 성취한다 하더라도 그것은 그리 오래 자신을 만족시켜주지 못할 것임을 설명하고 있다. 왜냐하면 이 순간의 행위를 어떤 결과로 향해 가는 수단으로 격하시키는 것은 목표를 자신과 동일시하는 에고의식이 원인이기 때문이다.

원했던 목표가 성취되는 순간 에고는 그것의 실상이 자기가 아니라는 것을 확인하게 되고, 실망한 에고는 즉시 다른 목표를 찾아 나설 수밖에 없게 된다. 하지만 진실은 목표의 성취 여부를 떠나 그곳을 향해 가고 있는 '지금' 그 자체가 완성이기 때문에, 어떤 지금 이 순간 외에 다른 완성의 상태가 있을 수 없다. 그것은 마치 물고기가 물 속에서 물을 찾아 헤매는 것과 같이 실현 불가능한 목표가 되어버리는 것이다.

여기에 펼쳐져 있는 모든 상태에 대해 '옳다, 그르다.'라는 마음의 판단에 더 이상 의존하지 않고 단지 있는 그 자체에 대해 '예'라고 말할 수 있을 때, 지금 이 순간의 그러함을 받아들일 때 이기적 자아는 사라져가고 내적 평화와 광활이 펼쳐진다고 설명했다.

톨레는 불교의 깊은 의미를 설명해 달라는 질문에, "자아가 없으면 문제도 없다(No self, no problem)."고 대답한 고승의 말을 전함으로써 자아가 죽는다는 것의 의미에 대한 설명을 대신했다.

제4장

소결

茶의 진眞으로서의 사라짐과 부활

앞의 고찰에서 모든 사람에게 있어서 '형상의 사라짐'이란 '허무의 나락으로 떨어짐'이 아니라, 더 높은 차원의 '근원 세계로의 진입'이며 구원의 기제라는 사실을 알 수 있었다. 또한 오직 진정한 용기를 가진 자만이 공포의 나락인 無의 원천을 향해 똑바로 응시할 수 있는 것임도 알았다. 공포에 질려 돌아서기보다 오히려 한 발을 더 내디뎌 그 속에 몸을 내맡김으로써 모든 불안의 원천인 無를 초탈하고 영원으로 부활할 수 있음도 알게 되었다.

그렇다면 결국 형상의 '사라짐'이란 아무것도 없이 황량하기만 한 절대 無를 향한 허무한 소멸의 내용이 아니라, 파편화된 자아와 개체의 분리를 극복하여 영원성을 획득하려는 부활의식이었음을 확인하게 된 것이다.

그렇다면 이제 茶 마심에서의 '사라짐'에 대해 생각해 보자.

茶가 가지고 있는 '형상'으로서의 '맛'은 산지나 제법 혹은 행차법에 따라 여러 가지로 구분할 수 있을 것이고, 그 구분 속에는 그것이 속한 '맛'의 종류별 가치 기준에 따라 그 맛의 가치 지향점에서 멀고 가까움의 구분이 생겨날 것이다. 그렇게 된다면 구분 하나하나의 '미각의 세계'가 생겨나는 것이며, 맛의 우열, 미각의 각론이 등장하게 될 것이다.

하지만 '茶' 맛의 철학은 하이데거의 존재론적 제시와 같이 형상으로서의 그 '어떤' 맛의 세계를 논하기 이전에 그 '맛'이라는 뿌리를 지탱해 주고 있는 토양으로서의 '맛의 존재'를 먼저 상정해야만 한다.

'茶' 맛의 효능이란, 茶 이파리를 우려낸 물에 의해 혀의 감각에 변화를 일으키는 것을 말하는 것이다. 범위를 좀 더 넓힌다 하더라도 건조된 '茶'에 더운 물을 부어 우려내어 마시는 동안의 색·향·미의 감각적 변화를 느끼는 것일 뿐이다.

만약 '茶'가 이런 외형적인 것만을 대상으로 하는 것이라면 그것을 '논'한다는 자체가 허무한 일이다. 만약 차론이 수많은 대용차代用茶의 경우처럼 색·향·미, 혹은 눈에 보이는 형상적 현상만을 대상으로 삼는 것이라면 그것을 철학한다는 것은 격에 맞지 않는 일이 되어버리기 때문이다.

하지만 돌이켜보면 분명 수천 년 동안 차인들은 그 작은 것을 대상으로 거대한 차론을 논해 왔다. 茶 맛과 그것의 소멸을 통해 눈에 보이는 개념세계의 벽을 깨뜨리고 그 안으로 한 발짝 들어가서 무형이면서도 존재의 자락을 드리우고 있으며, 말로는 구체화할 수 없는 어떤 깊고 광활한 지평을 향한 담론이었다.

다시 돌이켜보면, 茶는 존재의 경계에 서 있는 극소의 감각자극만으로 인간의 영혼에 무한히 큰 자국을 남겨 왔으며, 미각을 느끼는 혀로서가 아니라 인간 존재를 증거하는 영혼을 대상으로 작용해 왔다. 그렇다면 이제 차론은, 형상의 세계인 '맛'을 주 대상으로 하는 것이 아니라, 그보다 더 근원적인 '맛'이라고 하는 형상 그 자체에 대해 주목해야 하며, 맛의 세계와는 격이 다른 '존재' 차원을 대상으로 하는 담론이었음을 알아차릴 수 있게 되었다. 즉 차론은 존재와 비존재의 전환사태를 논하는 것이다.

쓴맛이 나는 찻물을 입에 머금은 후 그것을 삼키기 직전까지가 쓴맛이 존재하는 형상세계의 찻일이 된다. 하지만 목 넘김 이후 맛의 형상이 완전히 사라져 없어질 때까지의 사태는 형상 이후 세계, 즉 비존재의 찻일이 된다. 茶事는 미각 존재의 형상적 단서로 촉발되어 사라짐의 사태를 거쳐 비존재의 영역에까지 이르는 사태의 연쇄 과정 전체를 아우르는 일이다.

따라서 존재와 비존재의 경계로서의 목 넘김으로써 맛의 사라짐의 역할은 맛을 음미하기 위해 마신다는 행위를 넘어 존재 이후의 세계로 미끄러져 들어가는 통로의 역할을 하게 되는 것이다. 미각 구분의 사라짐, 혀와 목에 닿는 찻물 촉감의 사라짐, 미세 향기의 후각의 사라짐은 마치 잠잠했던 폭포수의 물이 한순간 나락으로 쏟아지듯 無로 쏟아져 들어가 합일되며, 그 이전의 모든 개체적 기억과 순간적

이카로스−핸드리크 골치우스 작(위키백과)

으로 대비된다.

사라짐의 순간, 혹은 사라짐 자체로 인해 홀연히 맞닥뜨려진 그 '비존재 허공'의 순간이 '無의 표현'이라 할 수 있으며, 인간 불안의 근원이자 부활의 원인이 되는 개체성의 상실 의미를 내포한다.

하지만 그 사라짐은 절대적인 無를 향한 것이 아니다. 오히려 텅 비워져 아무것도 가지고 있지 않지만 모든 것의 본성을 포함하는 상태(虛靈不昧)이고, 구원과 부활의 계기가 되는 것이며, 존재와 비존재의 경계에 거居해 있는 것이다.

니체가 말한 '근원일자로의 합일'이며, 프롬이 묘사한 '분리의 극복'인 것이다. 또한 하이데거가 표현한 대로 '무'는 대상도 아니고 존재는 물론 아니지만, '존재의 자락'을 흘낏 보여주게[115] 만드는 것이다.

이제 '맛' 자체보다는 '맛이라는 존재자의 사라짐'이 오히려 인간 현존재를 세계에 드러날 수 있게 해주는 계기가 된다는 점을 이해하게 되었다. 茶 마심의 과정에서 입속에 머금었던 쓸쓸한 맛의 홀연한'사라짐'은 無로의 지향이며, 그 종국적 지향점, 피안의 세계인 無는 존재 구분 이전의 세계임에 다름 아닌 것이다.

일본의 茶道에서 茶事 과정의 끝이 손님이 돌아갈 때까지만이 아니라, 손님이 돌아간 후 남은 화로의 마지막 숯불이 꺼질 때까지 불

---

115 일별一瞥하는 것을 말한다. 여기서 별瞥자의 뜻은 언뜻 보다, 잠깐 보다, 눈이 침침한 일, 안정되지 못한 모양을 말한다. 깊은 밤하늘 별빛을 분별할 때처럼 시야의 중심(中心視)으로 똑바로 보면 오히려 잘 보이지 않지만, 주변 시야로 보면 잠깐 보이는 것과 같은 상황을 말한다.

꽃이 스러져 가는 모양과 그것이 서서히 재로 변해 가는 모습을 바라보며 조금 전까지 마주앉아 있던 그 손님 존재의 흔적과 여운을 되새기며 음미하는 시간을 소중히 여기는 이유도 여기에 있는 것이다.

茶를 마시는 사람은 항상 현재 공간의 이 자리에서 있으면서 너와 나의 구분마저도 없는 태어남 이전의 세상, 즉 '無'의 언저리의 세계에 거하며 부활을 예비하는 종교와 같은 행위 상태 속에 있음을 주목해야 한다. 茶 마심을 통해 느껴지는 형상의 사라짐의 순간에 주목해야 하며, 그것은 '나뭇가지를 물고 있는 입으로 조사가 서쪽에서 오신 뜻에 대답하는'[116] 순간의 마음이며, '백척간두에서 진일보(百尺竿頭進一步)'[117]하는 순간의 마음이다.

그렇다면 이제 茶가 중국으로부터 전래될 때 한국과 일본 두 나라 공통적으로 禪, 특히 선불교와 함께 선승에 의해 전해지고 발전되어진 연유를 이해할 듯하다.

---

116 제5칙. 향엄의 나무에 매달린 사람(香嚴上樹). 향엄화상香嚴和尙이 말했다. "가령 누군가 나무에 올라가서 입으로는 가지를 물고 손으로는 가지를 잡지 않고 발로도 나무를 딛지 않고 있는데, 나무 아래의 어떤 사람이 조사께서 서쪽에서 오신 뜻을 묻는다 하자, 대답하지 않으면 그가 묻는 것에 어긋나고, 만약 대답한다면 목숨을 잃을 수밖에 없을 것이다. 바로 이러한 때에 어떻게 응대할 것인가?"(무문혜개無門慧開, 김태완 역주, 《무문관無門關》, 침묵의 향기, 2015, p. 55.)

117 제46칙. 장대 끝에서 나아감(竿頭進步). 석상화상이 말했다. "백 척 장대 끝에서 어떻게 한 걸음 내딛는가?" 다시 옛 스님이 말했다. "백 척 장대 끝에 앉은 사람은 비록 道에는 들어왔으나 아직 참되지는 않다. 백 척 장대 끝에서 모름지기 한 걸음 내디뎌야 온 우주에 온몸을 드러내리라."(무문혜개無門慧開, 김태완 역주, 《무문관無門關》, 침묵의 향기, 2015, p. 230.)

茶 마심은 결국 그 자체로 선불교였던 것이다.

사실 이 명제는 별 특별한 바가 있을 수 없다. 이미 수백 년 전 고려 차인 이규보도 차도일미임을 선언하고 茶 한 잔이 바로 참선의 시작과 같은 것임을 분명한 어조로 알렸고, 그 이후 일본 차인 자쿠안 소다쿠도 선차禪茶의 관점에서 모든 찻일을 서술하였다. 자세히 보면 사실 육우 이후 모든 차인들이 茶가 가지는 禪적 기제에 대해 주목해 왔음을 알 수 있었다.

이제 茶 마심의 의미가 음료의 역할에서 촉발되어 종교적 행위에 까지 이르게 하는 것임을 알게 된 것이다.

하지만 위의 저 명제가 모든 면에서 정말 참일까? 만약 그것이 진정 참인지를 검증해야 한다면 어떻게 할 것인가? 마시는 것으로만 인식했던 茶가 음료 자체의 역할을 떠나 그토록 깊은 종교적 지향을 가지고 있는 것이라면, 茶가 가지고 있는 미각 이외의 다른 측면에서도 확인해야 할 필요가 있을 것이다.

만약 그런 이유로 검증 과정이 필요하다면, 어떤 茶가 가진 속성 중 어떤 면에서 접근하는 것이 좋을까? 꼬리에 꼬리를 문 의문이 여기까지 이르렀다면 이제 드디어 차실의 공간을 살펴보아야 할 차례가 온 듯하다.

공간이란 무형의 것이어서 그 자체가 별도의 특징을 가지는 것은 아니지만, 그 무형성 때문에 형상적 개념으로는 표현할 수 없는 無이자 궁극인 종교적 지향, 그리고 그것과 같은 茶의 진진眞마저도 다 담을 수 있는 것이다. 절대 無로서가 아니라, 인간이 만든 구조물에 의해 구성되는 건축공간의 無는 그 속에 담기는 내용물의 주제에 따라 스스로의 질을 형성해 간다. 이는 마치 하늘과 골짜기가 맞닿아 형성하는 공속적共束的 관계의 모양처럼, 공간은 그 속에 담기는 내용물의 모양과 똑같은 반전 형태를 띠게 되는 것이다.

茶의 행위와 과정을 담아내는 4차원의 그릇인 차실 공간이 茶의 속성과 위에서 정의한 명제와 같은 공속적 형태를 띠고 있다면 그 명제는 확실히 참이 될 것이다. 마치 대상 자체가 아니라 거푸집만 보더라도 그 속에서 주조된 물체의 형태를 알 수 있듯이 말이다.

이제 차실의 공간을 찬찬히 들여다보자.

제2부

건축공간론建築空間論

─── 제1장 ───

공간의 철학

건축은 건물만의 것이 아니다

1. 철학을 담는 그릇 —《도덕경》의 건축공간

서른 개의 바퀴살이 하나로 모이되, 그 속이 비어 있으므로 수레의 쓸
모가 생긴다(三十輻共一 當其無 有車之用).

흙을 이겨 그릇을 만들되, 그 속이 비어 있으므로 그릇의 쓸모가 생긴
다(埏埴以爲器 當其無 有器之用).

문을 뚫어 방을 만들되, 그 속이 비어 있으므로 방의 쓸모가 생긴다
(鑿戶牖以爲室 當其無 有室之用).

그러므로 有(있음)가 이롭게 되는 것은, 無(없음)의 쓸모가 있기 때문
이다(故有之以爲利 無之以爲用).

이 글귀는 《노자 도덕경》 11장에 나오는 말이다. 간결하기 짝이 없는 말이지만, 이보다 더 절실하게 건축공간의 핵심을 설명하는 말은 아마 없을 것이다.

그렇다. 건물이 아니라, 대상으로 나타나지 않으며 만져질 수도 없는 비어있는 공간이 모든 것의 효용을 담고 있는 것이다. 오히려 형태를 가지지 않는 공간이므로 모든 것을 다 담을 수 있는 것이었다. 단지 흔히 오해하듯, 이 '공간'이란 것이 그것을 느끼는 주체가 철학적 인간이므로 광막한 우주공간과 같이 인간 오감으로 느낄 수 없는 범위까지 포함하는 것은 물론 아니다.

인간은 역사 이전부터 예술이라는 수단을 통하여 말로써는 전달할 수 없는 무한우주의 질서와 그것과 공명하는 깊은 내면의 정서를 표현하여 왔다. 그런 표현의 의지는 기교로서가 아니라 아마 삶의 본능에 가까웠을 것이다.

인간의 지적 영역을 넘어선 무한 경지의 질서에 충실히 따르고 복종하고 있음의 의미를 외부로 나타내 표현한다는 것은 무섭고 황량한 이 세상에 이유 없이 내던져져 소멸의 불안을 안고 살아갈 수밖에 없는 가련한 인간이 가질 수 있는 최선의 위안이자 유일한 안식수단이었을 것이기 때문이다.

까마득한 시간의 과정을 거쳐 마침내 그 순종의 표현은 소리의 수단을 통하면 음악이 되었고, 몸의 움직임이란 수단을 통하면 무용이 되었다. 또 흙이나 돌 등을 이용해 형태를 만들면 조각이 되었고, 그림의 수단을 통하면 회화가 된다. 그렇게 예술은 인간의 무형의 영혼을 구체화하는 수단이 되었고, 오히려 종교 그 자체가 되어갔다.

그 가운데서 공간의 예술인 건축은 비물질성을 시각적으로 나타낼 수 있는 무형의 예술 수단이었다.

19세기 독일 철학자 아르투어 쇼펜하우어Arthur Schopenhauer, (1788~1860)는 무형의 정서와 철학을 표현하는 데 있어서 유형적 예술 수단은 열등한 것이라 지적하였고, 물질성을 벗어난 음악을 가장 높은 위계에 두었다. 그중에서도 건축은 가장 무겁고 다루기 어려운 유형 재료를 동원하여야 하므로 '이념을 표현할 수 없는 물질'로서 예술 등급에서 가장 낮은 지위를 점한다고 했다.[1]

그의 예술에 대한 전체적 규정과 위계의 설정에는 당시 많은 예술가들의 공감한 바가 있으나, 건축을 단지 물질적 관점에서만 파악한 오류를 가지고 있었다.

건축을 둘러싸는 외피로서가 아니라 그 둘러쌈 속에 담기는 무형의 공간으로 파악한다면 비물질적 영혼세계를 표현할 수 있는 더없이 좋은 수단이 된다. 쇼펜하우어는 바로 이 점을 간과한 것이다.

쇼펜하우어에 비해 테오도르 립스는 마치 《도덕경》 내용을 읽어보기나 한 듯 "공간을 추상적으로 표현하는 예술에서는 공간 형태가 물질화되지 않고도 순수하게 존재할 수 있다."[2]고 놀랄 만큼 비슷한 설명을 하고 있다.

---

1 코르넬리스 판 드 벤(Cornelis Van de Ven), 고성룡 역, 《건축의 공간개념》, 도서출판 씨아이알, 2019, p. 58.
2 코르넬리스 판 드 벤(Cornelis Van de Ven), 고성룡 역, 《건축의 공간개념》, 도서출판 씨아이알, 2019, p. 109.

그렇다면 건축공간은 결국 기능적 건물로서만이 아니라 인간의 삶과 철학을 담는 그릇으로서 의미가 더 클 수 있는 것이다. 건축 외피에 의해 형상화된 무형 공간을 통해 인간 의식 속에 감추어진 비물질적 영혼의 형상을 선명하게 그려낸 것이라 볼 수 있는 것이다. 그렇게 건축공간은 영혼의 형상이 된다.

2. 세상의 중심 공간 — 지구라트와 피라미드

한정된 주거지에서 불안정한 소규모 집단생활을 이어오던 고대 인류는 B.C. 약 8300년경 빙하기가 끝나면서 수렵과 채집, 농경과 유목생활에서 벗어나 드디어 문명을 형성하기 시작했다. 그들이 빙하를 벗어나 무리를 지어 목초지로 진출하자마자 가장 먼저 애써 이룩한 공동작업은 불안정한 현세 속에 영원성을 붙잡기 위해 거대한 돌과 같은 불변의 재료로 영원 공간을 만드는 것이었다.

얼마나 힘들었을까? 하지만 이름도 역사도 없는 시절부터 인간은 수시로 변화하는 현세보다 눈에는 보이지 않으나 변치 않는 영원의 공간을 더 중시해 왔는지도 모른다. 아마도 처음부터 인류는 아예 본능적으로 한쪽으로는 현세의 삶을 디디고 살면서 동시에 다른 쪽 다리로는 영원 공간을 밟으며 살아왔던 족속이었던 것 같다.

B.C. 약 3500년 무렵에 인류는 드디어 세계 곳곳에서 도시혁명을 맞았다. 면적은 약 10km², 인구는 수천을 헤아렸다. 하지만 그 혁명의 내용은 양적인 것보다 질적인 것에 있었다. 농사짓지 않는 계층을 부양할 수 있을 만큼 잉여농산물이 생산되자마자 노동의 분화, 신분의 상하 계층이 생겨났다. 지배와 방어, 유지를 위해 세금을 거두었고 군대와 관료조직을 만들어냈다. 즉 국가조직이 탄생하게 된 것이다.

B.C. 약 3000년경, 설형문자를 사용해 최초의 기록문화《길가메시 서사시》를 짓기도 한 가장 오래된 문명 중 하나인 메소포타미아 지역

스톤헨지(위키백과)

수메르 문명은 우르(Ur), 우르크(Uruk), 라가시(Lagash) 등에 인류 최초로 도시를 건설하였고, 그곳에 가장 먼저, 그리고 가장 중심에 신전과 지구라트를 매우 공들여 지어 올렸다. 그것은 그들이 생각하고 있는 신성 공간(聖山)을 축소한 형태였다.

지구라트는 인공적인 기단의 역할이었고, 계단식 피라미드의 형태를 지녔다.[3] 가장 위쪽에 형성된 평평한 공간에 신을 위한 신전을 짓기 위한 작업이었다. 하늘과 맞닿은 그 구조물의 가장 높은 윗부분은 신과 대화할 수 있는 방을 하늘과 땅 사이에 만든다는 의미였고, 제사와 기도로써 신과 만나는 장소였다.[4]

이 거대한 기단은 현실적으로 평평한 강변에 자리한 사원을 중요하게 보이도록 만들기 위한 것이었는데, 그것은 거꾸로 도시 내의 모든 사람들에게 본인들이 사는 현세의 중심공간으로서 지구라트를 믿어 의심치 않도록 만들었다. 바로 현세라는 바다의 등대였던 것이다.

그때 지구라트는 분명 현실과 하늘을 직접 연결시켜 주는 신성한 통로 공간이었고, 그래서 그들은 그토록 힘들고 어려운 작업에 기꺼이 매달릴 수 있었다. '햇볕에 말린 벽돌더미로 만든 볼 만한 대형 구조물' 정도로 받아들이는 현대적 건축 의미로 축소해서는 안되는 이유가 거기에 있었다. 건축은 고대로부터 물적인 것이 아니라 영적인 소재로 먼저 받아들여졌었다. 이제 건축은 영적인 눈으로, 비물질적

---

3 빌 리제베로(Bill Risebero), 오덕성 옮김, 《서양건축 이야기(The Story of Western Architecture)》, 한길아트, 2002, p. 40.

4 N. K. Sandars, 이현주 옮김, 《길가메시 서사시》, 범우사, 2018, p. 130.

우르 지구라트—이라크(위키백과)

인 공간의 소재로 대해야 한다.

또 하나의 고대 인류문명 이집트. 오로지 모래뿐이며 가도 가도 끝을 찾을 수 없는 사막을 두 눈과 두 다리만을 의지하며 살아갔을 고대 이집트인을 떠올려 보라. 그들이 눈을 떠서 세상을 바라보았을 때, 볼 수 있는 모든 공간이 오로지 풀 한 포기 없는 모래밭뿐이라는 사실을 알고는 절망하지 않을 수 있었을까? 어디로 걸어가야 살 수 있을지 끝없는 물음을 되뇌며 그들은 걷고 또 걸었을 것이다.

하늘에 구름 한 점 없고, 땅 위에는 나무 한 그루 없으며, 땅속에도 물 한 방울 없는, 단지 내리쬐는 태양볕만 가득한 죽음의 땅 위에서

피라미드(위키백과)

그들은 단지 살기 위해서 몸부림쳤을 것이다.

　사막을 가로지르는 그 기나긴 여정이 마칠 즈음, 그들 앞에 갑자기 모래땅을 뚫고 불쑥 솟아오른 거대한 산山으로서의 피라미드, 그들에게는 그 자체로서 신神이고 구원이었을 것이며, 삶의 모든 것을 지속하게 해주는 우주 질서의 현현顯現으로 다가왔을 것이다.

　끝없는 모래 지평선으로만 이루어진 세상에서 거대한 수직선은 신 존재의 증거일 수밖에 없으며, 기하학적으로 질서 잡힌 사각뿔의 형태와 그 방위 규준과 모서리의 직선들은 사람들의 머릿속 관념 안에서 추상적으로만 존재하던 절대 진리가 눈앞에서 실제 구현되는 기적이었을 것이다.

B.C. 3200년경, 고대 이집트 역사상 최초로 이름이 알려진 '위대한 주인'으로서의 파라오였던 메네스Menes가 상·하 이집트를 통일한 후 나일강 삼각주 유역의 멤피스에 수도를 건설하였다. 그 시기부터 B.C. 2400년경까지 계속된 고왕국 시대의 문화는 고대 이집트 문명의 초기 단계를 정립하였다. 그 당시 매장 습관은 왕권의 영속성을 표현하기 위한 것이었고, 그는 실제로 영원의 공간을 만들었다. 피라미드의 시초는 그렇게 시작되었다.

메네스 시기의 분묘는 처음부터 사각뿔의 피라미드 형태가 아니라, 고인이 사후세계에 필요하다고 여겼던 개인재산과 수많은 방을 수용할 수 있는 형태로 구성된 긴 직선의 마스타바(mastaba)였다. 메

고대 멤피스 마스타바(위키백과)

네스 자신도 사카라에 위치한 왕의 공동묘지에 있는 소박한 마스타바에 매장되었으리라 추측된다.[5]

파라오의 소박한 분묘였던 마스타바는 고대 이집트의 세력이 성장하면서 그 자체도 동시에 점점 커지고 높아져 결국 거대한 피라미드 형태에까지 이르게 되었다. 하지만 여기서 그 물체성의 거대함에만 관심을 빼앗겨서는 안되는 이유가 따로 있었다. 지평선 위에 오롯이 혼자 불쑥 솟아오른 거대한 산이 되어버린 이후에는 그것을 보는 누구에게나 삶 전체를 지배하는 공간의 중심으로서 받아들여지게 된 것이다.

5 빌 리제베로(Bill Risebero), 오덕성 옮김, 《서양건축 이야기》, 한길 아트, 2002, p. 41.

3. 안쪽의 깊은 공간 — 고대 그리스 파르테논과 로마 판테온

서양건축의 뿌리라 일컫는 그리스 파르테논 신전을 본 사람은 열주列柱 기둥으로 구성된 그 형태의 완벽함에 찬탄을 금치 못하면서도 마음 한구석에 다 풀지 못한 수수께끼가 남은 듯한 느낌을 한 번쯤 느꼈을 것이다. 도대체 외부 기둥 빼고 남은 내부 공간이 단지 성소로 쓰이는 나오스와 보물을 넣어두는 창고뿐인 작은 방 두 개를 만들기 위해서 이렇게 큰 건물을 짓는단 말인가?

현대인의 눈으로 볼 때 사실상 맞는 의문이긴 하다. 건축이란 들어가 살기 위한 상자라는 생각을 가진 사람에게는 실제적 기능이 없는 열주랑列柱廊의 공간이란 무의미한 낭비로 보일 수밖에 없기 때문이다.

난센스이긴 하지만 파르테논 신전을 건축으로 볼 것인가, 아니면 조각으로 볼 것인가에 대한 심각한 논란이 있기도 했었다. 실제 파르테논 신전은 건축의 내부뿐 아니라 건축 주변에 형성된 외부 공간을 결정하는 요소로서의 역할도 가지고 있다.[6]

신전 공간은 신을 모시거나 직접 만나는 장소로서, 저 층층이 깊게 싸여있는 안쪽에는 존귀한 위격位格이 임재하며, 따라서 신에게 참배를 바치는 사람은 안이 아니라 밖에 있어야 한다. 내부 공간은 신을

---

6 비난트 클라센(Winand Klassen), 심우갑·조희철 편저, 《서양건축사》, 대우출판사, 1998, p. 47.

고대 그리스 파르테논 신전

위한 신성한 공간이고, 참배객은 외부 공간을 쓰는 것이 되어야 한다. 그러므로 그 외부 공간은 아무 기능도 의미도 없는 거친 실외 공간으로서가 아니라, 조각적으로 서 있는 건축물들을 계획된 통로 공간을 통해 순차적으로 돌아다니며 감상하는 내부 기능적인 외부 공간으로 계획된 것이다.

고대 그리스인들은 축제 때 그러했듯이 건축공간을 고정된 하나의 점적點的 공간으로만 생각하지 않았다. 마치 영화와 같이 처음부터 끝까지 순차적으로 몸을 움직여 돌아다녀 봐야 스토리의 전체를 다 파악할 있는 시간예술처럼 생각한 듯하다.

이런 점에서 고대 그리스인들은 아크로폴리스를 건설하면서 현대 서구인과는 매우 다른 공간 관념을 표현하였다. 아크로폴리스에는 파르테논 외에도 여러 건축물들이 서 있는데 놀랍게도 일직선으로 늘어서 있는 것이 하나도 없고 멀리서 보면 모든 것이 다 비스듬히 서 있으며, 의도적으로 그렇게 배치한 것이 분명하다.

고정된 한 점에서 공간을 바라보는 일점소법一點消法의 투시도적 공간 구성에 익숙한 현대인으로서는 납득하기 어려운 측면이 있으나, 실제 그렇다. 그리고 이런 점은 고대 그리스에서만의 사례가 아니라, 시공을 건너뛰어 다음 장에서 자세히 거론할 한국인의 전통 건축공간 관념과 매우 유사한 점이 많기도 한 흥미로운 것이기도 하다.

불규칙하고 층이 진 대지를 잘 이용해 고정된 위치에서 건물을 별도로 보게 하는 것이 아니라, 아테네 축제 때 행진하는 사람처럼 이리저리 돌아다니며 보아야만 아크로폴리스 전체의 통일성을 느낄 수

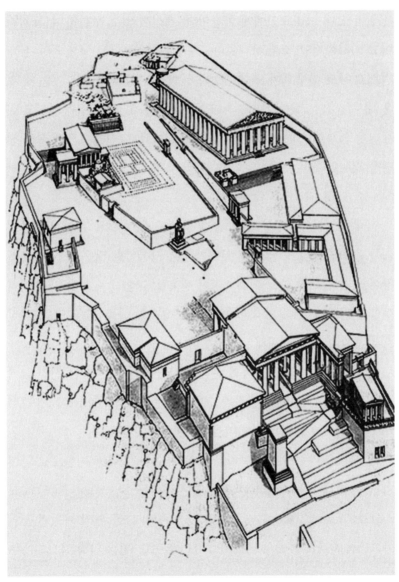

파르테논 신전 투시도

있도록 설계한 것이다.[7]

결국 고대 그리스인에게 공간이란, 개성이 없고 무한하며, 균질적이고 기하학적인 것이 아니었다. 존귀하고 외부와는 구별되며, 상대적으로 작고 어두우며, 불가침성과 신의 영원성을 가지고 있는 저 깊은 내부 공간이라는 관념은 참배객이 쓰는 밝고 크며, 유동적이고 현세적인 외부에 있는 공간과는 구별된 것이었고, 신들에게만 속한 신성한 것이었다.

이제 또 다른 신성한 내부 공간 사례를 살펴보자. 유일신 신앙인 기독교가 공인되기 전 고대 로마제국은 그야말로 많은 신들의 축제장이었다. 질투심 많고 이기적이며 예측할 수 없는 속성을 가진 믿지 못할 인간보다도 더 괴팍한 여러 가지 성격의 신들이었지만, 결과적으로 제각각 로마를 위해 노력하였다.

로마인들은 이러한 신들의 은혜에 보답하기 위해 많은 신전을 지었다. 그 가운데 판테온은 문자 그대로 모든 (pan) 신(theos)들에 바치는 신전(장소를 나타내는 접미사 on) 중의 신전이었다.

이 신전은 카이사르의 양자로서 옥타비아누스라는 이름으로 알려져 있는 고대 로마제국 초대 황제였던 아우구스투스(Imperator Caesar divi filius Augustus, B.C. 63~A.D. 14)의 사위이자 그를 위해 싸웠던 군인 아그리파(Marcus Vipsanius Agrippa, B.C. 63~B.C. 12)를 위해 하드리아누

---

7 패트릭 넛갠스(Patrick Nuttgens), 윤길순 옮김, 《건축 이야기(The Story of Architecture)》, 도서출판 동녘, 2001, p. 93

스 황제 치세기인 A. D. 120년에 건설되었다.

이 건물의 큰 특징은 고대 로마의 건물답게 돔형의 지붕으로 된 로 톤다형의 내부 공간 형상에 있다. 원형 로톤다[8] 공간의 지름, 즉 평면 폭은 43m로서 돔의 최정상부 높이와 정확히 일치하는 정교하고 거대한 것이었다.

자타가 공인하는 뛰어난 문화를 자랑했던 로마였지만, 그 옛날 이렇게 넓고 높은 내부 공간을 중간 기둥 하나 없이 만들어낸다는 것은 예사로운 일이 아니었다. 콘크리트로 지었다고는 하지만 지금의 것과는 비교할 수 없었던 당시의 생산 수준과 보강 철근 없이 말총을 혼화재료로 섞어 쓰는 것만으로 그렇게 큰 공간을 만들 수 있다는 것은 대단한 공학적 모험이 아닐 수 없다.

외부에서 보면 3층처럼 보이는 돔 하부 부재인 드럼[9] 부분을 내부에서 보면, 돔 천정이 2층 상부에서 시작되어 반구형半球形을 형성하고 있으므로 실제 형태적인 드럼의 높이는 2층이어야 한다. 하지만 돔이 상부의 무게를 하부로 전달하기 위해서는 돔이 하부에서 바깥쪽으로 벌어지려는 추력을 견뎌내야 하는데, 이를 보완하기 위해 실제 돔 두께보다 더 많은 콘크리트를 투입하여 무게를 증가시킴으로써 구조적으로 안정되게 만든 것이다.

---

8 로톤다(rotunde, rotonda, rotonde) : 서양건축에서 원형, 또는 타원형의 평면 (플랜)을 지닌 건물이나 방. 보통 돔을 갖추고 있다. 로마의 판테온, 팔라디오 설계에 따른 비첸차의 빌라 카프라 등에서는 이것이 건물의 통칭으로 되어 있다.

9 drum : 돔 하부에 있는 원형 혹은 다각형 벽, 종종 개구부 창을 가짐.

이런 현상은 형태 논리에 의한 직관적 구조해석이 실제 현장에서는 다르게 작용하는 사례인데, 이런 경우를 극복하기 위해서는 현장에서 얼마나 많은 구조적 실험이 있었을지는 약간의 현장 경험이 있는 사람이라면 누구나 다 상상할 수 있을 것이다. 그런데 그 어려운 일을 해낸 이유가 단 하나, 눈에 보이지 않는 신들을 위한 큰 하나의 비어 있는 공간을 만들기 위해서였다.

그냥 큰 내부 공간이라는 것 외의 다른 기능이란 전혀 없는 건물이며, 밖을 볼 수 있는 창도 가지고 있지 않다. 외부와 통할 수 있는 유일한 개구부는 로톤다 공간의 가장 꼭대기 최정상부에 있는 직경 9m의 구멍인 원형의 '눈'(Oculus)[10]이며, 비를 막아주어야 할 공간이 오히려 뚫려 있는 것이다.

역사 이래 사람이 살기 위한 건축물의 최우선 기능은 가장 먼저 비와 눈으로부터 사람의 몸을 보호해 주는 지붕을 가지는 것이었다. 그 이후에 바람을 조절하기 위한 벽을 만들어 붙였다. 거칠고 힘든 야생의 외부로부터 피신하여 안전하며 보호된 공간을 만들기 위한 것이었음은 두말할 필요도 없다. 그리고 그 목표는 당연히 사람을 위한 것이었다.

하지만 판테온의 경우를 두고는 어떻게 해석할 것인가? 뚫려진 지붕으로는 비와 눈이 실내로 쏟아져 내릴 것이다. 전설에는 내부 압력에 의해 외부의 눈비가 들어오지 못한다는 그럴듯한 설명도 있었지

---

10 oculus: 돔의 최 정상부에 있는 개구부.

판테온 내부 전경(위키백과)

만, 판테온의 바닥에는 그 물을 처리하기 위한 배수시설이 설치되어 있다.

이제 그들이 그 어렵고 힘들고 위험한 일을 마다하지 않고 묵묵히 해낸 단 하나의 목표를 이해할 수 있을 듯하다. 그것은 사람을 위한 것이 아니라, 판테온이란 말 그대로 눈에 보이지는 않지만, 모든 곳에 임재하는 모든 신을 위한 공간을 만들기 위한 것이었고, 그 뚫려 있는 구멍을 통해 하늘에서 건물 안으로 강림하여 그 큰 공간을 가득 채우는 신들을 만나기 위한 것이었다. 그 매개 수단은 건축물이 아니라 건물이라는 외피로 둘러싸인 무형의 건축공간이 신을 직접 만날 수 있는 유일한 수단이었으며, 어쩌면 건축공간 그 자체가 신일 수도 있었다.

이제 건축공간은 존재해 있는 사람만을 위해서가 아니라, 존재하지만 사라짐의 상태에 있는, 존재하지 않는 신을 위해 만드는 유형의 무형물임이 증명되었다. 그렇다면 신과 인간이 직접적으로 접촉할 수 있는 유일한 상태가 존재도 비존재도 아닌 임재臨在의 상태이며, 그토록 어렵게 만든 판테온 신전의 건축공간의 의미는 신들의 임재를 눈앞에 드러내려 한 의도였음을 알 수 있다.

판테온의 공간 역시 파르테논의 경우처럼 외부와 분리되고 별도로 구획되어 있으며 신성한 원형의 형태이고, 깊은 안쪽의 공간인 내부는 신에게, 나머지의 일반적 보편 공간인 외부는 인간 참배객들에게 할당된 계층적인 것이었다.

균질하거나 기하학적으로만 생각하지 않았던 고대인의 건축공간

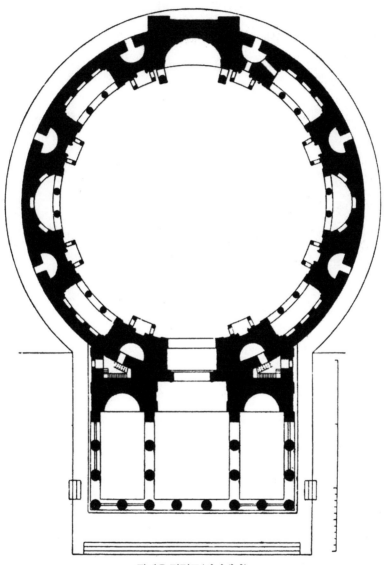

판테온 평면도(위키백과)

은 이런 방식으로 그들의 철학을 드러내었다. 형이상학적이기도 했지만 매우 구체적인 표현의 도구였으며, 그 자체로서 신이 될 수도 있다는 것까지 드러내고 있었다.

4. 위쪽의 높은 공간 – 중세유럽 고딕성당

크게 내세울 업적도 없었고, 로마제국의 수도를 비잔티움으로 옮김으로써 후에 서로마제국의 몰락을 가속화시켰던 로마 황제 콘스탄티누스 1세(Flavius Valerius Aurelius Constantinus, 272~337)가 대제라는 칭호로 불릴 뿐만 아니라, 동방 정교회의 성인(聖人)으로 떠받쳐지는 이유는 단 하나, 313년 밀라노 칙령으로 기독교를 정식 종교로 인정함으로써 그때까지 숨어서만 활동하던 기독교를 해방시켜 준 것뿐이었다.

바실리카 내부전경(위키백과)

그 후 325년 기독교는 결국 로마의 국교로 공인됐다. 이렇듯 로마의 기독교 공인이라는 사건은 처음부터 서양사회에 큰 반향을 일으켰던 사건이었고, 비단 정치사뿐만 아니라 종교·철학 등 정신적 측면에도 큰 변혁을 일으켰다. 수없이 많고 변화무쌍한 다신교 세계의 철학에서 벗어나 오로지 한 신만을 받드는 유일신 세계로의 전환은 정신사적 대전환을 초래하는 사건이었기 때문이다.

역사적으로 중세는 정확하게 서로마제국이 멸망한 476년부터 시작되었다고 하지만, 정신사적으로는 아마 기독교의 공인 시점부터 시작되었다고 하는 것이 더 옳을 것이다. 그렇다면 기독교가 세속 권력까지 지배하는 중세시대의 시작은 160여 년을 더 거슬러 올라가게 되는 것이다.

어쨌든 이제 신자들은 숨어서 예배 보지 않아도 되었다. 은밀한 지하 공간[11]에서 막 지상으로 올라온 신자들은 가장 먼저 많은 사람이 함께 모여 기도할 수 있는 큰 예배 공간을 찾았다. 이전의 고대 다신교 신앙 신전들은 건물의 내부는 신이 거주하는 공간이었으므로, 숭배자들은 밖에서 집회를 하였기 때문이다. 이제 새로운 형식의 성전 공간이 필요해졌다.

밖으로 나온 기독교인들이 가장 절실하고 시급하게 필요한 것은, 여럿이 모여 예배 볼 수 있는 내부 공간이었다. 하지만 내부 공간을 가진 성전이란 이전의 그 사회가 가지고 있지 않았던 생소한 것이었

---

11 초기 기독교인들은 박해를 피해 카타콤(Catacomb)이라고 하는 통로를 가진 좁고 어두운 지하 묘소에서 예배를 올렸다.

트리야누스 포룸(위키백과)

다. 새로운 형식의 공간을 만들어내야 했다. 그때 가장 먼저 기독교인의 눈에 들어온 공간이 수많은 사람이 함께 내부에 모여 활동할 수 있는 당시의 공회당 건물, 즉 바실리카(basilica)였다.

기독교 성전 공간의 원초적 형태를 알기 위해서는 먼저 이 바실리카 공간을 살펴볼 필요가 있다. 로마제국 내 광장 중 가장 큰 것으로 꼽히는 트리야누스 광장의 일부분으로서 광대한 내부 공간을 가지고 있는 바실리카 울피아(Basilica Ulpia)를 살펴보자.

이 건물의 평면은 41.5m×128m 직사각형 공간에 양쪽에 반원형의 앱스[12]가 덧붙여져 있는데, 한쪽은 황제의 의식을 위해, 다른 쪽은 '노예들이 자유의 몸으로 풀려나는 곳'으로 쓰였다. 평면 공간은 중심부(nave)와 양측 복도형 공간(aisle)이 열주랑에 의해 구분되고 있으며, 출입구는 커다란 광장을 향해 세 군데로 나 있다. 이 바실리카는 다양한 업무를 보는 많은 사람을 위한 건물로서, 증권거래소, 법정 사무실, 행정관청 등으로 이용되었다.[13]

---

12 반원 혹은 반다각형 공간, 보통 교회에 있으며 축의 끝단에 위치하고 건물 안의 제단을 의미한다. 이것은 주로 교회 건물 안의 공간을 의미하므로, 로마 바실리카 공간을 설명할 경우 아래 exedra 의미 1로 보는 것이 더 가까울 듯하다.
exedra 1. 반원형 혹은 직사각형 평면의 단부 벽체에 연결된 틈새 혹은 우묵하게 후퇴된 평면 부분, 지붕이 따로 있거나 없을 수 있음. 2. 교회 내부 평면에서 보통 주축선 끝단에 후진後陳 모양으로 덧붙여진 공간.

13 비난트 클라센(Winand Klassen), 심우갑·조희철 편저, 《서양건축사》, 대우출판사, 1998, p. 65.

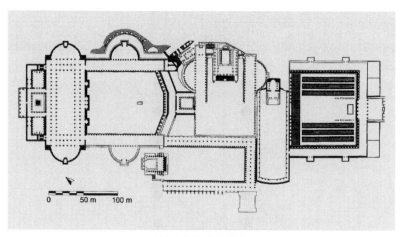

바실리카 울피아 배치도

이 평면은 두 가지 점에서 친숙한 느낌을 준다. 첫째는 이 바실리 카 공간이 발전하여 지금의 교회 공간의 표준이 된 예배당의 평면이 만들어졌기 때문이다. 동쪽의 앱스는 목회자가 사용하는 제단 공간 으로, 반대편 쪽은 앱스를 없애고 출입구로 만듦으로써 축성軸性 이 강한 장방형의 공간이 만들어졌다. 여기에 네이브와 아일을 구 분하는 열주랑은 내부 공간에 더욱 강한 방향성과 집중성을 부여하 였다.

이제 교회 평면의 기본형이 탄생한 것이다. 많은 신자를 수용하고 여러 가지 종교의식을 수월하게 치를 수 있는 큰 하나의 내부 공간을 가지고, 목회자 한 사람이 단부에서 설교를 하면 반대편 다수 신자들

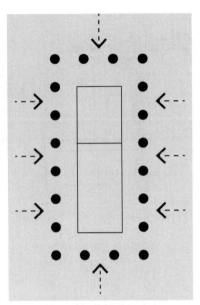

이교도 신전의 외부공간 개념

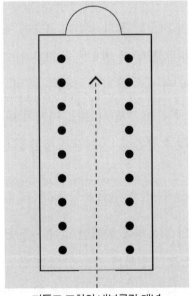

기독교 교회의 내부공간 개념

이 보편적으로 들을 수 있는 집중형 공간이 필요했으며, 해가 떠오르는 동쪽에는 신의 임재臨在, 반대쪽에는 사람의 출입을 통해 그곳에서 신과 인간의 만남을 주선하고 싶었던 교회 건축으로서는 당연한 귀결로의 발전이었다.

또 하나의 익숙함은, 앞서 설명한 고대 그리스 신전에서 보았던 평면이 내 외부가 역전된 형태에 있다. 여기서 의도치 않은 공간적 의미의 역접逆接 현상을 발견하게 된다. 신자들이 외부에서 참배하는 이교도 공간일 경우 열주랑이 건물 외부에 배치되고, 건물 내부에서 예배를 드리는 기독교 회당의 경우 열주랑이 내부에 배치된다는 점이 그것이다.

제아무리 성전이 신을 위한 것이라 하더라도 그것을 바라보고 즐기는 주체는 당연히 사람인 신자信者이므로 공간의 시각적 중요성과 위계를 끌어올려 주는 기둥의 위치도 역시 그것을 바라보는 사람을 위주로 하는 것이 옳기 때문이다.

이제 신자들은 신들이 기거하는 성전의 실내공간으로 들어가게 되었다. 하지만 신은 영원히 인간과 동격일 수 없고, 그래서도 안되는 것이었다. 이제 신은 같은 공간 내부에 있게 되었지만, 쉽게 손닿는 '저 안'이 아니라 손닿지 않게 높은 '저 위' 쪽의 공간에 자리매김하게 되었다. 신은 '저 높은 하늘 위 공간'에 지금 임재해 있다.

열렬한 기독교 신자들은 1000년에 달하는 중세시대를 관통하며 그들의 종교적 열망을 표현하였다. 그 열망은 오직 하늘만을 향한 고

고딕성당 내부(위키백과)

고딕성당 외관(위키백과)

딕 성당 형태를 낳았다. 중세 기독교 건축가들은 공학적 모험을 감행해서라도 하늘의 영광을 표현하고자 하였다.

당시 기술적 한계를 고려해 보면, 구조 기술적 어려움을 극복해가며 위로 솟구쳐 올라가는 형태를 구현한다는 것은 가히 종교적 기적이라 표현하지 않을 수 없다. 마침내 건축가들은 높이 솟은 첨탑을 안전하게 지지하기 위해 플라잉 버트레스(Flying Buttress : 부축 벽)라는 것을 고안해 냈다. 교회 건물의 높이가 더욱 높아져 플라잉 버트레스만으로는 벽을 튼튼히 지탱하기 어려워지자 그 위에 다시 피나클(pinnacle)을 얹어 형태적 아름다움과 함께 구조적 무게를 보탰다.

중세 유럽 기독교인들은 단지 그런 열망으로 저 높은 '윗 공간'에 있는 하느님을 향해 고딕의 향천적向天的 형태를 만들어냈다. 르네상스가 도래하기 전까지 유럽인들은 아마도 자신이 가진 어떤 것보다 교회의 형태가 가진 하늘을 향한 순수한 열망을 더 사랑하였을 것이다.

보이지도 않고, 만질 수도 없지만, 공간에 관한 철학은 구체적으로 그렇게 시대에 따라 변해갔다.

플라잉 버트레스 단면도(위키백과)

5. 실망으로 귀착된 합리적 절대공간 – 근대 건축공간의 이상

근대 산업사회에 접어들자 사람들은 기계문명의 눈부신 발전에 스스로 놀라운 마음을 금치 못했다. 새로 만들어져 쏟아져 나오는 문명의 이기들은 일반인의 상상을 훨씬 뛰어넘는 수준의 것이었고, 사람들은 경이에 찬 눈으로 그것들을 바라보게 되었다.

이제 오히려 사람들이 스스로 만든 그 문명에 놀라고 도취되었으며, 궁극적으로 자본주의의 성장을 촉진시켰다. 이러한 거대한 변화와 발전은 관념적인 측면에서도 예외는 아니었다. 사람들은 기계문명의 시대에 걸맞은 새로운 철학을 형성시켰고, 공간의 관념도 변화가 찾아왔다.

이제 공간은 과거의 그것처럼 신이 인간과 함께 살아 있거나 임재함으로써 신 자체가 되어버린 신비스런 것으로 생각할 수 없게 되었다. 공간은 그저 단순한 허공으로서 균질화된 절대無일 뿐이었다. 경도와 위도, 그리고 고도로써 모든 것의 표현이 가능한, 물리적 위치 이외에는 다른 어떤 의미도 지니지 않는 투명한 것이 되어버렸다.

이런 시대에 접어들자 근대(modern style) 건축의 아버지라 불리는 스위스 태생의 프랑스 건축가 르 꼬르뷔제(Le Corbusier, 1887~1965)는 외쳤다.

"집은 살기 위한 기계다(House is a machine for living)."[14]

---

14 르 꼬르뷔제, 이관석 역, 《건축을 향하여》, 동녘, 2002, p. 11, p. 24.

1920년대 초반 많은 논란과 화제를 불러일으켰던 말 많고 탈 많았던 이 명제도 이제는 한 시대 지나간 것이 되어버렸지만, 그 당시의 사회적 상황을 고려해 보면, 시대를 앞서간 건축가가 충분히 할 수 있는 말이고, 또한 당연히 그랬어야만 하는 것이었다.

　　그 당시 사람들에게 열광적으로 받아들여졌고, 마음만 먹으면 언제든 바로 '구매'할 수 있는 선박·비행기·자동차와 같은 기계공학적 신상품처럼 건축도 '대량생산을 통해 상품처럼 구매하면 안되는 이유가 무엇인가?'라고 되묻기 시작한 것이다.

　　르 꼬르뷔제는, 만약 주택의 문제를 자동차처럼 기능적으로 보고 연구하였다면 많은 문제들이 자동차의 경우와 같이 이미 훌륭하게 해결되었을 것이라고 본 것이다.

　　그 후 그의 아이디어가 명백하게 반영된 건물이 1920년대 말 파리 근교 푸와시(poissy)에 지어졌는데, 빌라 사브와(Villa Savoye, 1929)가 바로 그것이었다.

　　이 건물은 당시 매우 파격적인 형태로 받아들여졌는데, 고색창연한 유럽의 주거환경에 유리와 콘크리트만으로 된 직사각형 입방체의 출현이 던져준 충격이었다. 이 형태는 이후 한 시대를 지배한 건축과 공간 이데올로기의 전범典範이 되었다. 이제 공간은 허령불매虛靈不昧의 것이 아니라 기하학적이고 균질적이며 공학적인 단위가 되었다.

　　'나'를 중심으로 내 위, 내 옆, 내 아래를 에워싸서 내 존재와 함께 나의 자아를 형성했던 위계적이고 형이상학적이었던 공간은 이제 그

빌라 사브와(위키백과)

맥락을 놓쳤고, 대신 모든 것이 균질한 공간 안에 원초적 순수형상으로서 입방체를 던져 놓았던 것이다.

　과거의 모든 건축적 양식(style)은 살기 위한 기계로서의 이 주택에서 필요성이 전혀 없는 거추장스럽고 비싼 장식물로 전락되었다. 좋건 싫건 그 당시 사람들의 열광과 함께 받아들여진 이런 박스형의 '명확하면서 애매함이 없는 위대한 단순 형태'의 공간은 그 이후 전 세계 모든 주택의 절반 이상이 이 형태의 이상을 따르게 만들었다. 이탈리아의 천재 건축가 주세페 테라니(Giuseppe Terragni, 1904~1942)가 설계한 카사 델 파시오(Casa del Fascio, 1932)와 같은 합리주의 건물이 빌라 사브와에서 영감을 받았던 것은 확실하다.

카사 델 파시오Casa del Fascio(위키백과)

아무튼 이런 빌라 사브와와 같은 유의 새로운 형태의 상자형 공간
은 합리적이며 기하학적인 근대건축(modern)의 정신이 구현된 이상
적 공간으로 떠받쳐졌다. 필수 불가결한 요소 이외의 모든 불필요한
것들이 제거된 절대적 기하학의 공간이 제시되었고, '적은 것이 더 많
은 것이다(Less is more).'[16]라는 격언이 받아들여졌다.

하지만 기나긴 건축의 역사와는 전혀 무관한 혁신의 바로 그 지점
이 인간이 얻고자 하는 건축공간의 이상을 한참 지나친 지점이었다

---

16 근대건축의 거장 루드비히 미스 반 데 로에(Ludwig Mies van der Rohe)가
   모더니즘 건축의 이상을 요약한 말.

는 것을 깨닫는 데에는 그리 오랜 시간이 걸리지 않았다.

'적은 것은 지루하다(Less is bore)'[17], '많은 것은 적은 것이 아닌 것이다(More is not less).'[18]라는 건축가들의 비아냥거림과 함께 근대건축은 형태적, 공간적 비문화성의 원흉으로 지목되기도 했다. 1972년 3월 16일 세인트루이스 공공주택단지인 프루이트 이고에(Pruitt-igoe project)는 굉음과 함께, 그리고 근대건축의 이념과 함께 먼지로 사라졌다. 1954년 완공 이후 20년을 넘기지 못한 시점에서 도시 문화적 반달리즘에 시달리다 못한 '합리적인' 근대주의 건축은 결국 폭파 철거되었다.

"사람이 건물을 만들지만 (그 이후에는) 건물이 우리를 디자인한다
(We shape our buildings and they shape us)."

처칠이 2차 세계대전이 한참이던 1943년, 폭격으로 부서진 국회의사당 재건을 약속하며 했던 이 말은 당연히 정치적인 것이었지만, 한편으로 사람과 건축공간과의 관계를 함축적으로 표현하고 있다. 건축공간은 필연적으로 그것을 만든 사람이 가진 사고와 철학, 거기에서 파생된 삶과 생활의 형식을 담을 수밖에 없지만, 그 속에 사는 사람은 역으로 그 공간으로부터의 영향을 받아들이게 된다.

---

17 1970년대 포스트모더니즘을 대표하는 로버트 벤투리의 표현.

18 Robert Benturi, 임창복 역, 《건축의 복합성과 대립성(Complexity and Contradiction in Architecture)》, 기문당, 1986, p. 31.

Pruitt-igoe 폭파 철거(위키백과)

그렇다면 애초에 주택을 아무거나 골라서 살 수 있는 자동차와 같은 상품, 혹은 찍어서 대량으로 만들어낼 수 있는 '살기 위한 기계'로 취급한 것은 인간성에 대한 무지에서 비롯된 것인지도 모른다. 인간이 빵만으로 살아갈 수 없는 존재라는 것을 긍정한다면 근대건축의 이상은 애초부터 빗나간 과녁이었을 수도 있는 것이다.

선사시대부터 그래왔듯이 한 사람이 자신의 몸을 담아 기거하는 건축공간에 자신의 정체성을 부여하려는 경향은 어쩌면 본능적인 것이었다. 그렇게 투사된 공간은 이미 그 존재의 한 부분이 되어 함부로 남이 범접할 수 없는 신성한 것이 된다.

과거 우리나라에서는 집의 이름은, 곧 그 사람의 이름과 같이 생각하고 받아들였다. 집 이름을 자신의 호로 쓰는 경우는 흔한 것이었다. 현재를 사는 지금의 우리도 버킹검 궁을 떠올릴 때 영국 여왕의 존재를 먼저 전제前提하게 되는 것은 자연스러운 일이다. 그런 공간의 특성을 이해하지 못했다는 것은 인간성에 대한 통찰이 부족한 것일 수밖에 없고, 결국은 폭파될 수밖에 없는 운명을 지니고 있었다.

근대건축 이상理想의 모험적인 전개 과정과 비극적이고 돌연한 결말은 공간은 보이지도 않고 만질 수도 없이 텅 비어 있지만, 결코 텅 비어 없는 것이 아님을 말해 주는 사건이었다. 오히려 한 발 더 나아가 그것은 인간존재의 투사投射 대상이고, 거꾸로 사람을 변화시킬 수도 있는 구체적 권능을 가진 허령불매虛靈不昧의 것이라는 점을 잘 보여주는 반면교사의 사례였다.

지금까지 몇 가지 시대적 사례를 통해 간단하게나마 선사시대부터 지금까지의 인간존재와 건축공간의 관계에 대해서 살펴보았다. 건축 속의 공간은 텅 비어있는 것이지만 광막한 우주공간과 같은 절대 無의 상태가 아니라, 형태는 없으나 분명 전체로써 내재하는 무형의 실체로서 그 속에 몸을 담그고 살아가는 사람에게 뚜렷한 영향을 주거나 받는 살아있는 것임을 확인할 수 있었다.

이러한 공간의 무형 실체적 특성은 오히려 그것으로 인해 '무한', '영원', '無'라고 불리며, 언어로는 더 이상 형언할 수 없는 궁극의 '眞' 세계를 더 현실적으로 내보여줄 수 있는 것이었다. 하이데거 미학에서와 같이, '無의 자락을 일별一瞥하는' 도구로서의 공간이 역할하는 것이다.

바로 이러한 공간의 무형실재성이 눈앞 세상의 압박으로 길을 잃은 사람들에게 언제라도 편히 쉴 수 있는 고향, 즉 자기 자신으로 돌아가는 길을 제공한다. 공간은 늘 거기에 변함없이 있지만, 어느 순간 無, 혹은 무한의 베일이 열리며 문득 이 고통스런 세상으로 나오기 전의 영원한 그 시공으로 데려다 줄 수 있기 때문이다.

공간은 볼 수 있는 실체도 없고 만질 수도 없는 것이지만, 그것을 통해 그 無의 실재성을 드러내 보여줄 수 있다는 것을 역사 이전부터 인간은 본능적으로 알고 있었던 것 같다. 그런 절대 상태로서의 '無'를 내보여줄 수 있는 현시顯示 수단으로써 예술이 탄생하였고, 그 가운데 건축공간은 한발 더 나아가 사람이 그 속에 들어가 담기는 것이어서 가장 강력하고 지배적인 표현이 될 수 있음을 알았던 것이다.

폭격된 영국 의사당에서의 처칠의 지적이 없었다 하더라도 건축 공간이 그것을 만든 인간의 철학을 담을 뿐만 아니라, 거꾸로 그 공간을 사용하는 사람들에게 그 철학을 전달하는 실재가 된다는 것은 괜한 말이 아니다.

그렇다면 같은 無의 자락을 찾아 헤맸던 차인들이 만든 공간은 어떠했을까? 이제 고개를 돌려 차인들이 지향했던 차실의 공간에 대해서 살펴볼 차례가 되었다. 차실 고유의 공간 유형을 최초로 창조하고 지금까지 잘 유지하고 있는 일본 차실에 대해 먼저 탐구한 후, 우리나라 차실 공간 흔적과 특성에 대해 알아보도록 하자.

제2장

無(0)로 사라져 가는 일본 차실 공간

앞장의 내용을 통해 우리는 건축물이 단순한 물체로서의 건물이 아니라 그 속에 담긴 공간으로서 인간에게 말을 걸어온다는 사실을 보았다. 또한 그 공간은 물질의 유형성을 벗어난 것이기에 현실 재료의 표현한계를 벗어나 오히려 더 많은 것을 담을 수 있다는 사실도 보았다.

인간이 유사 이래 그토록 줄기차게 피땀 흘려 건축물을 지어왔던 것은 그 무거운 건축적 물체성을 이겨내고 건물의 안과 밖의 공간 속에 개념적인 말로써는 표현하기 어렵지만 분명히 머릿속에 실재했었던 그들만의 엄정한 질서와 철학을 펼쳐내 보이기 위해서였음을 이해할 수 있었다. 지금도 사람은 어느 곳에서나 모든 역사를 통해 자신만의 세계질서가 반영된 공간을 구현해 보이기 위해 끝없이 애쓰고 있음이 분명하다.

그렇다면 그것은 변화하는 세상에 대한 원초적 불안을 극복하기 위한 필사적 노력 행위가 아닐까? 아마도 인간이 자기 스스로를 생각할 때 너무나 미약하며 언젠가 끝을 만날 수밖에 없는 유한한 존재라는 점을 인식했기 때문일지도 모른다.

피할 수 없는 유한한 세상 속에 뜻 모르게 내던져져서 공포의 심연인 종말을 향해 한 발씩 내딛는 행진 과정 밖으로는 절대 빠져나올 수 없는 인간이 변하지 않는 영원세계를 끝없이 지향하는 것, 자의식을 가진 인간으로서는 당연한 귀결이다.

이런 원초적 욕구의 지향에서 공간은 인간이 가진 유형성을 벗어나 영원과 무한을 지향하는 한 수단이 된다.

이제 공간의 무형성의 차원에서 다시 茶의 세계로 돌아와 살아있는 차실 공간의 대표 사례인 일본 민가의 차실을 살펴볼 차례가 되었다. 하지만 건축은 그것을 만든 사람들의 철학과 정서뿐 아니라 실생활을 담는 그릇이어서 그것을 속 깊이 살펴보기 위해서는 그 자체뿐만 아니라 형성 과정에 대해서 먼저 알아보아야 한다.

건축의 형식은 어느 순간 누군가에 의해 갑자기 창조되는 것이 아니다. 특히 민가 건축은 무수한 세월을 거쳐 서서히 형성되어 가는 것이기 때문에 겉으로 드러난 형태만 가지고 모든 '왜'에 대한 대답을 할 수 없기 때문이다.

1. 일본 전통건축과 차실 공간의 형성

1) 전통건축과 차실

지리적으로 북동아시아 중화문화권에 속한 일본은 초창기에는 주로 한반도, 중세부터는 주로 중국 대륙의 건축기술과 문화를 받아들여 자신들의 철학에 맞는 공간으로 다듬어 나갔다.

차실 공간을 중심으로 개관槪觀해 보면, 고대 시기에는 수입된 외부의 건축양식의 철학과 사상을 이해하고 한 발 더 나아가 기술적으로도 충분히 완숙하여 일본 특유의 건축형태를 정착시켜 나가는 시기였다.

이 시기에는 아직 일본에 茶 문화라는 것 자체가 보급되지 않았던 때이므로 차실 공간의 전형으로 꼽을 만한 별도의 공간이 탄생하지는 않았다. 다만 귀족의 침전 건물에서 벌어지는 접객을 위한 연회 행사가 상정되었을 뿐이다. 주 연회가 그런 목적에 맞게 실시되었으므로 접객실 자체만의 호사스러움에만 관심을 두고 있었다. 이 시기까지 서민주택은 선사시대의 수준에서 크게 벗어나지 못했다.

막부정치가 행해지던 중세 시기, 상류층을 형성한 무사들의 주택은 고대 귀족 주택인 침전조寢殿造로부터 근세의 무가武家 주택인 서원조書院造로 변화되는 과정에 해당한다. 호화로운 상류주택의 원형인 침전조 형식과 선불교의 영향을 받아 소박했던 무가들의 주택 형식이 병존했던 시대를 지나 점차 귀족적 건축양식인 공가公家 주택화되어 갔다.

이런 상황에서의 초창기 차실 공간은 지금 알려진 정적인 공간이 아니라 남에게 과시하기 위한 호화로운 장식적 공간을 지향하고 있었다. 하지만 맨 처음 茶 문화를 중국에서 일본으로 들여온 선승禪僧 그룹과 그들의 불교문화에 의해 유현幽玄성을 강조한 선불교적 특성이 강조된 茶 문화가 선방을 중심으로 별도로 조용히 발전해 나가고 있었다. 여기에 초암차실의 공간적 특성이 태동되고 있었던 시기였다고 볼 수 있다.

중세를 지나 일본의 근세 시기로 분류할 수 있는 16세기 센리큐에 의해 최초로 선보인 초암차실이 일본 차실 공간의 최종 결정 상태, 즉 차실의 전형으로 인정되기에 이른다. 하지만 차실이 아니라 茶 공간이 거기에 이르기까지에는 센리큐의 노력만으로 된 것은 아니었다.

오히려 일본 차실 공간의 특성을 깊이 이해하기 위해서는 센리큐라는 특정 인물보다 그 시점을 중심에 놓고 차실 공간이 형성되어 왔던 지난 과정을 살펴보는 것이 더 중요할 것이다. 왜냐하면 공간철학이란 유형적인 것이 아니므로 아무리 차성茶聖이라 하더라도 센리큐 혼자서 茶의 철학을 완성시킬 수 있는 것은 아니기 때문이다. 그래서 초암차실의 외부 표현적 공간 형식은 그의 창작품이라 할지라도 그 속에 담긴 공간 자체를 그의 창작품으로 생각해서는 안되는 것이다.

공간은 그것을 사용하는 사람들의 철학이 반영된 것이라고 하지 않았던가? 반면에 초암차실의 유형성만 놓고 본다면 그것 또한 전혀 새로운 것을 찾을 수가 없다. 그 이전부터 존속되어 왔던 서원조의 茶 공간과 비교하여 볼 때 훨씬 조야粗野하고 원초적인 물성物性으로 만들어진 공간이기 때문에 건축기술 측면에서 발전적으로 변화한 것이 아니라 오히려 후퇴된 것이기 때문이다. 그러므로 그의 역할은 차실의 선불교적 철학과 공간 형식의 과감한 통일에 있다고 보아야 할 것이다.

즉 일본 차실 공간의 형성에 있어서 센리큐의 역할은 새로운 차실 공간의 창조자라기보다는 茶 마심에 대한 새로운 철학의 창조자라고 보는 것이 사실에 더 가까울 것이다. 이후 내용에 초암차실의 형성 과정과 그 공간의 특성에 대해 더 자세히 살펴볼 것이다.

근현대 시기에는 당연한 일이지만, 주로 서유럽과 미국으로부터 새로운 건축문화를 받아들였다. 일본은 동양의 다른 나라들과는 달리 주체적인 위치에서 적극적으로 서양문물을 받아들인 결과 건축문화에 있어서도 고유의 철학을 바탕으로 한 근대 건축문화를 창조할 여력을 가질 수 있었다.

최근까지 동양의 정적인 공간철학을 잘 표현한 현대건축의 사례로 꼽는 건축물 중에 일본의 것이 여럿 있는 이유도 거기에 있다. 하지만 차실 공간에 관한 한 특별한 진보가 있었다고 보기는 어렵다. 다만 현대건축에 차실의 선불교적 공간철학이 잘 반영되어 매우 일본적인 공간으로 칭송받는 몇몇 작품을 살펴보아 현대에까지 이어지는 일본 차실 공간철학의 흔적을 찾아볼 수 있다.

시대별로 살펴보도록 하자. 우선 일본의 역사시대에 대한 개괄적 대분류의 필요가 있다. 차실 공간의 형성 과정과 변화가 우리의 주 관심사이고 일본의 건축사建築史 안에서 찾아야 하는 일이지만, 그것 역시 전체 역사와 동떨어져 있는 것이 아니고 그 시대의 정신과 함께 하기 때문이다. 시대별 개관과 함께 茶 공간의 생성과 흐름을 중심으로 살펴보기로 한다.

2) 고대의 건축

일본이라는 나라의 실체가 형성된 것은 의외로 뚜렷하지 않다. 대 류으로부터 바다로 분리되어 있었을 뿐만 아니라, 그 섬마저도 열도 로 구성되어 있어 나라의 실체를 상정하기 어려웠기 때문이다. 지금 과 같이 4개의 큰 섬으로 구성된 일본의 지리는 2차대전 이후에 형성 된 현대의 사건이며, 그나마 그 섬 가운데 하나인 홋카이도가 정식으 로 일본 영토에 편입된 것은 얼마 전인 19세기의 일이었다.

그러므로 고대의 일본은 수많은 소국으로 구성되어 나라의 실체 가 없었던 곳에서 시작하여 그중 가장 강력한 야마토 정권이 세력을 확대하여 중앙집권적인 일본이라는 국가를 형성해 나간 시기였다. 천황이 직접 권력의 중심이 되거나, 혹은 천황을 무력화시킨 귀족들 이 귀족정치를 실시하였다. 고훈분카, 아스카, 나라, 헤이안 시대가 이 시기에 해당한다. 건축적 변화를 중심에 두고 각 시대적 특징을 살펴보자.

• 고훈분카古墳文化 시대 개관

　일본의 고대 초기에 천황 정권이 일정한 곳에 수도를 정하지 않고 나라 현 일대의 옛 지명인 야마토(大和) 평야를 옮겨 다니던 시기를 야마토 시대, 또는 고훈분카(古墳文化) 시대라고 한다. 한반도와 가장 가까운 지역으로서 대륙의 문화가 가장 먼저 일본으로 도래되는 장소인 규슈 북쪽지방에서 처음 원시 부족국가가 시작되었으며, 통일을 이루려는 시도는 규슈지방에서 시작된 다음 야마토(大和) 지방을 중심으로 사방에 파급되었다. 이 세력이 4세기경에 이르러 서부 규슈, 시코쿠, 혼슈 중부지방 등을 포함하게 되었고, 당시에 중국 대륙과 한반도에서 왜국倭國이라 칭하였던 나라로 성립되었다.

　야마토 정권이 위 지역의 일본을 통일하여 지배한 3세기 후반부터 6세기경까지를 고훈분카 시대라고 칭하며, 이 시기의 고상高床식 주거 건축형식과 당시 궁실 건축의 영향을 받은 일본 고유의 신사 건축양식인 대사조大社造 및 신명조神明造의 건축형식이 발생하기 시작한 것으로 추정된다.

• 아스카(飛鳥) 시대 개관

　불교가 전래된 538년부터 천황 중심의 중앙집권 국가를 지향한 대대적인 개혁인 대화개신(大化の改新, 645)을 거쳐서 나라(奈良)에 천도하기 직전인 709년까지의 시기를 말한다. 백제로부터 전래된 불교문화가 현 나라분지의 남단에 위치한 아스카(飛鳥) 지방을 중심으로 발

전한 시기이며, 성덕태자聖德太子에 의하여 천황 중심의 국가체제가
시작되었다.

이 시기의 수도의 이름을 따서 아스카(飛鳥)문화라 한다. 이 문화
의 핵은 백제에서 건너온 불교로서 성덕태자는 스스로 불교학자이
기도 하다. 한반도에서 불승과 건축 전문가들을 많이 초빙하여 불교
와 건축문화가 발전하였다. 아스카데라(飛鳥寺) 건물지와 호류지(法隆
寺), 호키지(法起寺) 건축 유구는 당시의 가람伽藍 배치 형식과 건축양
식을 잘 나타내주고 있다.

• 나라(奈良) 시대 개관

천황 정권이 나라(奈良)에 헤이조쿄(平城京)를 짓고 율령국가律令國
家[19]의 수도로 삼으면서 천도한 710년부터 교토(京都)에 천도하기 직
전 793년까지의 시기이다. 대화개신大化改新의 주역인 나카도미노가
마다리(中臣鎌足)의 자손인 후지와라(藤原) 세력이 커가는 과정이 나
라시대의 정치사의 큰 줄기였다.[20] 당唐의 전성기 문화를 많이 수용
하였으며, 당의 장안성長安城을 본받아 헤이조쿄(平城京) 도시계획을
하였다. 그것은 아스카 땅에 예로부터 뿌리박은 호족들의 세력권을
떠나자는 것이 한 이유이기도 하였다.

---

19 율령국가律令國家 : 율령을 나라의 기본으로 하여 통치한 국가. 중국 당나
　　라 때에 완성하였는데, 그 영향은 동아시아 여러 나라에까지 미쳤다.
20 민두기 편저, 《일본의 역사》, (주)지식산업사, 1992, p. 34.

대화개신大化改新 이전의 수도는 유력 호족 중의 제일인자인 천황의 거주지 정도의 의의밖에 없었지만, 율령 체제가 갖추어진 이래의 수도는 천황의 절대적 권위의 상징이어야 했고, 천황 중심의 정치문화중심지여야 했다.[21]

이 시기 천황 국가의 호칭을 일본으로 기록한 《니혼쇼키(日本書紀)》가 720년에 완성되었다. 불교가 계속하여 매우 융성하였으며, 건축적으로는 주심포식 공포 형식을 가진 와요(和樣) 건축양식이 발전되었다.[22] 대표적 건축 유구는 야쿠시지(藥師寺) 동탑, 도쇼다이지(唐招提寺) 금당, 호류지(法隆寺), 유메도노(夢殿) 등이 있다.

• 헤이안(平安) 시대 개관

후지와라(藤原) 세력이 승려 독재 정치를 종식시킨 뒤 사원세력과의 정치수단의 기반을 제거하는 방편으로 교토(京都)에 헤이안쿄(平安京)를 건설하여 수도를 이전한 794년부터 헤이지(平氏) 정권이 멸망한 1185년까지를 말한다. 967년경까지는 초기로서 고진(弘仁) 시대라고도 칭하며, 중국에서 새로운 불교 종파인 밀교密敎가 들어와서 밀교 건축문화가 발전하였다.

이 시기 입당승入唐僧인 사이초(最澄)는 천태종을 들여와 히에이잔(比叡山)에 연력사延曆寺를 세웠고, 구카이(空海)는 진언종을 전하여

---

21 민두기 편저,《일본의 역사》, (주)지식산업사, 1992, p. 31.
22 윤장섭,《일본의 건축》, 서울대학교출판부, 2001, p. 5.

고야잔高野山에 금강봉사金剛峯寺를 세워 산지가람山地伽藍을 건축하였다.

11세기 후반까지는 중기로서 후지와라(藤原) 시대라고 칭하며, 그 전까지 대륙의 선진문화를 배우기 위해 파견하였던 견당사遣唐使 제도를 폐지하고 일본 고유문화를 발전시켜 나가기 시작한 시기였다. 한자 대신 가나(假名) 문자의 사용이 보급되었고, 불교와 건축, 공예 등 모든 문화가 일본화하는 경향이 나타나게 되었다.

이 시대에는 극락왕생을 기원하는 정토종이 보급되어 아미타불당이 주로 건설되었으며, 우지宇治에 있는 평등원平等院 봉황당鳳凰堂과 하라이즈미(平泉)에 있는 금색당金色堂이 그 대표적인 건축물이다. 이 시기에 귀족의 저택 건축인 침전조寢殿造가 발전하였으며, 연못을 중심으로 건물을 배치하여 아름다운 정원을 형성하였다.[23]

• 건축적 특징 1—침전조 형식의 발생

침전조寢殿造[24]는 헤이안 시대를 대표하는 귀족 주택 건축 형식이다. 이것은 장원 경영 등에 따른 경제적 실권을 쥐고 중추를 점유한 황족과 귀족의 주택 건축 형식에서 나타난다. 그 명칭대로 침전을 중심으로 지어진 주택이다. 침전은 주인이 거주하면서 연중행사 등 의

---

23 윤장섭, 《일본의 건축》, 서울대학교출판부, 2001, p. 6.

24 고토 오사무(後藤 治) 지음, 김왕직·조현정 옮김, 《日本建築史》, (주)한국학술정보, 2011, p. 56~60.

침전조寢殿造 주택(위키백과)

레나 접객의 기능을 겸비한 건물이다.

침전조가 정형적인 형식을 갖춘 주거라는 것은 당시 사람들에게도 의식되었던 듯하다. 정돈된 형식의 침전조 주택은 방1정方一町의 부지를 갖춘다고 생각되었기 때문이다.

사료를 통해 추정한 전형적인 침전조 주택의 모습은 다음과 같다. 대지 주위를 토담으로 두르고 담에는 사주문, 지붕에 흙을 올린 상토문上土門 등의 문을 설치한다. 대지의 중앙 북쪽에 침전이 있고 침전 앞마당을 둘러싼 듯한 ㄷ자 모양으로 중문랑, 도전渡殿, 대옥對屋 등의 주요 건물들이 배치된다. 그리고 주요 건물 외곽으로는 부엌, 창고, 하인의 대기소 등 잡사가 늘어선다.

대규모 주택에서는 침전 앞마당에 면하여 연못이 있는 넓은 정원을 갖춘 것도 있다.

방형의 대지에 그 주위를 토담으로 둘러싼 것은 도시주택으로서 침전조의 성격을 잘 나타내고 있다. 또 주요부에서 볼 수 있는 ㄷ자형 배치는 평성경平城京[25] 내부와 초기 헤이조쿄에서 볼 수 있는 좌우 대칭에 가까운 배치를 갖는 주택의 연장선에 침전조가 위치한다는 것을 나타낸다.

• 건축적 특징 2—침전조寢殿造와 다이리(內裏)와의 관계

위에서 언급한 침전조[26] 성립에 대해서는 천황의 주택인 다이리(內裏) 건축과의 관계를 살펴볼 필요가 있다. 침전조에서 침전 정면의 앞마당이 넓어지는 경향은 자신전紫宸殿을 중심으로 한 내전의 구성과 매우 닮았으며, 둘 간의 밀접한 관계를 엿볼 수 있다. 즉 침전조는 천황의 주택을 원형으로 하여 탄생한 것이다.

• 건축적 특징 3—침전조의 발전과는 무관했던 서민주택

침전조는 '당堂'이라고 표현된 것처럼 8세기 이전 지배층의 주택과 거의 같고 사원건축에 가까우며, 지붕은 노송나무껍질이나 판재 등의 식물계 재료였던 것을 볼 수 있다. 또 침전 내부는 현대주택과 같

---

25 헤이조쿄(平城京)는 나라시대(710~794)의 대부분 기간(710~740, 745~784) 일본의 수도였던 곳이다.

26 고토 오사무(後藤 治) 지음, 김왕직·조현정 옮김, 《日本建築史》, (주) 한국학술정보, 2011, p. 60.

이 좁게 칸막이를 두지 않고 천정도 높고 기둥 간살도 넓은 비교적 큰 하나의 공간이었다. 그 속에서 병풍·휘장·칸막이 장지·발·장대 帳台 등으로 장식 효과와 함께 공간 분할 용도로 사용하였다. 이러한 내부 장식들의 일부가 헤이안 후반에는 칸막이가 고정되고 또 창호로 변해갔다.

이에 비해 서민주택은 아직도 선사시대의 것과 같이 훨씬 단순한 형태의 수준에 머물고 있었고 변화도 미미한 것이었다. 서민주택 형식의 변화에 대해서는 그 변화의 속도가 느리고 남겨진 유구도 찾기 어려우므로 이후 절에서 별도로 한반도의 주택 형식과 비교하여 통시적通時的으로 그 특징을 살펴보기로 한다.

3) 중세의 건축

무사들이 정권을 잡아 막부幕府정치가 본격적으로 펼쳐진 시대이다. 가마쿠라(鎌倉)·무로마치(室町) 시대가 중세에 해당한다.

이 중세시기 건축의 특징은 대륙으로부터의 영향이었다. 불사佛寺 건축의 대불양大佛樣과 선종양禪宗樣은 가마쿠라 시대에 중국으로부터 들여와 일본의 건축기법에 적용한 것이었기 때문에 이런 양식의 등장은 일본 건축사에서 중세의 도래를 알리는 지표가 되었다.

이 시기에는 주택에서도 내부 장식 의미의 자시키(座敷) 장식을 위한 의장기법이 나타나는 등 여러 변화가 있었다.

이러한 변화가 증가하기 시작한 시기는 사원과 신사건축에 비추어 보면 선종양과 대불양의 세부 의장意匠이 전국적으로 나타나는 13세기 후반부터이다. 대규모 선종사원이 증가하고 선종양이 양식으로 확립된 것도 바로 13세기 후반의 일이다.[27] 즉, 사원과 신사건축에서의 변화가 주택 건축에 자극을 주어 내부 장식의 변화를 초래한 것이다.

중세 상류층 주택은 고대 귀족 주택인 침전조寢殿造로부터 근세의 무가武家 주택인 서원조書院造로 변화되는 과정에 해당한다. 14세기 말부터 15세기에 걸쳐 지어진 하나노고쇼(花の御所), 북산전北山殿, 동산전東山殿이라고 하는 아시카가(足利) 장군의 저택은 후에 서원조로 이어지는 의장 요소를 갖고 있다. 때문에 이들은 주택사에서 획기적인 건물이 된다.[28]

• 가마쿠라(鎌倉) 시대

1186년부터 1337년까지의 시기이다. 헤이지(平氏) 멸망 이후 무가武家인 미나모토 요리토모(源賴朝)가 다이쇼군(大將軍)이 되어 가마쿠라(鎌倉)에서 일본 최초의 무사정권인 가마쿠라 막부(鎌倉幕府) 정치를 시작하였으며, 정치·문화·건축 활동이 동쪽에 있는 간토(關東) 지방을 중심으로 발전하였다.

---

27 고토 오사무(後藤 治) 지음, 김왕직·조현정 옮김, 《日本建築史》, (주)한국학술정보, 2011, p. 87.

28 고토 오사무(後藤 治) 지음, 김왕직·조현정 옮김, 《日本建築史》, (주)한국학술정보, 2011, p. 88.

앞서 무인 출신 헤이지(平氏)가 정권을 잡은 일이 있기는 하였으나, 전국의 무사계급을 조직하여 그 이익을 대표한 것은 아니었다. 헤이지(平氏)는 스스로가 귀족화하였기 때문이다. 그러나 가마쿠라 막부는 전국의 무사계급을 주종관계로 조직하여 그 이익을 대표하는 새로운 정치형태를 취하였다. 이 같은 무인정권의 근본 구조는 19세기까지 전승되었다.[29]

이 시기에 불승 에이사이(榮西)는 송나라에서 선종禪宗 계통의 임제종臨濟宗을 들여와 전했으며, 소박한 무가武家들에게 그 신앙이 보급되어 선종의 불사가 많이 건설되었다. 당시 중국에서 일반적으로 사용된 선종 건축양식이 일본에 전래되었다.

가마쿠라에 있는 건장사建長寺는 1253년 초창된 것으로 선종양禪宗樣 불사가람 배치를 전형적으로 나타내는 예이다. 전란으로 소실된 동대사東大寺를 재건할 때(1199년) 불승 조겐(重源)이 남송南宋에서 장인들을 초빙하여 중국 복건지방의 건축양식을 모방하여 건설하였다. 이 새로운 건축양식을 대불전大佛殿 재건에 사용된 양식이었다 하여 대불양大佛樣 양식이라고 한다. 동대사東大寺의 남대문南大門이 그 대표적 유구이다.

주택 건축은 침전조寢殿造에서 발전하여 무가武家 생활에 적합하

---

29 민두기 편저,《일본의 역사》, (주) 지식산업사, 1992, p. 61.

동대사東大寺 남대문(위키백과)

게 개조한 무가조武家造 주택 건축이 발전하였다.[30]

　이 무가조라는 양식은 미나모토 요리토모(源賴朝)의 질박한 생활 방침이 건축에도 검소함으로 나타난 것으로서, 한 동의 안채를 몇 개의 칸을 막아 정면에 현관을 마련한 간단한 것이었다. 주거의 주위에는 호를 파고 그 안쪽에 담을 쌓아 외적에 대비하였다. 그러나 이러한 소박한 생활도 그 후 차차 교토풍(京都風)에 물들어가서, 무로마치 시대에 가면 무가조의 주택 형식이 귀족적 건축양식인 공가公家 주택화되어 간다.

---

30 윤장섭,《일본의 건축》, 서울대학교출판부, 2001, p. 6~7.

• 무로마치(室町) 시대

1338년 아시카가 다카우지(足利尊氏)가 다이쇼군(大將軍)이 되어 무로마치 막부(室町幕府)가 시작된 때부터 1473년까지이며, 가마쿠라(鎌倉)에 있었던 무가 정권을 교토에 이전하여 귀족의 공가公家 문화가 발전한 옛 터전에서 무가 정치를 시행한 시대이다.

14세기까지만 해도 정치적으로나 문화적으로 공가의 흐름과 무가의 흐름 두 가지가 병존하는 형세였으나, 무로마치 막부의 성립으로 말미암아 무가의 흐름이 공가의 흐름을 흡수하였다. 즉 무인이 문화적으로 성장할 계기를 마련하여 공가적인 무인이 나타나게 된 것이다. 따라서 무가는 문화에 대한 이해도 깊어지고 귀족적 교양도 쌓게 되었다.

여기서 특기할 수 있는 것은 무인 문화의 기본적 특색의 하나인 선불교적 성격을 들 수 있으며, 오늘날 이른바 일본적이라고 하는 것의 원류의 주요 부분을 이루는 것도 이 시기의 그것이다.

자연과 미에 대한 섬세한 감각, 형식과 조형에의 사랑, 우주의 근본진리를 직관적으로 파악하려는 선불교적 사고, 자연의 미에 대한 애호의 성격이 형성되었다. 정태靜態성, 인위적 단순성, 작고 세심한 표현 등이 이 시기 문화의 특징으로서, 일본에서 독특하게 발전하여 후에 茶道라 불리게 되는 음차의(飮茶儀, 茶の湯)는 그 대표적인 것이다.[31]

---

[31] 민두기 편저, 《일본의 역사》, (주)지식산업사, 1992, p. 100.

무가조武家造 주택(일본 국립역사민속박물관)

茶道와 함께 노가쿠(能樂)가 발달하기 시작하여 예능문화가 발전하였고 훌륭한 정원과 누각건축이 건설되었다.

사회 상층부를 형성한 무가들은 귀족의 생활을 본으로 삼게 되었으며, 한적한 풍류와 자연을 감상하며 시가를 즐기는 무로마치 문화가 발전되었다. 교토에 있는 수려한 기타야마(北山)와 히가시야마(東山)의 자연경치 속에 자리 잡은 녹원사鹿苑寺 금각金閣과 자조사慈照寺의 은각銀閣의 누각 건축은 이 시대 무가생활의 사치문화를 대표하는 것이었다.

주택 건축은 소박한 무가조武家造에서부터 귀족적인 서원조書院造로 발전하기 시작하였다.

이 기간에는 모든 산업이 발전하고 직능의 분화가 진행하여 상공업자들의 동업조합인 자座의 제도가 시작되어 독점권을 갖게 되었다. 무역이 발전하여 미나토마치(港町)가 발전하였으며, 농민과 상인들이 경제적인 실력을 갖고 영향력을 미치게 되었다.[32]

• 건축적 특징 1―침전조寢殿造의 다양한 전개[33]

고대에는 침전조와 같은 지배자 주택과 서민 주거 사이에 큰 차이가 있었으나 중세에는 두 계층 간 격차가 좁혀지면서 다양한 주택 건축이 나타났다.

중세에 주택 건축이 다양화한 원인은 침전조가 문신 귀족계급인 공가公家로 보급된 것 이외의 무가武家와 사가寺家, 사가社家 등 여러 유력자의 주거로 보급되었기 때문이다. 그 배경은 무가의 대두와 권문 체제의 확립이라는 사회 상황의 변화가 있었다.

이 시기 주목해야 할 점은 장식 요소로 운반해서 쓰이던 시쓰라이(室礼)가 실내에 고정화되었다는 점이다. 이 점이 침전조와의 큰 차이이다. 그 대표적인 것으로 자시키(座敷)라고 하는 다다미를 깐 접객실에 사용된 장식인 오시이타(押板)·다나(棚)·쇼인(書院)이 있다. 이들은 근세의 주택 건축인 서원조書院造로 계승된다.

---

32 윤장섭, 《일본의 건축》, 서울대학교출판부, 2001, p. 7~8.

33 고토 오사무(後藤 治) 지음, 김왕직·조현정 옮김, 《日本建築史》, (주) 한국학술정보, 2011, p. 109~111.

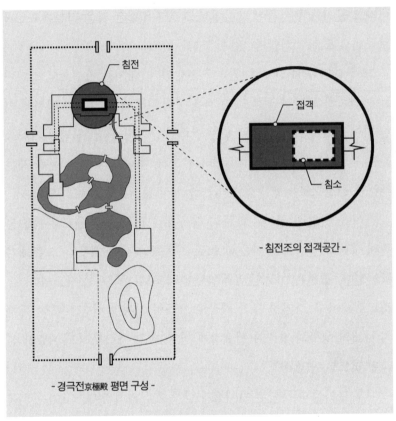

침전

접객

침소

- 침전조의 접객공간 -

- 경극전京極殿 평면 구성 -

고대 침전조 주택구성

• 건축적 특징 2—무가주택武家住宅과 가이쇼(會所)의 발생

무가 주택은 아시카가 요시미쓰(足利義滿, 1353~1408)가 1378년에
지은 쇼군저택(將軍邸) '실정전室町殿'에서 확립되고, 수호대명守護大名
이라고 불리는 무사들이 각지에서 그것과 똑같은 것을 건설함으로써
보급된 것으로 추정할 수 있다.[34]

그 특징은 주택 전체의 배치 구조에 있다. 대지는 방형으로 정면에
문을 설치하고 광장을 두고, 침전을 중심으로 하는 일곽과 정원에 면
한 가이쇼(會所)를 중심으로 하는 일곽이 중심이 된다. 침전과 가이쇼
라는 두 개의 건물이 중심이 된다는 점과, 무예를 닦기 위한 의례를
행하는 공간으로서 광장을 둔다는 점에서 침전조와 차이가 있다.

가이쇼는 원래 공가公家 등의 상류계급 사람들의 사교와 유흥을
위해 사용하는 장소로 만든 것으로, 가마쿠라 시대 때부터 그 존재가
확인된다. 침전은 이들의 공식행사에 사용되는 의례의 장소였다. 그
러므로 권력을 장악한 무가 계급도 그들의 지위 확립을 위하여 독자
의 사교와 행사의 장소가 필요하게 되었고, 그 장소로서 가이쇼가 선
택된 것으로 판단된다.

이후 무가들의 독립된 가이쇼가 다수 지어지게 된다. 1410년에 제
호사 법신원醍醐寺 法身院에 지어진 가이쇼는 무사 주택 이외의 주택
에 지어진 가이쇼의 좋은 예이다. 이것은 관점을 바꾸면 무사 주택의
시설이 다른 것에 영향을 미치게 된 것을 의미한다. 즉 귀족 주택 형

---

34 고토 오사무(後藤 治) 지음, 김왕직·조현정 옮김, 《日本建築史》, (주)한국
학술정보, 2011, p. 112~115.

식이었던 침전조가 다른 주택으로 도입되었던 것과 같은 현상이며
주택 사상 획기적인 것으로 주목된다.

• 건축적 특징 3—가이쇼에서 자시키(座敷) 장식의 성립

현재 지쇼지(慈照寺)에 있는 당시 건물로서는 은각銀閣 외에 동구
당東求堂이 현존한다. 이 건물에는 오시이타(押板)·다나(棚)·쇼인(書
院)이라고 하는 시설이 실내에 붙박이로 되어있다. 이 시설은 침전조
寢殿造에는 찾아볼 수 없다. 따라서 중세 건축의 대표적 특징이 된다.
이 붙박이 시설은 주택 건축부터 등장한다. 동구당은 이에 현존하는
가장 오래된 사례이며, 책상이나 선반과 같은 이동 가능한 가구가 상
설화된 것이다.

이들 붙박이 가구가 보급된 배경에는 무로마치 시대에 유행했던
자시키 장식이 있다. 이 때문에 오시이타, 다나 등의 설비 그 자체를
자시키 장식이라고 칭하기도 한다.

자시키 장식은 족자·화병·화분·문방구와 같은 도구류를 실내에
감상용으로 두어 장식한 것으로 선종禪宗으로 대표되는 송풍宋風 문
화의 영향을 받은 것이다. 특히 茶道, 꽃꽂이라고 하는 문예의 유행
에 따라 왕성해졌는데, 이 때문에 회화 사료에 묘사된 초기 시설은
승려 주택에서 보이는 경우가 많았다.

무사들은 아시카가 장군가를 본받아 문예진흥의 유력한 지원자가
되었고, 본인들의 접객 장소로 자시키 장식을 적극적으로 도입했다.

동구당 동인재 내부

이 결과 오시이타, 다나, 쇼인 등이 무사 주택에서 접객에 필요한 시설로 채택되고 각종 주택으로 보급되어 간 것으로 추정된다. 서원조가 성립된 것이다.

무사 주택에서 그 시설들을 가장 먼저 도입한 것은 가이쇼(會所)였다. 가이쇼는 사교와 유흥의 장으로, 자시키 장식은 그에 어울리는 실내장식(室礼 시쓰라이)이었다. 실제로 무사 주택이었던 북산전北山殿의 가이쇼는 서원조書院造의 선구로서 주목된다.[35]

• 건축적 특징 4 — 가이쇼 茶 공간에서 암자형 차실로의 변이

여흥의 장으로서 가이쇼(會所)의 기능은 茶道의 유행과 함께 드디어 차실茶室로 넘어간다. 무로마치 시대 무라다주코(村田珠光, 1422~1502)는 아시카가 요시마사(足利義政) 정권에서 차사茶師 역할을 했고, 그의 茶道는 다케노조오(武野紹鷗, 1502~1555)를 거쳐 차성茶聖이라 불리는 센리큐(千利休, 1521~1591)로 계승되었다.

현재의 독립된 차실은 암자풍으로 불리고 근세 초기의 센리큐에 의해 정립되었다고 하지만, 무로마치 말기에 이미 그 전신에 해당하는 차실 건축이 지어졌다.

위에서 밝힌 자조사 동구당慈照寺 東求堂에 있는 4첩 반의 다다미방 동인제同仁齊를 초암차실의 선구로 보는 사람이 많은 것도 그 때문이다.

---

35 고토 오사무(後藤 治) 지음, 김왕직·조현정 옮김,《日本建築史》, (주)한국학술정보, 2011, p. 116~118.

이러한 수법은 독립된 암자 형식에만 한하지 않고 상류층 주택에도 도입되었다. 그러나 침전과 같은 주택의 주 공간 부분이 아닌 부속건물에 주로 적용되었다. 아마도 침전과 같은 공적 공간보다 사적인 장소에 암자에서와 같은 개인적이고 자유스런 취향의 연출이 수월했기 때문일 것이다.[36]

아부튼 중세에 등장한 초기 차실은 독립된 모양이 아닌 주택 내부에 지어졌고, 그 의장은 상류주택의 사적인 여흥 장소의 성격을 계승한 것으로 추측된다.

한편 이 시기 이후 초가차실草家茶室로 대표되는 근세 차실 의장意匠은 몇몇 탁월한 차인의 노력에 의해 갑자기 나타난 것이라 생각되기 십상이지만, 사실은 새로이 창조된 것이라기보다 이 중세 시기 때부터 존재했던 수법을 계승 발전시킨 것이라 보는 편이 정확할 것이다. 가마쿠라 시대의 암자와 근세의 초가 차실은 기능적으로는 직접 관련이 없으나 의장은 매우 닮았다는 것은 차인이 아니더라도 알 수 있는 일이 아니겠는가.

성립 배경을 보더라도 이 두 종류의 공간은 침전과 같은 공적인 장소와 대비되는 사적인 장소라는 공통점을 가지고 있다. 이러한 장소적 공통 특성은 근세 시대에 들어 수기옥조數寄屋造라 불리는 독특한 건물 형식으로 발전된다.[37]

---

36 고토 오사무(後藤 治) 지음, 김왕직·조현정 옮김, 《日本建築史》, (주)한국학술정보, 2011, p. 120.

37 고토 오사무(後藤 治) 지음, 김왕직·조현정 옮김, 《日本建築史》, (주)한국학술정보, 2011, p. 122.

4) 근세의 건축

일본의 일반 역사에서는 오다 노부나가(織田信長, 1534~1582), 도요토미 히데요시(豊臣秀吉, 1536~1598), 도쿠가와 이에야스(德川家康, 1542~1616)라는 세 명의 무장武將에 의해 근세가 열린 것으로 되어있다. 건축사도 예외가 아니다.

세 무장으로 대표되는 이 시대는 대 건설 붐의 시대였다. 현존하는 성곽 건축의 대부분이 이 시대에 건설되었을 뿐만 아니라 천수天守, 영묘靈廟 같은 건물도 규범이 되었다. 사원과 신사건축도 이 시대에 재편성되었으며, 건물만이 아닌 도시계획 측면에서도 성하정城下町 등에서 보인 형식이 전범이 되었다.

에도, 오사카, 교토라는 대규모로 발전된 도시의 기본계획이 이루어진 것도 이 세 사람의 시대였다. 확대된 민간자본에 의해 도시개발이 무질서하게 진행되지 않도록 막부幕府 차원의 도시적 통제와 규제를 가하였다.

• 모모야마(桃山) 시대

1574년부터 1602년까지의 시기이며, 오다 노부나가(織田信長)에 이은 도요토미 히데요시(豊臣秀吉)가 전국을 통일한 시대이다.[38] 이

---

38 이 시대의 구분은 학자에 따라 1568년 오다 노부나가가 아시카가 요시아키를 받들어 교토에 입성한 때부터 1603년 도쿠가와 이에야스가 정권을 장악하여 에도 막부를 설립하기 이전까지를 가리키기도 한다. 1603년

시대의 명칭은 도요토미가 말년에 거주하던 거성居城이 있던 후시미
성(伏見城)이 철거된 후 그 구릉지역의 이름이 모모야마였던 것에서
유래하며, 오다(織田)가 살던 성이 있던 아즈찌(安土) 지명과 함께 아
즈찌-모모야마 시대라고도 일컫는다.

이 시대 문화의 특징은 무인적武人的 성격이었던 동산東山 문화의
현실도피적 경향이 사라지고, 또 다른 특색이던 간소하고 의지적인
것이 강하게 표면에 나타났다.[39] 현실적, 적극적 정신과 웅대하고 호
화로운 풍격이 형성되었고, 동시에 상공업의 발달과 도시의 번영에
따라 부유한 생활을 하게 된 교토(京都), 사카이(堺), 하카다(博多)의
도시 호상豪商의 생활감정까지 표현한 것이기도 하다.

히데요시는 정권을 장악한 후 각 지방의 실력자인 다이묘(大名)를
지배하고 황실을 존중하였으며, 성하정城下町을 만들어 도시경제를
부흥시켰다. 각 지방에 건설되기 시작한 성곽 건축과 중심지의 높이
솟은 천수각天守閣은 방어와 다이묘의 권력을 상징하였으며, 그 안
에 서원조書院造로 만든 거관居館에는 다이묘가 거주하였다. 히데요
시가 만든 취락제聚落第 안에 있는 비운각飛雲閣은 매우 호화스럽게
장식한 서원조 건축이었다.[40]

아즈치모모야마 시대는 끝나고 에도 막부시대가 시작되었다. 오다 노부
나가는 1573년에 자기에게 의지해 온 장군將軍의 아들 아시카가 요시아
키(足利義昭)를 교토(京都)에서 내쫓음으로써 아시카가 막부(足利幕府)를
멸망시켰다. 여기서의 1574년은 그의 실권 장악 후의 시점을 가리킨다.

39 민두기 편저, 《일본의 역사》, (주)지식산업사, 1992, p. 160.

40 민두기 편저, 《일본의 역사》, (주)지식산업사, 1992, p. 8.

오사카성 천수각天守閣(위키백과)

• 에도(江戶) 시대

　도쿠가와 이에야스가 전국을 통일하고 대장군이 되어 막부를 시
작한 1603년부터 1867년의 대정봉환大政奉還, 즉 천황에게 권력을 되
돌려줄 때까지의 시기이다. 에도(江戶) 성 주변에는 성하정城下町이
매우 번성하여 대도시를 형성하였다. 이 시기에는 경제가 번성하였
으며, 소비문화가 진전하여 극장, 목욕장, 유락장 등의 세속적 건축이
번성하였다.

　성곽 건축으로는 히메지(姬路城) 성과 나고야(名古屋) 성이 이 시대
에 건설된 가장 유명한 것으로 꼽힌다. 그 밖의 중요한 건축 유구遺構
로 이에야스의 영묘인 동조궁東照宮이 있다. 불교건축과 신사神社 건
축의 양식을 절충하여 만든 것이 특징이며, 모모야먀(桃山) 문화의 화
려한 공예의 진수를 모아서 뛰어난 기교가 표현된 건축을 만들었다.

　이 시기 불교건축은 민중의 신앙과 포교에 큰 역할을 한 진종眞宗
과 정토종淨土宗의 불사건축이 성행하였다. 교토 청수사淸水寺는 대
지의 큰 고저차를 극복하기 위해 긴 기둥 위에 건물의 바닥면을 고정
시킨 노출 구조의 무대조舞臺造로 유명하며, 현재 나라(奈良)에 있는
동대사東大寺 금당은 1709년 재건된 것으로서 세계 최대의 목조건물
로 알려져 있다.[41]

---

41 민두기 편저,《일본의 역사》, (주)지식산업사, 1992, p. 8~9.

• 건축적 특징 1─서원조書院造 무사 주택 형식의 정착

서원조는 상급 무사들의 주택에서 볼 수 있는 건축형식이었다. 서원書院은 접객과 의례 전용으로 지어진 건물로 어전御殿, 광간廣間, 대면소對面所 등의 명칭이 사용되기도 하였다. 서원조의 최대 특징은 서원이 주택의 중심에 있으며, 그것이 주거용 건물과는 별동으로 되어 있었다는 것이다. 이러한 특성을 침전조의 경우와 비교해 보면,

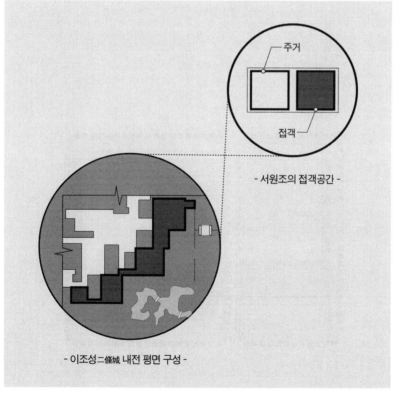

- 서원조의 접객공간 -

- 이조성二條城 내전 평면 구성 -

서원조 주택구성

침전도 접객과 의례용 건물이었으나 침전 뒤쪽(북쪽)은 주인의 주거용이었다. 이 점이 서원조와 침전조의 큰 차이였다.

그 밖의 차이를 찾아보면, 서원조의 대표적인 특징으로 도코(押板), 다나(棚), 쇼인(書院)이라는 자시키(座敷) 장식이 고정식으로 설치되어 있으며, 방바닥에 단차를 두어 한 단 높게 만든 조단노마(上段の 間), 내빈용 출입을 위해 만든 시키다이(式台) 현관, 도오자무라이(遠侍) 등

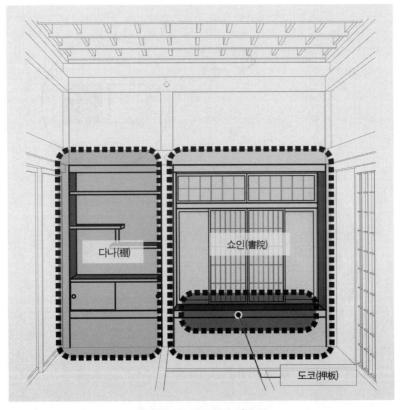

다나(棚)·도코(押板)·쇼인(書院)

을 들 수 있다.[42]

이것들은 모두 무사가 행하는 접객과 의례에 필요한 공간이나 장식이라 볼 수 있으나, 이 시대에는 이러한 형식이 무가 이외의 일반 계층으로도 보급되었다. 또한 이러한 공간 형식은 茶 공간의 분류상 서원조 차실의 원형으로 자리매김 되어 후에 발생한 소박한 성격의 초암차실 형식과 대비되는 매우 화려한 차실 장식으로 인식되기에 이른다.

• 건축적 특징 2—초암차실 형식의 완성

현재 일본 차실 건축의 원형으로 인식되는 초암차실과 茶 공간의 철학은 이 시기의 대표적 차인인 센리큐(千利休)에 의해 완성되어 정착되기에 이른다. 이 초암차실 속에 본서의 주제인 茶 공간미학에 대한 주 내용이 담기므로 이에 대해 다음 절 이하 별도로 다루고자 한다.

---

42 고토 오사무(後藤 治) 지음, 김왕직·조현정 옮김, 《日本建築史》, (주)한국학술정보, 2011, p. 198.

2. 초암차실의 탄생과 전개

1) 센리큐와 초암차실의 탄생

센리큐(千利休)는 일본 전국시대의 차인이자 선승禪僧으로서, 선불교 사상을 바탕으로 한 와비차(わび茶, 侘茶) 茶道를 확립하였으며, 茶의 성인, 즉 차성茶聖으로 알려져 있다.

그의 茶 철학은 그가 완성한 와비차의 이미지에 투영되어 있다. 《선차록禪茶錄》에서는 '와비'란 '뭔가 부족한 상태'라고 설명되어 있으며, 야나기 무네요시는 이를 조선에서 만들어진 이도자완(井戸茶碗)[43]의 형상을 들어 설명한다. 즉 '불완전한 아름다움, 완전함에 사로잡히지 않은 만들기의 방법'으로서 그렇게 애써 추구된 것이 아니라, 그저 그렇게 되었을 뿐인 불완전함, 따라서 완전, 불완전의 구분조차 초월해버린 판단 이전의 아름다움, 그래서 완전함으로부터 자유로워지며, 부족한 상태에서 나타나는 아름다움을 말하는 것이라 밝히고 있다.[44]

---

43 찻잔의 일종으로서 주로 말차를 개어 마시는 데 사용된다. 역사적으로 일본 전국시대 일본에서 유행한 와비차 문화가 생겨난 뒤 조선에서 들여온 이도자완이 상품으로 사용되었다. 현재 일본의 국보로 지정된 것도 있다. 야나기 무네요시(柳宗悅)는 이도자완이 조선 백성의 밥그릇으로 쓰던 막사발이라는 주장을 하였으나, 후에 이 주장은 근거 없는 것으로 부정되었다. 야나기 무네요시의 주장에 대해서는 《다도와 일본의 미》, p. 13 참조.

44 야나기 무네요시(柳宗悅), 구마쿠라 이사오(熊倉功夫) 엮음, 김순희 옮김, 《다도와 일본의 미》, 한림신서, 1998, p. 125.

1591년 그가 받들던 토요토미 히데요시에게 할복을 명령받고 자결로써 생을 마감하였는데, 그 사건의 여러 가지 원인 중에는 빨간색이나 황금색 등 사치스런 색만 좋아하던 히데요시의 취향에 반하여 저속한 취향이라 꾸짖고, 검은 도자기를 강요하는 등의 행위가 큰 반감을 사게 된 것이라 전해지고 있다.

이러한 사실로 미루어 보더라도 리큐의 미학에는 소박한 와비차의 정신이 확립되어 있었다고 볼 수 있으며, 그의 이러한 미학이 반영되어 창조된 것이 초암차실이라고 추측할 수 있다.

센리큐 사후, 후처後妻의 씨 다른 자녀인 소안(宗恩)의 후손이 그의 가계를 잇는데, 오모테센케·우라센케·무사노코지센케의 소위 산센케(三千家)가 지금도 그의 茶道를 계승하고 있다.

이 가운데 장자인 오모테는 집안 종손에게 센소사(千宗左)라는 이름을 계승하게 하고 리큐가 만든 차실 공간 불심암不審庵을 맡아 관리하게 한다. 지금도 그의 직계 14대 센소사가 센리큐의 공간철학이 그대로 투영된 대표적 초암차실인 그 건물을 관리하고 있다.

2) 일본 전통 민가와 초암차실

앞에서 살펴본 바와 같이 일본 차실 공간은 어느 한순간, 누군가에 의해 갑자기 만들어진 것이 아니라, 긴 세월을 거치며 여러 시대의 주택 유형의 변화와 차인들의 손에 의해 다듬어져 온 것임을 알 수

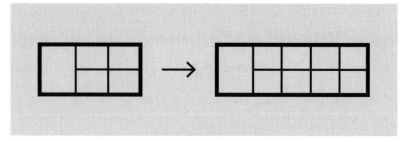

종합기능형 : 일본 전통 민가

있었다.

차실의 여러 유형 중 초암차실은 차실 공간의 발전과 변화 과정의 마지막 단계에 있는 것으로서, 일본의 茶道가 궁극으로 지향하는 정신세계를 가장 잘 표현해 주는 것이다.

그 공간은 건축적인 관점에서 보았을 때 일반적인 데서 벗어나 극단에 위치하고 있으며, 오직 茶 정신의 관점으로만 이해할 수 있는 특수한 건축공간임이 분명하다. 이제 특수한 공간으로서의 차실을 심층적으로 이해하기 위해 보편적인 일본 전통 민가 공간과 비교하여 그 특성을 살펴보자.

공간의 크기나 세부 처리를 떠나 전체 공간 구조를 놓고 볼 경우 차실의 형식과 보편적인 전통 일본 민가의 공간 구성 차이는 더욱 크다. 우선 일본 전통 민가의 공간 구성을 살펴보면, 재미있게도 표준적 기본 구성이 한국의 북부지방 보편적 민가 평면과 매우 흡사하다.[45]

45 윤장섭, 《한국과 일본의 민가건축 비교 고찰》, 대한건축학회지 23권 88호, 1979년 6월, p. 15~21.

즉 부엌의 기능을 갖는 정주간을 한편으로 하여 그 옆에 밭 田자 모양의 네 개의 공간을 갖는 기본 구조인데, 특히 일본의 민가 평면은 그 기본 평면에서 한 지붕 내에서 무한 확장해 나가는 특징을 가지고 있다. 사람이 거주하는 방과 같은 공간뿐 아니라 심지어 가축을 키우는 외양간이나 뒷간도 같은 지붕 아래 한 영역 속에 포함시킨다.

이는 결과적으로 동일 건물의 수평적 면적 규모가 커지며, 이를 하나의 공간 속에 담기 위해 지붕의 높이도 동시에 증대된다는 것을 의미한다.

특히 바다에 둘러싸인 섬의 지리적 특성을 지닌 일본의 경우 인접 대륙 지형에 비하여 강수량이 매우 많으며, 빗물 처리를 위한 급경사의 지붕을 가지고 있다. 그러한 상황에서 건물의 수직 확장은 지붕 용마루의 높이 증가를 가져오게 되며, 건물의 형태와 구조에 결정적인 영향을 끼치게 된다. 면적의 수평적 확장은 빗물 처리를 위한 경

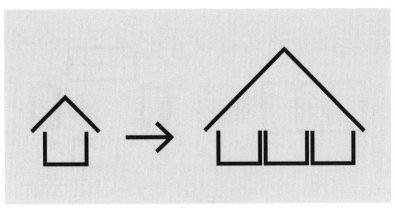

면적에 따른 지붕의 변화

사 유지를 위해 지붕 높이도 동시에 증대되기 때문이다. 결과적으로 건물 규모와 형태적 특징이 수직성, 대규모성을 띠게 된다.

따라서 일본 전통 민가 건축은 여러 채의 건물이 분동형으로 구성되어 전체 기능을 수행하는 한국 전통건축의 경우에 비교해 볼 때, 동일 건물 내 종합기능 특징을 띠고 있다고 말할 수 있다.

반면 이러한 일본 민가의 보편적 특징과는 달리 초암차실은 말 그대로 암자처럼 본채 건물과 떨어져 별동으로 구성된다. 즉 건물의 배치 구성상 일본 자체보다 오히려 한반도 전통주택 배치 형식과 유사한 점이 더 많다. 이 점은 곧 일본 전통주택 공간 내에서는 매우 특수한 공간 형식으로 다가갔다는 것을 의미한다.

또한 초암이란 명칭에서 보듯 지붕 구성 재료로 기와나 금속재 혹은 나무껍질 위주였던 일본 전통건축 지붕 재료에서 벗어나 볏짚을 사용하여 초가지붕을 잇기도 하였는데, 이는 당시 조선 농촌주택에

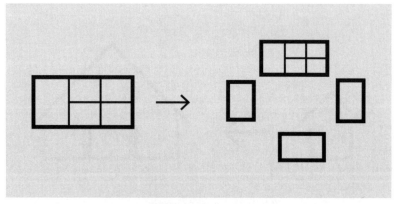

분동형:한국 전통 민가

서 주로 쓰던 지붕 재료였다. 이뿐만 아니라 내부 마감에서도 회벽처리를 하지 않고 흙벽을 노출시켜 사용하는 등 일본 민가에서 보편적으로 사용하지 않는 재료를 채택하여 자연상태의 거칠음과 소박함을 강조하고 있는데, 이 또한 지붕의 경우와 같이 당시 조선 농가의 내부 마감 재료로 많이 쓰이던 것이었다.

이런 것들이 모두 우연만은 아닌 매우 재미있는 공통점이라 할 수 있을 것이다. 일본 학계에서도 분동형의 배치 구성과 외부 공간의 중시, 그리고 자연재료의 채택 등의 점에서 초암차실의 원형이 조선 남부지방의 농촌주택이라고 추측하고 있다.

이제 초암차실 내부 공간을 대상으로 그 공간이 지향하는 바를 살펴보자.

우선 지극히 작고 협소한 차실 공간 크기가 특징적으로 두드러진다. 이러한 공간의 협소함은 차실 출입구인 니지리구찌(躙口)의 위치 및 크기와 함께 생각할 때 그 특이함이 더욱 강조되는데, 그러한 공간 형상 속에는 반드시 그것을 만든 사람이 의도한 특별한 이유가 있을 것이라는 점을 느끼게 해준다.

이용자들은 심층적·단계적으로 구성된 외부 정원의 구성에서도 그러하지만, 차실 내부로 진입하는 순간 범상치 않는 공간의 치밀함을 느낀다. 동시에 그들은 이 차실의 주인이 이렇게 극단적인 공간 표현을 사용하면서까지 이용자인 자신에게 전달하려 애쓴 주제가 과연 무엇일까 하는 의문을 가지게 될 것이며, 그 해답의 실마리를 찾

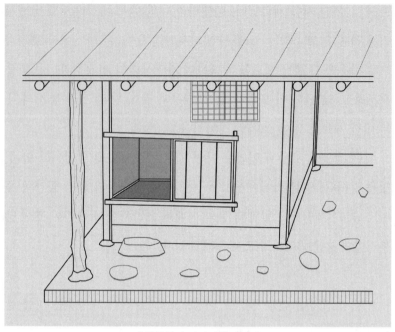

초암차실과 니지리구찌(躙口)

으려 노력하게 될 것이다.

건축적으로 이러한 입구 처리는 일상에서는 쓰일 수 없는 것이
므로 매우 특이한 것으로 보인다. 그러나 이것이 초암차실의 경우에
만 볼 수 있는 유일무이한 사례라고는 볼 수 없다. 당시 이전부터 한
반도에서 이러한 사례가 빈번하게 쓰이고 있었기 때문이다. 다른 경
우에 왜 이런 공간 기법을 쓰는지를 살펴보면, 이런 유별난 초암차실
공간 구성 이유를 알 수 있을 것이다.

이 건축기법의 핵심은 일상의 범위를 벗어난 구조물 크기의 연출, 즉 인체가 본능적으로 반응하는 척도를 벗어난 공간 처리 수법에 있다고 말할 수 있다. 한반도 남부 농촌지방 소규모 삼간초가 주거의 경우 일반적인 방 출입구의 크기는 머리와 상체를 숙이지 않으면 들어갈 수 없다. 또한 주택 외의 사례로 사찰 건축에서 이따금 찾아볼 수 있다. 석굴 사찰, 혹은 석굴 암자의 사례를 보면, 이런 유형의 건축기법을 채용하여 입구와 내부 공간의 극단적 대비를 표현한 경우가 예로부터 있었는데, 한정된 내부 공간 안에서 매우 강렬한 공간 경험을 체험자에게 전달하는 것을 확인할 수 있다.

경주의 석굴암은 매우 좋은 사례이다. 하지만 문화재 관리를 위해 내부로 걸어 들어가 살펴볼 수가 없게 장치되어 있어 이러한 공간효과에 대해 체험적으로 확인할 수 없다. 사람이 직접 그 속에 들어가 공간 속을 헤엄쳐 다님으로써 정서를 전달받을 수 있는 시공時空 예술인 건축을 그저 평면적으로만 볼 수밖에 없어 아쉽다. 그러나 유사한 사례를 소규모 석굴 암자에서 살펴볼 수는 있다.

경상남도 사천시 곤명면에 위치한 봉명산 다솔사 부속 암자 중 하나인 보안암普安庵에 있는 소형 인공석불 동굴을 보면 극단적 대비를 통한 공간 효과를 체감할 수 있다. 산돌로 얼기설기 쌓아 만든 인공 동굴 내부 공간은 크기가 너무 작아 중심에 안치한 석조불상 주위에 편하게 앉아 있기조차 힘들어 실제 들어가기가 꺼려질 정도이다. 하지만 그것만이 전부가 아니고 원형 평면의 내부 공간에 연접된 진입 공간은 사람이 드나들기에는 난감할 정도로 더욱 협소하다.

보안암 석굴 입구

작은 터널 모양(vault 공간)의 입구 공간은 결국 진입자를 기어서 들어가게 만든다. 그러나 경주 석굴암과 마찬가지로 여기에 석굴 공간의 미묘함이 나타난다. 터널과 같은 좁은 통로를 지나고 나서야 만나게 되는 원형 평면의 돔형 내부는 일반적인 경우에서 보는 평면적 크기만으로는 도저히 전달할 수 없는, 질적으로 다른 공간 특성을 가지게 되는 것이다.

기어서 들어가야 할 정도로 좁고 낮은 입구 공간을 거친 다음에 접하게 되는 내부 공간의 크기는 방금 전 거쳐 지나왔던 입구 공간의 협소함과 대비되어 실제 크기보다 훨씬 더 넓고 높고 크게 느껴지며, 그 가운데 위치한 불상은 실제보다 더 장엄하게 보인다. 특히 서 있을 수 없어 앉아서 올려다보게 되는 작은 내부 공간 안에서의 돔형 공간의 크기는 실제 크기보다 훨씬 더 과장되어 크고 높게 다가온다.

이런 건축적 사례에서 보듯 일본 차실의 공간은 내부 공간의 협소한 크기도 놀랍지만, 입구의 크기를 그보다 훨씬 더 작게 만들어 방문객 출입 시 기어서 들어갈 수밖에 없도록 한 것에 주목해야 한다.

결국 일본 차실 공간은 최종적으로 맞닥뜨리는 내부 공간을 실제보다 더 크고 장엄하게 느껴지게 함으로써 감각적으로 매우 충만한 차실 공간 특유의 허령불매虛靈不昧의 공간적 긴장감을 만들어 내게 된다.

모든 사람은 신체의 유형성으로 인해 그 자신과 움직임마저도 건축공간이라는 그릇 속에 담기는 이상 자신의 몸 크기를 기준으로 그

보안암 석굴 내부

공간에 대한 양적 질적인 판단을 할 수밖에 없다. 즉 건축공간은 그 장소를 벗어난 관점에서 객관적으로 파악할 수 없다는 사실이다.

이러한 주관성은 마치 피부 촉감을 느끼는 것처럼 감각 본능의 차원에서 이루어진다. 건축에 있어서 공간 크기와 처리 방식의 미묘한 변화마저도 사용하는 사람에게는 크나큰 감각적 차이를 전달하게 되는 이유도 여기에 있다. 그것이 인간의 신체적 감각 본능 속에서 이루어지는 것이기 때문이다.

3) 초암차실 공간과 노지露地

앞서 살펴본 바대로 전형적인 초암차실 공간 구조는 일본 전통 민가 형식과 매우 다르고 독특한 의미를 지니고 있다.

그렇게 될 수밖에 없는 가장 큰 요인은 겹집의 기본 구조 위에 필요한 기능을 수평 연접시켜 나가는 전통적 민가 형식에서 벗어나 별동의 건물에 茶 마시는 공간이라는 단일 기능을 가지기 때문이다.

별도의 차실 공간을 가지지 않고 주동 공간 내에 차노마(茶の間)를 가지는 경우 초암풍 차실 공간에서 내부 공간 못지않은 중요성을 가진 노지露地[46]를 구성할 수 없기 때문에 결국 내부 장식적 표현으로 그치는 경우가 많다. 때문에 그것을 대상으로 차실이 가지는 깊은 의

---

46 노지露地 : 일본에서 차실茶室에 부속한 뜰을 말한다. 차정茶庭이라 한다.

미인 시공적 특성을 논하기에 적합하지 않다.

즉 차노마(茶の間)는 내부 공간의 실내장식 위주의 차실 형식이며, 초암풍 차실은 외부에 심층적 공간 구조의 노지露地를 갖춘 별동의 작은 내부 공간의 차실을 말하는 것이므로 각각 특성을 달리한다고 말할 수 있다.

대지의 중심에서 사방으로 확장되는 일반적 일본 민가 형식에서는 건물 주변의 공간은 여분의 공간이라는 성격에서 벗어나기 어렵다. 즉 일반적 일본 전통 민가 건물의 외부 공간은 채광·통풍·출입을 위한 기본적 기능, 혹은 식물을 심거나 가꾸는 자투리 정원의 역할에 머무를 뿐 그 자체로서 하나의 영역을 구성하고 위계적·상징적 특성을 갖는 수준에 이르기에는 공간 구성상 어려운 점이 있기 때문이다. 이런 관점에서 암자형 차실의 외부 공간 구성은 내부 공간의 극단성과 함께 매우 특이한 공간 구성을 보여주고 있다.

초암차실 공간은 침전조나 서원조에서와 같이 단지 내부 공간에서만 그 기능을 수행하는 것으로 보아서는 안된다. 차실 기능을 수행하는 공간의 범위를 내부 공간에서 확대하여 외부 정원 범위까지를 포함하여야 하며, 내·외부 영역 전체를 초암차실 공간이라고 보아야 옳다.

왜냐하면 초암차실에서 행해지는 일이 '차를 마시는 일'로 한정된 것이 아니라, '차 마시기를 위한 일련의 시공간적 전체 과정이 茶를 삼키는 최종적 사건을 계기로 특이점을 이루어 현실세계 너머에 배경적으로 존재하는 궁극의 세계로의 전환을 이룩하는 것'이 그 공간에서 행하는 차사茶事의 지향하는 바이기 때문이다.

그러한 이유에서 초암차실에서는 여타 일본 민가 건축에서 중요하게 표현되지 않았던 외부 공간의 영역적 중시가 나타나게 된다.

차사茶事는 처음에는 무사나 귀족들의 객실 다다미방에서 행해졌다. 이 객실 다다미방은 히로마(廣間)나 쇼인(書院)이라 불렸으며, 그곳에서의 茶를 쇼인의 茶라고 했다. 이 쇼인의 茶는 성대하게 행해졌다. 하지만 그런 화려한 성격과는 대조적으로 차사를 위해 전용의 좁은 방을 사용하는 일도 생겨났다. 다다미 6장에서부터 4장 반, 심지어는 2장의 다다미방을 이용하는 등 극소極小의 공간으로 사용하여 그 협소함 속에서 정신적으로 고양된 茶道를 행하기 시작한 것이다.

센리큐(千利休)에 의해 확립된 초암차실은 크기가 다다미 2장에서 4장 반 정도 크기의 작은 방에서 이루어지는 차실 형식을 일컫는다. 그러나 그는 이 작은 공간 속에서 온갖 지혜를 발휘하여 심오한 정신적·미학적 효과를 얻을 수 있게 계획했다.

차실은 속세의 외부로부터 독립된 정신적 소우주였다. 그 소우주에서 茶道가 지향하는 진眞의 세계를 구현하기 위해 차실로 들어갈 때 차인은 이미 속세와 분리된 다른 세계에 몸을 두는 것이었다. 그 정신적으로 분리된 세계를 연결해 주는 것이 노지露地였다.

노지는 《법화경》에 나오는 말로서,[47] 삼계화택三界火宅(중생들이 사는 불타고 있는 집)의 험지險地에서 벗어난 안전한 장소, 즉 청정한 공간을 말한다. 초암차실 공간에서 외부로부터 茶道의 세계에 이르는 전이공간을 노지라고 부르는데, 말 그대로 단순한 통로로서가 아니라 험한 세상을 벗어나 청정한 茶의 세계로 진입하기 위한 전이공간임을 표현한 것이다.

따라서 외부 공간인 노지는 주제 공간에 이르는 예비 공간의 성격이며, 茶라고 하는 새로운 세계로의 진입을 준비하는 과정으로서 여러 가지 상징적, 축약적 수법을 이용하고 있다.

그 전이를 위해 최종 목적지인 차실이 입구에서 직접 보이지 않도록 수목을 배치하였고, 담장이나 중문을 사용하여 영역을 구분하기도 하였다. 또한 목표 지점에 다가가는 손님이 걷기 쉽고 아담한 정취를 느낄 수 있도록 징검돌(飛石)을 세심하게 배치하였으며, 특히 그러한 의도를 눈에 띄지 않도록 자연스럽게 처리하기도 하였다.

---

47 모두가 네거리 위에 안전하게 앉아 있는 것을 보고(……皆於四衢道中 露地而座：법화경 원문 발췌) 비로소 마음의 평정을 되찾고 매우 기뻐했다. 홍정식 역해, 《법화경》, 동서문화사, 2016, p. 163.

4) 오모테센케 초암차실의 시·공적 특성

이제 우리는 위에서 언급한 일본 차실 내·외부 공간 특성을 염두에 두고 도면을 보며 실제 공간을 체험하는 차인茶人의 입장에서 방문의 첫 시점부터 茶의 목 넘김까지의 전 과정을 시·공간 측면에서 단계적으로 분석해 볼 것이다. 이 과정을 통해 무형의 공간이 간접적인 표현수단이긴 하지만, 어쩌면 직접적인 말이나 글보다 더욱 뚜렷하고 분명한 느낌으로 일본 茶道의 궁극적 지향점이 어디인가에 대해 말해준다는 것을 알 수 있을 것이다.

오모테센케 계열의 대표 차실 잔월정殘月亭과 불심암不審庵의 사례를 통해 차실 공간과 노지露地의 특성과 의미를 살펴보자. 앞서 언급한 바대로 노지라 불리는 오모테센케 차실의 외부 공간은 하나의 큰 정원이 아니라, 공간적 시각적으로 분할된 세 개의 영역으로

구성되어 있다. 외로지外露地와 중로지中露地, 내로지內露地로 불리는 각 정원은 중간 문을 통해 서로 연결되어 있으나 수평적이지 않고, 진입할수록 점차 심화되는 위계적 점증적 공간 구조를 표현하고 있다.

그것은 그 가장 깊은 곳에 배치되어 있는 차실 공간의 내밀하고 깊은 공간감과 농축된 공간의 질을 강조하기 위한 것이었다.

속세의 현실 공간에서 정신적 공간인 茶道의 세계, 즉 그 자체로서 禪이라고 표현할 수 있는 깊은 공간으로의 진입을 끌어가는 공간 구조와 그 구성물의 의미를 하나씩 단계적으로 분석해 보자.

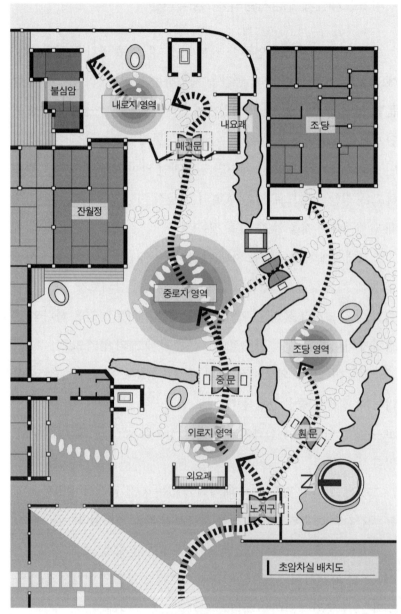

불심암

내로지 영역

매견문

내요괘

조당

진월정

중로지 영역

조당 영역

중문

외로지 영역

훤문

외요괘

노지구

N

초암차실 배치도

초암차실 배치도

• 외계—茶道의 세계 경계에 다다름(潛)

차사茶事가 행해지는 차실 공간과는 별도의 외부세계이며 일반 생활을 담는 속계俗界의 세계이다. 손님은 외부에서 혹은 주택 내부에서 현관으로 나와 차실 공간의 영역 경계이자 통로인 노지구露地口(정원 입구)에 다다른다. 그러나 함부로 들어갈 수 없고, 주인의 안내를 받을 때까지 이곳에서 기다려야 한다.

이곳에서 기다리는 동안 손님은 외부의 환경에 의해 흔들리는 들뜬 마음을 가라앉히고, 눈앞에 펼쳐져 있는 지금 여기의 현실에 주목할 수 있는 침잠한 상태로 정돈된다.

정갈한 저 너머의 공간으로 들어가기 위한 준비과정이다.

• 외로지外露地—차실 영역 경계인 노지구를 통과함(起)

노지구를 통해 속세와 분리된 茶의 세계로 처음 진입한 손님은 외요괘外腰掛라는 대기 의자에 앉아 주인의 안내를 기다리거나 필요시 바깥 화장실(下復雪隱)을 사용하기도 한다.

내로지에 있는 동일 용도의 장식적인 안 화장실(砂雪隱)과는 달리 실제적으로 사용할 수 있다. 앉아서 기다리던 손님은 주인의 안내에 따라 중문(中潛り)을 통해 다음단계 외부 공간인 중로지中露地 정원으로 진입하는데, 여기까지의 영역을 외로지라고 한다.

노지구露地口(정원 입구)

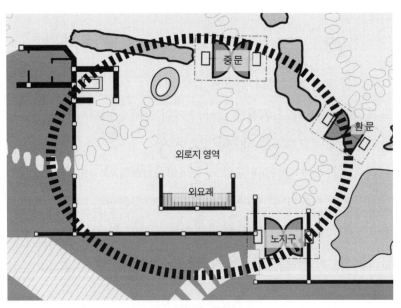

외로지 영역

• 중로지中露地—중문에서 매견문까지의 외로지外露地 공간(承)

주인의 안내에 따라 외로지에서 기다리던 손님은 비로소 중문(中潛り)을 통과해 한층 더 깊은 茶 세계 안으로 첫발을 내디디게 된다.

이 중문의 개구부는 일반적 대문의 크기에 비해 매우 작다. 머리와 상체를 숙이고 다리를 들어 조심스레 움직이지 않으면 개구부의 상인방에 머리를 부딪치거나 다리가 걸려 넘어질 수도 있다. 손님은 본인의 행동에 조심성을 가지지 않을 수 없다. 부주의하게 함부로 움직이다가는 낭패를 볼 수도 있기 때문이다. 본능적인 행위의 조심성과 극도의 각성이 자연스레 이루어진다. 차실로부터 아직 멀리 떨어져 있는 곳이긴 하지만, 여기서부터는 신성한 공간이니 신중히 행동하라는 사실을 그 구성 형식으로부터 분명히 전달받았기 때문이다.

이 정원 공간은 잔월정殘月亭을 중심으로 하며 중로지中露地라 불린다. 인접한 다음 내정內庭 영역인 내로지內露地에 비해 상대적으로 크기가 크다. 중문(中潛り)과 매견문梅見門, 훤문萱門(띠지붕 문) 사이의 공간이 해당되며, 정자 용도인 잔월정 건물과 함께 주 정원 공간을 형성한다.

잔월정과 불심암 두 건물이 하나의 영역에 나란히 배치되어 있는 특별한 사례인 이런 경우가 아닌, 규모가 작거나 일반적인 다른 차실 경우에서는 본 중로지 공간이 내로지가 된다. 따라서 전체 외부 공간의 주 정원을 구성하며 일반적으로 순수하고 청정감을 풍기게 꾸민다. 본격적인 茶 공간으로 진입하기 전의 중간 정원 역할을 하고 있으며, 손님이 잔월정으로 진입하는 경우 건물 앞에 손 씻는 곳(手水

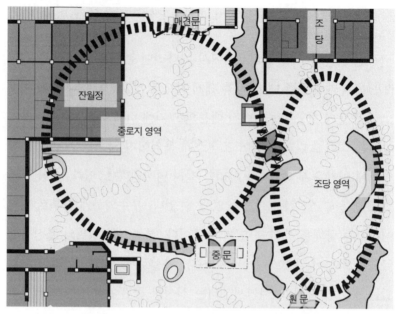

중로지 및 조당 영역

중문(中潛り)

鉢)을 두어 필요한 준비를 하는 등 정갈한 정신계精神界로의 진입을 예비한다.

인접한 주된 차실 건물인 불심암不審庵은 중로지의 잔월정殘月亭에 의해 가려지고, 경계 울타리 수원袖垣[48]에 차폐되어 여기서는 아직 보이지 않는다. 따라서 이 공간은 중문 바깥의 외로지와 매견문 뒤의 내로지와는 시각적으로 구분된 별도 정원 공간으로 구성된다.

하지만 정원의 아름다운 수목들 사이로 난 통로와 그곳에 놓인 징검돌(飛石)의 자연스런 구성에 의해 이곳이 분리된 공간이 아니라 더 깊은 공간과 연계되어 있음을 느낄 수 있다. 손님의 발걸음은 자연스럽게 다음 공간의 관문인 매견문으로 유도되는데, 그것은 눈에 보이는 이 공간 너머에 더 내밀한 정원이 연결되어 펼쳐질 것이라는 기대와 확신을 가지게 만든다.

• 내로지內露地—매견문梅見門에서 불심암까지의 공간(轉)

가장 깊은 정원 공간이다. 상대적으로 잔월정을 중심으로 한 중로지보다 공간의 크기는 작으나 밀도 높은 내정 공간이 펼쳐진다. 특히 본 차실의 경우는 불심암이라는 차실 외에 점설당이라는 조당祖堂 건물이 있어 최종 목적 공간이 두 개로 구성된 특이한 사례이다. 따라서 본 차실의 내로지는 불심암으로 진입하는 정원 공간뿐만 아니라,

---

48 수원袖垣:そでがき. 대문 따위에 잇대어 낮고 짧게 친 울타리.

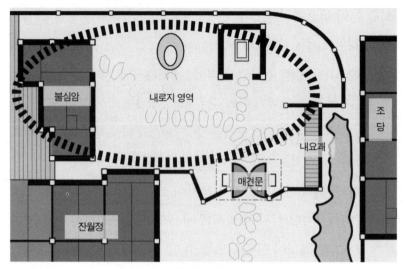

내로지 영역

센리큐의 상이 모셔진 조당(점설당) 건물로 진입하는 정원 공간도 별도의 내로지로 구성된다.

불심암으로 진입하는 경우, 매견문梅見門을 통과함으로써 본격적인 茶 세계로 진입하였음을 말해준다. 유현하고 한적하며 우아한 정감이 있는 신비로운 기풍을 강화하여 외로지 공간과는 구분되는 분위기를 연출한다. 노지에는 상록수를 심는다. 내부의자(內腰掛),[49] 손을 씻기 위한 물그릇(蹲踞)과 안 화장실(砂雪隱) 등 준비시설을 두어

---

49 걸상에 걸터앉아 주인의 마중을 기다리거나, 차사茶事 중 연회용 식사(會席)와 가루차를 달여 손님에게 내는 법식(点前)의 중간에 노지로 나가서 휴식하는 곳.

주인의 안내가 있을 때까지 차실 앞 정원 공간에서 기다리며 중로지에 비해 공간적으로 협소하지만 한층 더 압축되고 상징화된 공간을 느낄 수 있다. 수목의 식재 밀도가 커지고, 징검돌의 방향 전환이 급해지며 크기는 외로지에 비해 매우 작다.

내로지라 불리는 이 내정內庭은 불심암을 중심으로 하여 펼쳐져 있으며, 차실 외부 공간 전체 과정의 종국終局의 외부 공간이다.

손님은 매견문을 통과한 후 여태까지의 진입 방향과는 다른 추세, 즉 진입 방향의 정면에 위치하리라는 예측과는 달리 입구 왼쪽에 배치된 불심암의 위치 때문에 급격한 진입 방향의 전환을 의식하게 된다. 즉 이전과는 달리 공간의 밀도는 커지고 방향은 급선회하며, 목표물은 예측하지 않았던 곳에 위치하고 있다는 사실을 발견함으로써 그 전과는 확연히 다른 공간이라는 것을 체감하게 되는 것이다.

이제 손님은 공간이 신체에 각인해 주는 각성의 의미를 충분히 전달받았으며, 몸과 마음은 자연스럽게 본 건물인 불심암 쪽으로 향하게 된다.

• 차실茶室 공간의 경계—불심암不審庵 (結)

손님은 이제 외부 공간의 끝에 다다랐다. 최종 목적지인 불심암의 입구에 도달한 것이다. 노지라 불리는 예비 공간을 지나 드디어 목표했던 차실 공간의 시작 지점에 도착한 것이다. 하지만 그곳에서 맞닥뜨린 것은 목적지에 다다른 안도감이 아니라 또 다른 과정의 시작임

불심암不審庵

을 알리는 의미가 분명한, 기어서 들어갈 수밖에 없는 좁디좁은 특이한 입구의 긴장감이다.

최종 목적 공간인 불심암不審庵의 출입은 무릎걸음으로 기어들어갈 수밖에 없는 협소한 크기(60×65cm)의 출입구인 니지리구찌(躪口)를 통해서만 가능하도록 되어있기 때문이다. 손님은 그 작은 구멍 같은 입구를 망연히 쳐다보며 그 안쪽에는 분명 이쪽 현실과는 근본적으로 다르고 무한한 심연의 세계, 즉 茶 정신이 궁극적으로 지향하는 바의 세계가 존재하고 있을 것이라 추측하게 될 것이다.

이제 마음의 긴장을 챙기며 함부로 상상할 수도 없는 茶 세계를 향해 지극히 작은 방문을 통과한다.

한편 센리큐의 상이 모셔진 조당으로 진입하는 경우, 띠로 지붕을 이은 훤문聿門을 통해 중로지와 분리된 조당祖堂(點雪堂) 앞 내로지로 진입하게 된다. 중로지에 비해 조당 앞 내로지는 공간의 크기가 더 작지만, 그 작은 조당 입구 공간을 다시 수목과 사립짝 울타리로 한 번 더 분리하고 있다. 손님의 동선을 유도하는 징검돌의 배치 간격도 한층 더 작아진다.

이러한 치밀한 정원 구성은 작은 공간의 심오함을 강조해 준다. 이 특이한 외부 정원 노지와 차실의 공간전이空間轉移 과정 전체를 건축적 관점으로 조망해 보면 다음과 같다.

첫째, 노지라 불리는 일본 전통 차실 외부 공간은 완상 식물을 가꾸는 정원으로서의 기능보다 茶 손님을 인도하는 최종 목표점인 차실 내부 공간을 복잡하고 소란스러운 외부세계로부터 격리하고 보호하는 역할이 우선시된다. 그것을 위해 같은 장소의 정원을 굳이 내·중·외 노지의 3단계로 분할하여 공간적, 시각적으로 구분하는 것이다.

둘째, 진입 과정은 공간을 구분하는 중문中門의 역할로 인해 점차 고조되고 압축되어 가는 공간의 밀도를 가시적으로 체계화시키고 있음을 알 수 있었다.

셋째, 노지 안쪽으로의 진입이 계속됨에 따라 식물의 식재, 징검돌의 배치, 부속 시설물의 설치 개수 등을 점차 증가 추세로 조절함으로써 결과적으로 손님이 노지 안쪽으로 진입할수록 공간의 밀도가 커지며 심연을 향해 접근해 가고 있다는 것을 체득할 수 있도록 하였다.

넷째, 외로지에서 중로지로 들어가는 중문의 협소한 입구 통과 형식, 특히 노지 공간의 종착점이자 차실 내부 공간의 진입 관문인 니지리구찌(躙口) 앞에 도달했을 때의 긴장감은 추상적 대상인 공간을 실제적일 뿐만 아니라 신체적인 차원과 맞닿은 곳까지 압축하여 구체화시킨 것으로서 탁월한 건축적 표현이라 아니할 수 없다.

이제 현실 공간의 이동은 다 마쳤다.

그리고 곧 '茶'라는 수단을 통해 그 현실세계의 배경으로서 존재하고 있는 더 깊은 차원으로 이끌려 들어갈 것이다.

공간적 고조감이 최고점에 도달한 바로 그 지점, 맞닥뜨린 내부 공간에서 차를 통한 초월의 과정이 전개된다.

• 내부 공간으로 들어섬(起)

손님은 이제 불심암 내부 공간 속으로 진입하려고 한다.

하지만 그곳의 관문은 마치 개구멍과 같이 작아 손님은 허리에 차고 있던 칼을 풀어야 하고 무릎으로 기어서 들어가야 한다. 어렵게 통과한 입구를 지나 맞닥뜨린 차실 내부는 돌연한 어두움과 신체의 자연스런 움직임마저 구속하는 협소함에 감싸여 있다. 차실 내부는 막 지나쳐 왔던 외부 공간인 노지의 눈부신 밝음과 자연을 담는 크기와는 극적인 대비를 이루며 茶 정신의 세계에 머무를 것을 강요하고 있다.

어둠과 협소함은 그 자체로 손님의 의식과 행동을 짓누른다. 제멋대로 뛰노는 몸과 마음에 재갈을 물려 구속하는 것이다. 이제 손님은 공간의 압박감에 의해 큰소리도 낼 수 없으며, 오로지 주인이 펼치는 차사茶事에만 집중하게 된다. 어쩌면 이것은 마치 아이들의 행동을 통제하기 위한 목적으로 '체육 앉기' 혹은 '삼각 앉기'라는 자세를 취하도록 했던 것과 같은 이치일 수도 있다.[50]

차실의 내부 공간은 단지 건축적인 '삼각 앉기' 방법으로 고도의 집

---

50 아이들의 산만함을 통제하기 위해, 땅바닥에 앉힐 때 두 손으로 무릎을 감싸게 한 것을 말한다. 무릎으로 가슴을 압박함으로써 깊은 호흡을 할 수가 없어 큰소리를 낼 수 없고, 손을 구속함으로써 손장난을 칠 수 없게 하였으며, 머리도 좌우로 제대로 돌릴 수 없기 때문에 산만함을 방지할 수 있었다. 1958년 문부성의 지시에 의해 시도되었다. 우치다 타츠루는 그의 저서에서, 이를 일본교육이 저지른 가장 음습하고 잔혹한 '신체의 정치기술'을 행사한 것이라고 비난한 바 있다.〔우치다 타츠루, 이경덕 옮김,《푸코, 마르트, 레비스트로스, 라캉 쉽게 읽기(寝ながら学べる構造主義)》갈라파고스, 2017, p. 113~115〕

중 공간을 만든 것이다.

　• 찻잔을 받음(承)

　주인은 말없이 찻잔을 건네고 손님은 받는다. 의식의 범위는 협소한 내부 공간마저도 지나치며 찻잔 속 더 작은 공간으로 미끄러져 들어간다. 찻잔 속의 茶 색과 향을 살피며 손님의 의식은 한 점點으로 집중된다.

　• 차의 목 넘김(轉)

　입을 찻잔에 대어 茶를 들이킨다. 대상을 바라보던 의식과 공간은 그 순간 사라져 없어진다.

　공간을 통해 대상을 바라보고 느끼던 '나'가 사라져 없어진 그 자리에는 너와 나의 구분이 없어지고 모든 것이 하나로 뒤엉킨 초월 세계만이 온통 펼쳐져 존재함을 알아차리고 있다.

　차 마시기를 통해 시간과 공간의 무화無化[51] 과정이 진행되었고, 배경 속에 존재해 왔던 찻잔 속의 세계(壺中天)[52]가 그 자락을 드러내 보이는 사태가 진행된 것이다.

---

51 무화無化 : 零, 0, zero, 없음의 공간, 즉 공간의 사라짐을 의미한다.

52 호중천壺中天 : 항아리 속의 하늘이라는 뜻으로, 별천지別天地·별세계別世界·선경仙境 따위의 뜻으로 쓰는 말.

• 사라짐(結)

이제 茶는 다 마셔 없어졌다. 그것과 함께 여태껏 작아지고 좁아져 가던 공간 크기의 변화도 이제 멈췄다. 공간은 소실消失되어 사라졌다. 입속에 맴도는 茶의 맛과 실체도 여운도 남기지 않고 속절없이 사라져 없어졌다. 사라짐은 아무런 흔적도 남기지 않는다. 세상과 나의 모든 이야기를 담은 연속된 시간과 공간도 사라졌다. 기억의 시공간도 정지되었고, 연속성 없는 지금 여기만이 존재할 뿐이다. 단지 일기일회一期一會일 뿐이며, 거기에 있던 존재의 사라짐이 남긴 고요와 평화만이 맴돈다.

이제 차인들은 茶를 마심으로써 無와 무한無限, 순간과 영원이 하나가 된 시공세계에 임재臨在한다. 차실이라고 하는 극소의 물리적 공간은 그 속에서 마시는 茶를 따라 초월세계로의 진입을 이루는 통로가 된다.

그토록 길고 어려운 과정을 거쳐 마침내 다다른 내부. 다다미 3장 반 크기의 작고 어두운 공간일 뿐이다. 하지만 그 공간마저도 이 차실 안에서 더욱 집중되어 점點 차원으로 변화한 후 마침내 사라져간다. 차실의 공간은 차사茶事 과정을 통해 주인으로부터 넘겨받아 두 손으로 감싸 쥔 손님의 찻사발 공간 안으로 응축된 후 茶 마심과 함께 無 속으로 사라져가 버리는 것이다. 하지만 無의 그 순간 차인은 돌연히 무한세계에 거居하고 있음을 자각하게 된다. 禪의 세계에 다다른 것이다.

5) 초암차실의 공간적 지향

위 사례에서 살펴본 것처럼 외부, 내부 공간 혹은 찻잔 속 공간을 막론하고 초암차실의 공간은 시간적 전개 추이를 볼 때 매우 뚜렷한 경향성을 갖는다고 말하지 않을 수 없다.

일본 차실 건축공간의 특성을 요약하면 다음과 같다.

첫째, 일본 전통 차실 내부 공간의 특성은 극소의 공간이라는 매우 특이한 형식을 가지고 있다. 그러나 그 자체보다는 그 이전 단계의 상대적으로 넓고 자유스러운 공간 속에서 진입 과정을 따라 점차 압축되어 가는 과정을 통해 극적으로 강조되는 데 그 특징이 있음을 알 수 있었다.

즉 단계별로 접하게 되는 공간 단위의 크기는 점점 작아지며, 따라서 각 영역의 상대적 통과 시간은 점차 촉박해지며 빨라진다.

경계의 구분은 점점 뚜렷해지고, 입구의 크기도 작아서 간다.

공간 전개는 늘 긴장과 이완의 교차가 커지고 반복되며 점차 고조되는 경향을 띤다.

목적지 차실의 내부 공간 진입은 기어서 들어갈 정도의 협소함으로 인해 종국적終局的 극단성을 표현해준다.

둘째, 진입 과정은 공간을 단계적으로 구분하는 중문의 역할로 인해 점차 고조되고 압축되어 가는 공간의 밀도를 가시적으로 체계화시키고 있음을 알 수 있다.

노지의 각 단계별 중문은 의도적인 작은 개구부를 가짐으로써 신체의 활동에 제한을 가한다. 이는 점차 고조되어 가는 단계별 노지 공간에 대한 인식을 새롭게 하고, 茶의 신성 공간에 접근하는 손님에게 무형의 장벽을 체감케 함으로써 경건하고 조심스런 마음을 가지게 한다.

특히 차실 내부 공간으로는 최종 진입 관문인 니지리구찌(躪口)를 통해 무릎걸음으로 기어들어가게 하는 특수한 경험을 겪게 함으로써 물리적·신체적으로 공간압축을 체감케 하여 그 안에 담긴 극소의 내부 공간을 강조하고 있음을 알 수 있다. 하지만 기어서 들어가는 힘겨운 체험은 그 속에서 만나는 공간을 훨씬 더 장엄한 공간으로 느끼게 만든다.

셋째, 이 극소의 물리적 공간 속에서 마지막 과정인 茶 마심을 통해 茶 맛의 홀연한 사라짐의 느낌과 함께 모든 시공간은 폭포수가 떨어지듯 無(0)의 세계로 낙하해 들어간다. 공간은 마침내 영(0, zero, 無)이 되었다. 즉 작아져만 가던 공간이 이제 茶 맛의 사라짐과 함께 홀연히 없어져버린 것이다. 이제 茶 손님은 茶를 통해 마침내 자유자재의 무한세계에 임하게 되었다.

이것이 불교의 경우라면 거룩한 부처님의 임재를 뜻하는 것이고, 도교라면 여기가 道의 세계일 것이다. 하지만 이 경지에서 고유한 종교성이란 별 의미가 없다. 왜냐하면 이 무한의 세계는 말로써 개념화하여 다룰 수 없는 것이고, 모든 것을 넘어서서 포괄하는 것이기 때문이다.

이 공간계획은 우연한 것이 아니라 치밀하게 계획된 과정이며, 이후 일본 초암차실의 정형화된 공간 전개 형식으로 정착하였다. 일본 차실은 차 세계로의 몰입 과정을 공간적, 시각적으로 제시함으로써 그 공간에 참여한 모든 사람의 행동과 사고를 특정 목표(차의 정신세계)에 일치하도록 구체적으로 요구한다.

이것이 일본 차의 성인이라 불리는 센리큐가 그토록 열정적으로 지향했던 차사茶事의 개념이고, 정성을 다해 구현해 보였던 차실 공간의 원형이었으며, 결국 禪으로의 초대장이었다.

3. 차실 공간미학의 계보

1) 일본 전통건축과 차실 공간미학

앞에서 분석했던 일본 차실 공간의 선적禪的 지향은 차실뿐만 아니라 건축공간 전반에, 그리고 과거뿐만 아니라 현재까지도 끊어지지 않는 영향을 끼치며 여전히 살아 숨 쉬고 있다. 차실 공간을 넘어 마침내 일본 건축공간의 고유성을 구성하는 핵심요소가 된 것이다.

차실의 공간철학이 전통 차실 외의 다른 건축의 사례에 적용된 것을 간단히 살펴보자.

일본 차실의 극적인 공간 압축기법은 사실 센리큐라는 한 천재에 의해 하루아침에 창작된 것은 아니다. 어쩌면 일본에 선불교가 전해진 뒤부터 끊이지 않고 추구되어 왔던 공간미학이었다고 보는 편이 더 정확할 것이다. 그 자신 스스로 선승이었던 센리큐는 꾸준히 전해져 왔던 선불교적 공간미학에서 한 발 더 나아가 더욱 원초적인 재료와 극적인 공간 대비 연출을 통해 새로운 형식의 차실 공간을 선보였던 것이다.

선불교적 공간미학 특성은 禪의 참구參究를 목표로 하는 선종사원의 조성에도 이미 그대로 적용된 바 있다. 일본을 대표하는 유네스코 문화유산의 하나이며, 일본 교토 시에 위치한 임제종臨濟宗 묘심사妙心寺 파에 속하는 사원인 용안사龍安寺의 석정石庭은 그 대표적인 예이다.

용안사 석정(위키백과)

엄도신사 전경(위키백과)

비록 작은 정원이지만 시야의 차단과 압축의 기법을 통해 흰 자갈과 몇 개의 바위 외에는 아무것도 없는 無의 공간으로 더 큰 것을 표현하고 있다. 이 정원에서 사용된 가장 큰 재료는 아무것도 없는 공간 그 자체이다. 이 없음(無)이야말로 연상에 의해 눈앞에 펼쳐 보인다고 하는 상상 속 망망대해보다도 더 높은 차원의 절대공간을 함축적으로 표현하고 있다.

일본 건축에서 공간의 무화無化(사라짐) 과정은 선불교와 관련이 깊은 것은 확실한 듯하다. 물론 불교사찰 외에도 그 연원이 오래된 다른 사례를 찾아볼 수 있다. 일본 토착신앙 신도의 종교 건물인 신

엄도신사 도리이(위키백과)

사 건축공간에서도 이런 경향성을 찾아볼 수 있기 때문이다. 하지만 신사 건축의 사례를 두고 불교와는 뿌리가 다른 별개의 공간이라고 보기 어렵다.

신사 건물은 불교사찰과 오랜 기간 습합褶合되면서 많은 영향을 받았으며, 뚜렷이 구분 지을 수 없는 공간철학을 나타내고 있기 때문이다. 일본 신사의 원류로 인정되고 매우 유서 깊은 엄도신사의 사례를 살펴보자.

엄도신사嚴島神社는 히로시마 현 하쓰카이치 시의 이쓰쿠시마 섬에 있는 신사이다. 바다 한가운데 있는 도리이(鳥居)로 유명하다. 그 기원은 9세기 이전으로 거슬러 올라간다.[53] 헤이안 시대 말기 다이라노 기요모리(平淸盛)가 세운 신사로 1996년에는 세계문화유산으로 지정되었다. 과거 이 섬은 그 자체로서 숭배의 대상이 되었으며, 그 영향으로 신사가 섬의 중앙부가 아닌 바다 쪽으로 밀려나게 된 것이라고 한다. 아마도 산악숭배의 영향이었을 것이다.

이 신사 건축공간의 놀라운 특성을 살펴보면, 무엇보다 바다 한가운데 설치된 대도리이(大鳥居)의 존재 형식이다. 그뿐만 아니라 마치 부두시설과 같이 바닷가에 면하여 설치된 신사 건물의 배치 형식도 특이한 것이지만, 더욱 놀라운 것은 신사 주전 앞에 위치하여 바다를 향해 열려진 배전拜殿 건물, 그리고 그 앞의 세로로 긴 고무대高舞臺 신사 건물, 그리고 지붕 없이 널판 깐 평무대平舞臺 등의 공간 배치가 모두 아무것도 없는 바다를 향해 질서 있게 열려 있다는 점이다.

그리고 그 공간 중앙에서 좁고 길게 바다로 연장된 통로의 끝에는 동銅으로 만든 에도시대 등롱燈籠이 있다. 등롱과 도리이는 소총에 장치되어 목표를 향하는 가늠자와 가늠쇠의 역할과 같이 바다로 향한 움직임을 만들어내며 공간의 질을 높이고 있다.

이러한 일련의 공간적 방향성은 그 속에 있는 사람의 시선을 무한 공간의 바다 쪽으로 향하게 만드는 동력이 된다. 육지가 끊어진 바다 공간 속 저 멀리에는 목표물로 보이는 큰 도리이가 있어 드디어 공간 지향의 정점을 이룬다. 하지만 이마저도 대문 공간과 같이 중심부가

---

53 요시노부 아시하라, 김정동 역, 《건축의 외부공간》, 기문당, 1987, p. 142.

열린 건물로서, 대상으로서의 달이 아니라, 그 너머로의 지향을 나타내며 가리키는 손가락 역할일 뿐이다. 그 너머에는 결국 차실 공간에서와 같이 無가 있다.

2) 현대건축과 차실 공간미학

시대를 옮겨 현재에 시선을 맞추어 보자. 전후 일본의 현대건축가들의 활약은 세계적 주목을 받아왔으며, 건축의 노벨상이라 불리는 프리츠커상 수상자를 여러 명 배출한 바 있다. 그중에서도 특히 동양의 공간 특성을 가장 동양적으로 표현했다는 찬사를 받는 안도 타다오(安藤忠雄)의 건축공간을 보면, 초암차실의 공간 특징인 '無로 사라져가는' 禪적 지향을 발견할 수 있다. 그는 일본 차실 공간에서 나타나는 극단적 압축과정과 그로 인해 최종적으로 진입하게 되는 無로의 승화과정을 현대적인 건축언어로 잘 표현하여 큰 반향을 불러일으켰다.

그의 초기 작품인 스미요시 나가야(住吉の長屋) 주택의 경우, 앞서 밝힌 차실 공간의 철학을 이해하지 않고서는 납득하기 어려울 뿐만 아니라 살기에 불편하기가 견줄 바가 없을 만큼 이상한 주택이었다. 도로에 접한 대지의 폭에 비해 깊이가 훨씬 깊은 형태가 특징인 장옥長屋(나가야)의 경우 대지 면적상의 효율은 극대화할 수 있으나, 한 필지 내 건물의 형태가 제한되고 채광의 효과가 떨어진다는 단점이 있었다.

안도 타다오―'스미요시 나가야' 정면(위키백과)

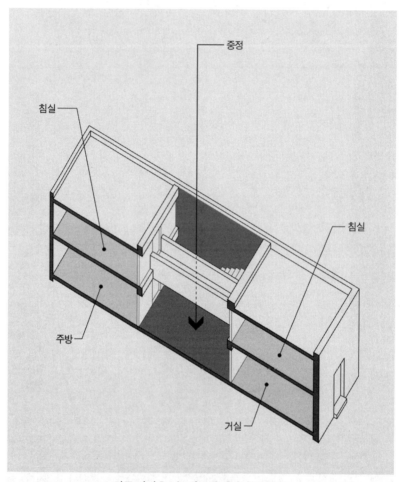

침실

중정

침실

주방

거실

안도 타다오 - '스미요시 나가야' 투상도

안도 타다오는 스미요시 나가야(住吉の長屋) 주택에서 이런 단점을 해결하기 위해 대지를 3분할한 후 양단부에 필요한 내부 기능을 배치하고, 중심부에는 과감하게 마당 공간을 배치하여 햇빛을 받아들이는 광정光庭의 역할을 겸하도록 설계하였다. 물론 좁은 대지 여건 속에 채광과 통풍을 위한 어쩔 수 없는 해결책이라는 점에서 수긍할 수도 있지만, 아무래도 이런 계획을 두고서는 여러 가지 수상한 점을 지적하지 않을 수 없다.

실내 채광을 위한 것이라면 가장 유리한 조건을 가진 외벽에는 왜 창을 내지 않았으며, 환기의 문제를 해결해줄 마당의 존재가 필요했다면 왜 북쪽으로 배치하지는 않는가 하는 의문이 든다. 즉 대지의 북쪽에 마당을 배치하고, 도로에 접한 남쪽 면에 창을 내었더라면 맞바람이 통하고, 남북쪽 채광이 가능한 집을 가질 수 있기 때문이다. 즉 특별한 의도가 없다면 스미요시 나가야와 같은 특이한 평면을 가진 집을 설계한다는 것은 넌센스일 수밖에 없다.

실제로 이런 이상한 계획의 결과로 동일한 한 집안에 있으면서도 다른 방으로 이동하기 위해서는 신발과 외투를 입은 후 바깥 공간을 거쳐야만 통할 수 있는 구조였기 때문이다. 거주자는 아마도 비가 오는 겨울밤이 되면 수시로 끔찍한 체험을 겪어야만 했을 것이다. 오죽하면 안도 타다오의 이런 기괴한 공간을 '자폐적 공간구성 원리'라고 명명했겠는가?[54]

---

54 문경욱, 《안도 타다오의 자폐적 공간 구성원리에 관한 연구》, 석사학위 논문, 고려대학교, 2021, p. 141.

하지만 초암차실의 공간미학을 누구나 다 깊이 이해하고 있던 일본 국민들은 열광적인 마음으로 그 작품을 사랑하였고,[55] 세계적 건축가로서의 안도 타다오(Tadao Ando. 1941~) 초기 출세작이 되었다.

현대의 건축가 안도 타다오의 작품세계는 위와 같이 無로 사라져 가는 차실의 공간, 한 발 더 나간다면 禪불교적 미학에 맥이 닿아 있으며, 그의 공간철학의 핵심적 요소가 된다. 1988년에 완공한 홋카이도 유후츠 군에 있는 물의 교회 역시 위와 같은 사례를 볼 때 역시 그러하다. 이 건물은 위에서 아래로 내려가는 방향으로 주 출입이 이루어진다.

건물의 남쪽 방향에서 콘크리트 외주 벽을 따라 동남쪽에서 북서쪽으로 콘크리트 외주 벽 바깥 접근로를 따라 접근한 후 외주 벽의 끝부분에 설치된 개구부를 통해 경내 안쪽 공간으로 들어가게 된다. 진입자는 이제 역방향으로 콘크리트 외부 벽을 따라 건물 뒤편 주출입구로 접근한다. 접근로는 주 출입구를 향해 좌측으로 꺾어져 계단 입구에 이른다.

여기에 이르기까지 진입자는 두 번의 역방향 진행을 겪는다. 마치 차실 공간의 노지露地처럼 공간의 압축적 체험이 이루어진다. 주 출입구에 진입한 후에도 계단은 주변 공간을 철저하게 체험시키기 위해 또다시 두 번의 역방향 진행과 옥상부터 지하로의 오르내림을 강제한다.

---

55 안도 타다오는 이 건물로 1979년 일본건축학회 상을 받았으며, 그 과정에서 일본 건축계에 많은 논란과 반향을 일으켰다.

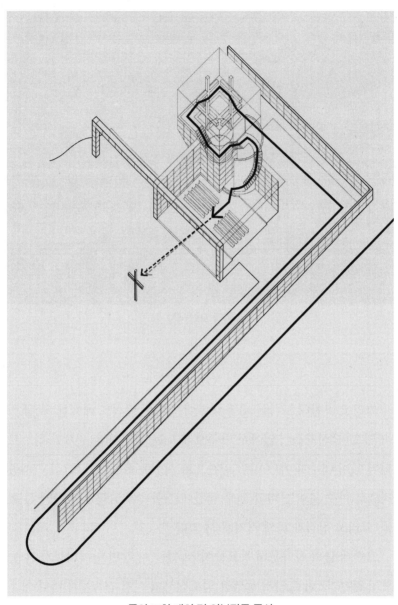

물의 교회 배치 및 외부접근 동선

물의 교회 내부

　그리고 마침내 도착한 채플 내부에는 어떤 장식도 배제한 채 텅 비어 있으며, 신자들이 앉아서 마주보게 되는 정면 벽은 전체가 창으로 되어 있어 내부가 아닌 바깥 공간으로 시선을 유도한다. 그리고 최종적으로 마주 보이는 바깥 외부 공간에는 물속에 잠긴 십자가만 하늘, 물, 그리고 정적과 함께 거기에 서 있다.

　그런데 물의 한가운데 목표물이 서 있는 이 장면을 어디선가 본 듯하지 않은가? 바로 앞서 설명한 엄도신사의 신전 건축들과 바다 가운데 서 있는 대도리이와의 관계와 거의 일치하는 공간 구성 아닌가?

도리이의 중심 공간이 비어 있음으로 해서 도리이라고 하는 물체 자체보다 그 너머에 대한 지향을 강조하는 것에 비해 유일신 신앙인 기독교의 교의대로 예수의 수난을 상징하는 십자가상 자체를 표현 목표로 설정한 것이 다를 뿐이다.

일본의 건축공간 속에서 시간과 공간을 뛰어넘어 현재까지 면면히 이어지고 있는 전통이 바로 여기에 있다. 無라고 일컫는 궁극적 공간으로의 지향.

이렇듯 일본 차실 공간의 철학은 단지 茶道의 틀에만 매달려 있거나 과거 특정 시점에만 머물러 있는 것이 아니라, 지금도 살아 숨 쉬고 있으며 어느 한 개인이나 한 시대의 차원을 뛰어넘어 일본 건축공간의 과거와 현대를 관통하는 고유의 공간미학을 구성하는 요소로서 여전히 작용하고 있음을 볼 수 있었다.

제3장

무한(∞) 자연으로 합일해 가는
한국 전통 건축공간

이제 한국 전통 건축 고유의 공간미학을 탐방할 순서가 되었다. 차실의 미학, 한 발 더 나아가 茶의 철학에 관한 한 공간의 미학을 살펴보는 것은 매우 유용한 도구가 될 것이다.

앞서 보았던 서양철학자의 말대로 공간이야말로 가장 원초적이고 무형의 표현수단이어서 그 속에는 그것을 만든 사람의 예술철학과 의식이 본능적 혹은 무의식적으로 담기기 때문이다. 즉 당사자가 의식을 하든 안 하든 그것을 만들 때 그의 존재적 흔적이 남는 것이다. 차실의 공간 특성을 살펴보는 것은 그때 그 사람들이 가졌던 茶의 철학을 직접적으로 이해하는 것과 같다.

일본의 경우 과거로부터 이어오는 茶 문화가 지금도 일본인의 정신적 자산으로 살아 움직인다. 차실 공간도 옛것이 그대로 보존되어 있어 茶 문화가 번성했던 당시의 미학과 정서를 잘 살펴볼 수 있었고, 특히 그것이 현대 일본인의 정신문화에 끼친 큰 영향에 대해서도 이해할 수 있었다.

이제 한반도에 남아있는 茶 문화를 살펴볼 차례이다.

한국은 일본과는 달리 일제 강점기와 전쟁이라는 국난기國難期를 지나면서 뿌리가 단절되어, 지금은 전통의 흔적마저도 찾아보기 어려운 실정이다. 하지만 같은 동아시아 문화권에 속해 있으면서 일본보다 일찍 茶 문화를 받아들여 번성하였으며, 특히 禪불교적 茶 문화의 전통이 끊이지 않았던 한반도의 특성상 현재 어딘가에는 분명 茶 문화의 잔재가 살아 숨 쉬고 있을 것이다. 우리는 이제 이 흔적을 茶 공간에서 찾으려 한다. 매우 오래 전에 만든 찻사발이나 찻잔 같은 유형의 것들이 남아있기는 하나, 그것만으로 당시의 정서와 철학까지 이해하기에는 한참 부족할 수밖에 없기 때문이다.

그러나 아쉽게도 한반도에서는 일본과 같은 별도의 차실 공간이 없었다. 그 이유는 여러 가지가 있겠지만, 가장 먼저 꼽을 수 있는 것은 서로 다른 민가의 건축구조 때문일 것이고, 그보다 더 심층적인 이유로는 그 당시 사람들이 느꼈던 공간의 미학이 달랐기 때문이라 말할 수 있을 것이다.

공간은 형이상학적인 것이어서 구체적으로 보여주거나 말을 할 수도 없는 것이지만, 일본과 한국이라는 매우 비슷한 문화적 뿌리를 가진 두 나라의 건축공간의 질적 차이를 비교해 본다면 가능할 것이다. 마치 몽골로이드 계통의 신생아 엉덩이 위의 푸른 몽고반점처럼 하나의 뿌리에서 파생된 가지는 그 원류와 땔래야 뗄 수 없는 태생적 연결고리의 흔적이 남아있기 마련이다.

한반도는 대륙의 茶 문화를 받아들여 나름의 문화로 발전시켰고 일본으로 전파하였다. 일본은 그것을 더욱 개선하여 일본 고유의 문화로 승화시켰다. 이제 일본의 차실 공간을 발판으로 지금은 희미하게 흔적만 남겨진 한반도의 茶 문화의 전통을 확인하고 한 발 더 나아가 복원시킬 수 있을 것이다.

먼저 한반도의 건축공간 전반의 특성이 어떠한지를 알아보고 그것을 중심으로 별도의 차실 공간이 없었던 한반도의 茶 공간은 어떻게 전개되었을까를 살펴보겠다. 그 후 일본 차실 공간과 비교 고찰을 통해 한국의 茶 공간 원형은 어떠했고, 바탕에 깔린 茶의 철학은 무엇이었는지를 파악한 후 그것을 기반으로 한국의 茶 공간이 앞으로 전개해 나가야 할 방향까지 모색하는 순서로 고찰해 보고자 한다.

현재 얼마 남아있지도 않은 한국 전통건축의 사례 속에서 고유의 공간 특성을 찾아낸다는 것은 쉽지 않은 일이며, 그런 속에서 다시 茶 공간의 특징을 따져보는 것은 더욱 간단한 일이 아니다. 한국의 전통건축은 목구조의 특성인 내구성의 제약뿐 아니라 화재나 전란과 같은 역사적 사건에 의해 대부분 소실되어 현재 남아있는 건축 유적이 매우 드문 현실이기 때문이다. 특히 일상의 생활이 이루어지는 주택의 경우, 주생활의 변화에 따라 건축공간도 동반 변화하게 되므로 그 속에서 과거의 흔적을 찾아보는 일은 더욱 어려운 일이 될 수밖에 없다.

따라서 한국 전통 '차 공간의 특성'을 찾아보기 위한 사전 순서로 우선 전통 '건축공간의 고유특성'을 살펴보는 것이 합리적일 것이다. 그 대상으로서는 여러 가지 전통 건축 유형 중에 먼저 불교사찰의 공간을 통해 보는 것이 가장 적합할 것이라 생각된다. 왜냐하면 건축 유구遺構 혹은 유지遺址가 다른 것들보다 비교적 잘 보존되어 있고, 보편 민중의 손길로 만들어지는 종교 공간인 이유로 그 종교를 믿는 대다수 사람의 공통 정서가 담겨질 수밖에 없는 것이기 때문이다.

또 건축공간의 특성을 살펴보는 데 중요한 단서가 되는 외부 공간도 종교 건축의 특성상 장소와 크기에 구애받지 않고 순차적, 심층적으로 펼쳐 보여주기 때문이다. 즉 한반도의 사찰은 불교가 전래된 삼국시대부터 현재에 이르기까지 민중의 대중적 사랑을 받아온 공간으로서 일반 민중의 보편적 공간 정서가 뚜렷이 나타나 있는 건축 형식인 것이다.

우선 사찰을 통해 한국 전통 공간미학의 고유성을 살펴본 이후에 그 특성이 한국의 茶 공간에는 어떻게 반영되었고, 그 속에서 추출된 茶 공간의 특징이 일본의 것과 비교하였을 때 어떤 의미를 함축하는가에 대해 순차적으로 살펴보도록 하겠다.

1. 한국 사찰 건축 고유형식 형성 과정과 원인

한국의 전통건축은 중국 건축문화를 받아들여 차츰 독자적 양식으로 발전시켰고, 고대로부터 지속적으로 일본으로 전파하였다. 따라서 후일 전개되는 중국·한국·일본의 동아시아 건축문화는 하나의 뿌리에서 파생된 여러 가지라고 볼 수 있으며, 각각의 공간미학에 맞는 방향으로 발전시킴으로써 서로 다른 특징을 가지게 되었다.

특히 불교사찰의 경우, 인도에서 최초 발생한 건축 형식이 중국으로 전해진 후 중국 건축화하는 과정이 있었고,[56] 중국 불교를 받아들인 한국은 그것을 또다시 자신만의 방식으로 한국화하는 과정이 있었다.[57]

한국 사찰 외부 공간의 가장 큰 특징은 순차적 진입의 과정을 따라 여러 개의 중첩된 마당을 배치하는 기법에 있었다. 중국 궁궐의 ㅁ자형 회랑식 평면을 바탕으로 시작된 한국 전통사찰 공간은 점차 한국인의 지리·인문 환경에 적합한 형태로 변천·발전되어 갔다.

엄격한 기하학적 좌우대칭을 기반으로 했던 초기 삼국시대 귀족 불교 배치 형식은, 통일신라시대에 이르러 대칭적 질서 안에서의 변형을 거치게 된다. 이러한 대칭적 질서 틀 안에서의 변화마저도 이미 중

---

56 문철수, 《山地佛寺 空間의 力動的 展開에 미친 地勢的 影響》, 박사학위 논문, 경희대, 2005, p. 12~16.

57 문철수, 《山地佛寺 空間의 力動的 展開에 미친 地勢的 影響》, 박사학위 논문, 경희대, 2005, p. 17~20, 30~38.

국·일본 등 인접국에서는 찾아볼 수 없는 파격적인 요소를 지니고 있었는데, 그곳에서 한국 외부 공간의 고유성이 형성되고 있었던 것이다.

고려시대에 와서는 기하학적인 틀 안에서의 변화이기는 하나, 대칭적 질서에서는 벗어나는 비대칭의 변화를 갖추기 시작한다. 이때부터 인접국에서 찾아볼 수 없는, 일정한 격식에서 벗어난 외부 공간 특성이 뚜렷해지며, 조선 후기의 자유스러운 질서, 즉 한국 고유의 산조적散調的 질서[58]를 확립하는 기틀을 마련해 나가게 된다.

그 후 조선시대 숭유억불崇儒抑佛 정책으로 인해 산지 가람이 발달하게 되면서 자연 지세에 순응하는 외부 공간미학이 비로소 빛을 발하게 된다. 한국 전통사찰 공간 연구 초기 일본 학자들은, 이를 '무질서한' 공간이라 오해한 그 특성이 바로 '비정형적 질서체계'[59]라 칭하는 한국 고유의 공간철학으로 자리매김하게 되는 것이다.

외관상의 '무질서함'과 내재된 '비정형적인 질서'란 얼핏 보기에 종이 한 장 차이에 불과하다고 말할 수 있으나, 실제 그 속을 거니는 관찰자의 느낌 차원에서 매우 다른 종류의 주제이기도 하다.

특히, '나'라는 중심점을 기준으로 주변 사물들과의 관계에서 형성되는 극좌표적 공간체계가 관찰자의 움직임을 통해 연속될 때, 외관상으로 건물과 건물 간에는 불규칙적으로 보인다 하더라도, '나'라는

---

58 문철수, 《傳統佛寺 進入空間의 리듬體系에 關한 考察》, 석사학위 논문, 경희대, 1989.

59 조창한, 《韓國寺刹과 희랍 神殿의 建築空間 構成 比較 硏究》, 박사학위 논문, 서울대, 1985.

요소를 중심점으로 대입시키면 엄정한 기하학 질서가 존재되어 있음을 알게 되는 것이다.

현대인에게 익숙한 직교좌표상의 공간은 하늘에서 전체를 한눈에 내려다볼 때처럼 모든 것을 동시에 파악할 수 있을 때 정확할 수 있을 뿐 건축공간 속을 헤엄쳐 다니는 관찰자의 주관적 감각 측면에서는 현실적으로 체감되지 않는다.

그런 관점에서 한국 건축의 공간 질서는 철저히 관찰자가 느끼는 감각적 질서체계를 중시한 것이었고, 그것으로 산지라는 환경적 한계를 극복해 나가며 미학적 욕구도 충족시키는 두 마리 토끼를 잡을 수 있게 되었다. 이제 그 내용을 한국 사찰 공간의 생성과 변화 과정을 통해 하나하나 분석해 보도록 하자.

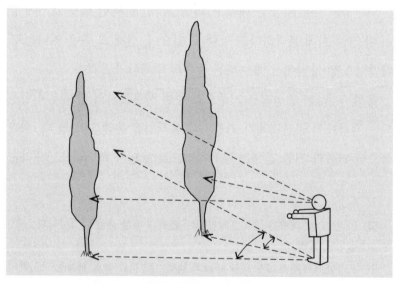

극좌표 공간체계 개념도

1) 시대별 변화 과정과 추세

애초 불교가 발생한 인도에서 사찰의 원형은 부처의 사리를 봉안한 원형 평면을 가진 스투파(탑)가 중심이 된 공간이었다. 그러다가 그 속에 종사하는 승려들의 생활공간이 부속되면서 성소聖所와 승방僧房이 좌우 병렬형으로 놓이게 되었다.

이런 평면형은 작은 동굴 사원에서부터 대규모의 타흐티바하이 사원의 경우에까지 유사하게 전개되어 갔다.[60]

중국은 인도 불교의 스투파를 중시하여 받아들였다.

중국 최초의 사찰이었던 북위北魏의 백마사白馬寺 평면을 보면, 인도

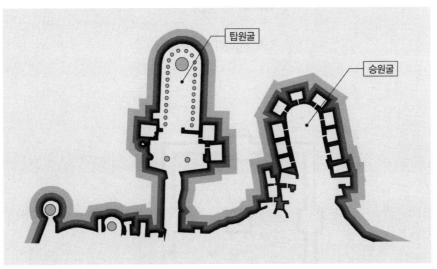

베드사 석굴 평면도(탑원굴, 승원굴)

---

60 문철수, 《山地佛寺 空間의 力動的 展開에 미친 地勢的 影響》, 박사학위논문, 경희대, 2005, p. 6~11.

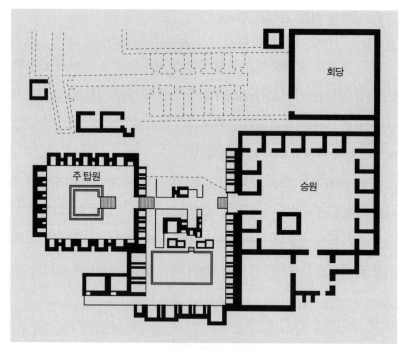

타흐티바하이 사원 배치도

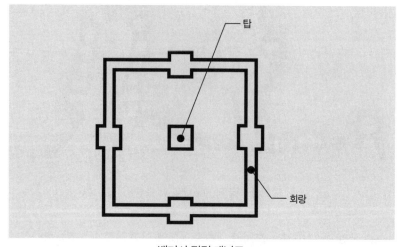

백마사 평면 개념도

의 것에 비해 소형화되고 중국적인 모양을 가진 탑을 중심으로 하여 주변에 회랑을 둘러 공간을 한정시키는 중국 궁궐 공간으로 변화되었다.

여기서 건축 관념상 주목해야 할 점은 탑의 크기나 모양보다는 그것을 담는 공간의 성격 변화이다. 주변을 향해 열려있는 공간에서 한정된 공간으로의 변화, 이제 인도의 공간은 중국의 것으로 바뀐 것이다. 이제 그 중국 건축공간을 받아들인 한국 사찰공간의 특성 변화를 살펴보자.

• 통일신라 이전 한국 전통 불사의 배치 특성

초기 중국에서는 인도계 원형 평면의 스투파가 중국의 목조건축과 결합하는 과정에서 초기의 누형樓型 목조건축이 후에 목탑으로 바뀌면서 탑의 성격을 가지게 된 것으로 정리[61]되고 있다.

인도 초기 불사의 주요 요소는 스투파이고, 중국은 전통 예제건축 禮制建築 양식을 바탕으로 하여 사찰건축을 전개하였다. 중국으로부터 불교를 수입한 우리나라는 중국의 불사 건축양식에 영향을 받았다.

우리나라 초기 불사 배치는 옛 고구려 절터인 청암리 사지(498년), 상오리 사지(4세기 말~5세기 초)에서 보는 바와 같이 중심에 팔각형의 목탑이 있고 그 양면, 혹은 삼면을 금당이 둘러싸는 형태였던 것으로 보인다.

---

61 金聖雨,《동아시아 불사의 최초형식》, 대한건축학회논문집 3권 3호 通卷 11호, 1987년, p. 112.

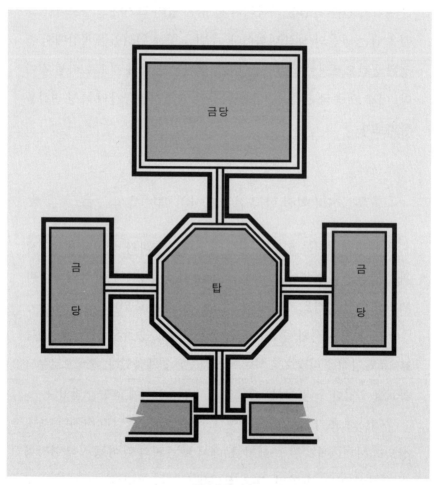

청암리 사지

초기 중국에서 시작된 '회랑으로 둘러싸인 탑'의 배치 원형이 그 이후 어떻게 해서 우리나라에 나타난 1탑 2금당, 혹은 1탑 3금당 양식의 배치 유형으로까지 전개[62]되어 왔는가에 대해서는 같은 시기 중국 측 유지遺址나 기록이 없으므로 명확하게 밝힐 수는 없으나, 이 시기까지는 어떤 변형이 되든 중심성을 지닌 대칭적 평면구조를 유지하고 있었음은 분명하다.

즉 중국 예제건축 공간을 원형으로 하고 이후의 공간적 변형 압력을 기하학적 정형성 안에서 소화해 내고 있었던 것이다.

백제 절터인 군수리사지軍守里寺址에서는 고구려 사지의 배치 유형과 크게 다른 배치 유형을 보인다.

탑 중심의 1탑 3금당이 1탑 1금당으로 바뀌고 회랑을 둘러 공간을 한정하고, 이외의 부속 전각들은 회랑 밖으로 밀려나 있다. 건축물의 배치 구성도 탑—불佛殿—법講堂—승僧房의 공간이 종축선상縱軸線上에 정렬되어 있다.

이것은 중국의 영녕사永寧寺와 비슷한 유형[63]으로 볼 수 있어 중국

---

62 중국의 탑 중심 불사 배치에서 금당을 포함하는 불사 배치가 고구려 시대의 불사 배치로 변화된 것으로 보았으나, 부도사浮圖祠와 영녕사永寧寺 사이 기간 중 발굴된 사지寺址나 불사에 대한 기록이 없고, 중국에 없는 고구려만의 불사 배치라는 것을 명확히 입증할 수는 없는 것으로 본다. (김성우, 《3금당 형식의 기원》, 대한건축학회논문집 4권 1호 통권 15호, 1988년 2월, P. 167)

63 시기적으로도 군수리사지가 영녕사보다 후대의 것으로 밝혀져, 이것이 중국의 배치 유형에 영향을 받은 것으로 추측할 수 있다.

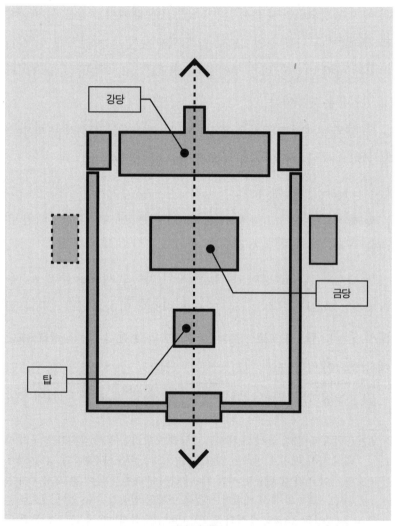

강당

금당

탑

군수리사지

불사의 영향을 받았음이 분명하다. 하지만 전체 평면이 정방형에서 장방형으로 변화되고, 금당金堂 뒷면에는 강당講堂이 회랑의 역할을 대신하며, 좌우로 부속건물이 연결되어 있어 기록에서 전하는 영녕사의 건축 배치와 정확히 일치하는 것인지는 알 수 없다.

신라 절터인 황룡사지는 군수리사지의 경우와 달리 좌우 부속 전각들이 회랑 안으로 들어와 각 불전 공간이 한 공간 안에 병렬적으로 구성되어 가로 방향의 부속 축선을 가지고 있다.

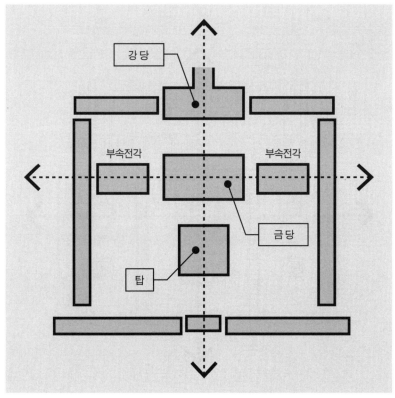

황룡사지

이와 유사한 사례로 백제의 미륵사지가 있다. 하지만 미륵사지에
서는 황룡사지에 비해 회랑이 도입되어 명확히 분화된 공간이 좌우
로 병렬적으로 확장되어 갔다는 것을 알 수 있다.

또 중심의 공간을 지나면 후면 강당이 이루는 독립된 영역이 있어
결과적으로 세로의 주축선 위에 가로축의 부속 축선이 부가되어 십
자형의 교축交軸을 이루고 있는 공간 구성임을 알 수 있다.

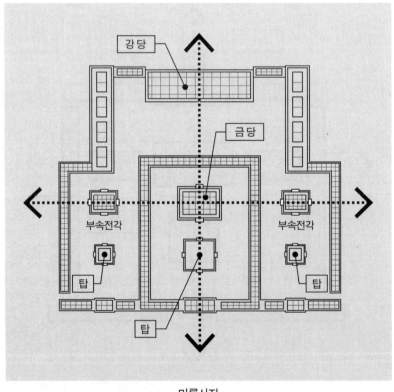

미륵사지

• 통일신라시대

삼국통일 직후 창건된 7세기 후반의 사천왕사지에서는 2탑식 구성으로 인해 후면 좌우의 경당經幢과 함께 동심원적 구성을 이루고 있음을 볼 수 있다.

이렇게 볼 때, 전기 정형 형식 내에서도 배치 형식의 변화는 꾸준히 이루어져 왔으며, 종축선형→십자교축형→동심원의 형식으로 발전되어 나갔음을 확인할 수 있다. 이 변화의 의미는 구체적 형상을 가진 하나의 원형이 점차적인 해체 과정을 전개해 나가고 있음을 의미한다.

이러한 변화는 당시 중국의 사례에서는 찾아볼 수 없다. 왜냐하면 중국의 사찰은 주로 종축선형의 배치 전개 특성을 보였고, 횡축선형의 배치 특성은 앞서 살펴본 대로 동시대 인도 사찰의 특징이었기 때문이다.

따라서 우리나라 사찰의 종축선형 배치 이후 횡축선이 부가되는 배치 형식의 변화는 당시 있었던 혜초 스님의 인도 여행[64] 등의 이유에 의한 인도 사찰의 영향이 첨가되었기 때문이라고 추측할 수 있다. 하지만 당시 사찰 배치 형식의 전개가 가지는 더 깊은 의미는 중국과 인도 사찰 배치의 영향을 단순히 수용한 것에 그치는 것이 아니라, 그 이후에도 지속적 변화의 경향성을 나타내고 있다는 사실이다.

그것은 종축선형과 횡축선형이 합해져 십자 교축형으로 받아들여

---

64 혜초慧超 스님은 723년 중국 광주廣州에서 출발하여 약 5년간 인도의 동·중·남·서·북부지방을 차례로 시찰하고 727년 11월 당나라 안서도 호부安西都護府가 있는 현재의 쿠차 지방에 도착하였다. (윤장섭, 《인도의 건축》, 서울대학교 출판부, 2002, p. 127)

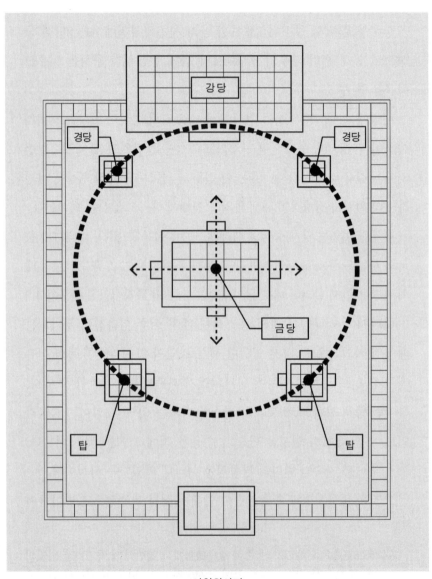

사천왕사지

져 정착된 것이 아니라, 동심원형으로 인식하기 시작한 것으로 나타난다. 십자교축이라 함은 축이 직각 교차되어 있는 단 하나의 유형만을 상정하지만, 그것을 동심원적으로 인식하다는 것은 직각에서 벗어난 수없이 많은 변화 유형을 가질 수 있다는 것으로 받아들인다는 것을 의미한다.

이 변화는 이 세상이 하나이며, 유형의 것이라는 인식에서 벗어나 어쩌면 무한無限의 대안을 가진 무형의 것일 수 있다는 불교적 인식 변화를 표현한 것일 수 있고, 결과적으로 건축공간의 고정의식에서 벗어나 비정형의 경향을 가지는 계기가 되었다.

이 시대의 비정형과 무형을 향한 건축 배치 추세는 고려 시대를 거치며 심화 과정을 겪게 되고, 그 후 전개되는 '무형, 무한의 공간 극점極點'을 향해 역동적으로 쇄도해 들어가려는 한국 고유의 공간 특성을 향한 출발점이 된다.

• 고려 시대 불사 배치 유형의 발전

고려 시대 불교사찰에서는 신앙대상의 확대와 더불어 전각의 개수가 늘어나면서 가람伽藍[65]의 규모가 한층 커지게 되고, 여러 개의

---

65 승려가 모여서 불도를 수행하는 청정한 장소를 의미하며, 사원의 건물을 총칭해서 가람이라고 한다. 고대 사원의 탑, 금당金堂(불전)·강당·중문·남대문·회랑·종루(고루)·경당 등의 주요 당탑의 배치를 가람배치라고 한다.

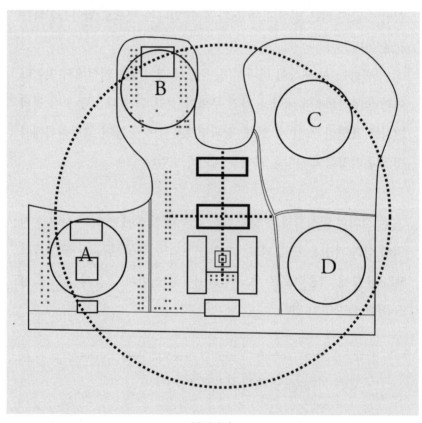

불일사지

개별 단위공간이 모여 전체 가람을 형성하게 된다. 하지만 독립된 각각의 영역이 조합되는 방식에서는 중국과는 전혀 다른 공간구성 특성을 보여주고 있다.

즉 중국은 회랑식이든, 사합원四合院 식이든 간에 주축의 연장선에서 독립된 단위공간이 수직적 위계 속에서 위치하는 것이 일반적이었다. 또한 비정형적 구성일 경우에도 종축선상의 기하학적 배치 구성에서 벗어나는 경우는 찾을 수 없었다.

고려 불일사지佛日寺址의 공간구성 방식을 살펴보면, 탑을 중심으로 회랑과 금당, 강당이 이루는 주 공간이 있고, 각각의 독립된 공간으로 A·B·C·D의 영역이 있다. 주 공간과 A·B·C·D의 독립된 영역이 구성되는 방식은 중국 불사와 같이 주축선상에 수직적으로 놓이는 것이 아니라, 주 공간 주변에 부속 공간이 둘러싸는 형식으로 결합되어 있음을 알 수 있다.

중국 불사 건축이 주축선상을 따라 배치된 선적線的 공간구성이라 한다면, 고려의 불사 배치 형식은 주 공간을 중심으로 하되 종축선상의 순차적 배열이 아닌 주변을 둘러싸는 동심원적同心圓的 배치형태로 발전하였던 것이다.

고려 건축은 주 공간을 중심으로 방사상, 비대칭이면서도 아직은 직교적 배치 질서를 유지한 채 점차 유기적, 비정형적으로 발전해 나가는 전개 특성을 보여준다.

고려 후기의 흥왕사지興王寺址의 경우를 보면, 이러한 유기적 방사형 배치 경향이 더욱 뚜렷이 나타나고 있음을 볼 수 있다.

고려 시대의 사찰 배치 질서 변화 추세를 종합해 보면 다음과 같다.

먼저 불교 도입 시부터 통일신라 후기까지 이어져왔던 인도·중국 사찰의 정형 배치 형식을 타파하고 비정형을 지향한 경향성은 고려를 거치며 더욱 심화 발전되었음을 알 수 있다. 특히 후기 흥왕사지의 경우를 보면, 과거의 직교 교축형 배치 형식은 흔적도 없이 사라지고 고유 성격의 동심원 배치 경향성이 뚜렷해졌음을 확인할 수 있었다.

결국 고려시대를 거치며 한민족 고유의 비정형 배치 형식 추세는 점차 과감하고 뚜렷해졌으며, 곧 이어 나타나게 될 공간적 극점極點을 기대하는 지경에 이르렀다고 평가할 수 있다.

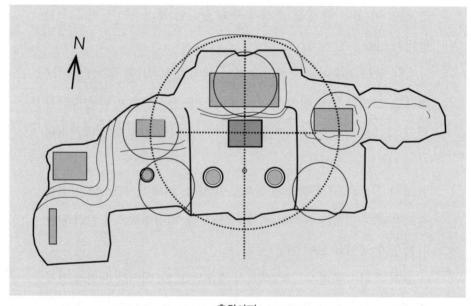

흥왕사지

• 조선 이후 불사 배치 유형의 전개

중국이나 한국은 초기 불사 배치가 좌우대칭의 정형적 회랑回廊식 평면에서 시작되었다. 그 후 가람의 영역이 커지면서 각각의 특유한 경향을 보이게 되었다.

이러한 진행과정에서 우리나라 불교사찰 배치에서는 중국과 다른 방사형의 배치 특성을 가지게 되었다. 그 이유는 지형적·기능적·미적 이유 등 여러 가지가 있었을 것으로 보인다.

따라서 조선 이후에 나타나는 각 건물 간의 비직교, 비대칭의 비정형 불사 배치 특성은 그 이전 시대의 엄격한 질서체계에서 벗어나 자유스러워져 가는 공간 전개 경향에 이미 그 가능성이 잠재되어 있었던 것으로 볼 수 있다.

조선 이후 현존하는 대부분의 불사는 수많은 중창重創 중건重建의 과정을 거쳐 현재에 이르렀으며, 그 과정상의 정확한 기록이 없으므로 현재하는 불사의 건립 시기를 초창을 기준으로 하기 어렵다. 따라서 이 글에서는 초창 시기와 관계없이 현존하는 사찰들은 조선 이후의 것으로 판단하였다.

특히 이 시기는 이전 시대와는 달리 숭유억불崇儒抑佛 정책에 의해 불교의 교세가 위축된 시기였으며, 산지山地 불사 이외에는 존립의 근거가 희박하였다. 따라서 산속으로 옮겨간 불사의 배치는 주변 지세에 따라 자연히 비정형성을 띨 수밖에 없었다. 그중 가장 눈에 띄는 변화는 회랑回廊에 있었다.

산지의 특성상 넓은 면적이 요구되는 회랑을 기하학적 형태로 설

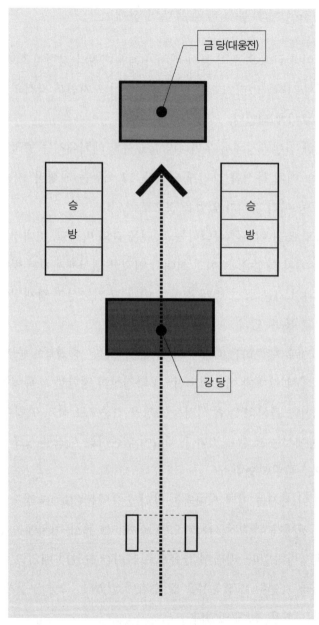

금 당(대웅전)

승 방

승 방

강 당

사합원식 불사 배치 개념도

치하기가 현실적으로 어려웠을 것이며, 회랑이 가지는 공간적 한정의 기능 또한 주변의 능선이 대신할 수 있는 것이므로 존재의 필요성이 없어졌을 것이라 추측할 수 있다.

조선 이후 한국의 불사 배치는 회랑이 없어지고 대신 주불전主佛殿을 중심으로 전면에 강당이, 좌우에는 요사채가 배치되어 네 개의 건물이 하나의 마당을 구성하는 사합원식 배치 형식이 정착되었다. 특히 사용자 관점에서 경내 진입 시 강당 공간을 거치고 좌우 요사채를 지나 마지막 단계로 대웅전에 도달하는 과정, 즉 법法—승僧—불佛의 진입 과정을 갖는 보편 형식을 가지게 되었다.

2) 공간 변화의 근본 원인—자연이라는 요소

사합원식 불사 배치 유형은 그 입지가 더 심하게 제약을 받는 산지로 옮겨감에 따라 주변의 험준한 지형에 맞추어 배치할 수밖에 없게 됨으로 인해 더더욱 규칙성은 감소하고 적응이 편리한 비정형성은 커졌다. 가운데 마당을 중심으로 네 동 건물의 기하학적 사각 공간을 구성하는 일은 험준한 산지로 갈수록 더 어려워지는 일이기 때문이다. 자연히 능선과 골짜기로 이루어지는 자연지형에 따라 건물을 배치하는 방식을 택하게 되었을 것이고, 그 물리적 어려움을 극복하는 과정 속에서 한국 고유의 공간적 감수성이 필연적으로 발휘되었을 것이다.

그렇게 하여 종국적으로 지향한 목표가 바로 '외부 환경의 비정형성을 극복하는 내적 질서체계의 공간 구축'이었다. 이것은 명백한 이율배반적인 목표일 수밖에 없었지만, 좁고 불규칙한 주변 산지의 지세는 그 모순적 상황을 건축공간 기법으로 해결하도록 압력을 가했다.

그 결과 한국의 전통 불교사찰 공간은 동아시아 건축에서 유례를 볼 수 없는 공간구성 기법, 즉 자연지형에 따르는 자연스러운 진입과정과 그에 따른 비정형적 건축배치 구성 방법을 창안해 내게 되었다.

직교 기하학의 체계를 버리고 험준한 주변 지세에 거스르지 않는 '유기적 건축 배치 속의 엄정한 내재 공간 질서체계의 구축'이 그 지향점이었고 무한공간과의 '극적인 동화'는 그 질서의 결과였다.

현존하는 한국 전통사찰 경내를 관통해 걸어가 보면, 관찰자의 진행에 따라 가려진 후 순차적으로 펼쳐지는 단위 마당의 크기는 점차 압축되며 경사는 점차 가팔라지는 것을 느낄 수 있다. 주변 건물의 개수와 크기는 점점 많아지고 커지며, 진입 도중 통과하는 터널과 같은 중문 공간은 점차 좁고 길어져 그 속의 어둠은 짙어지고 통과 후의 밝음의 교차는 커져만 간다. 진입 과정에서 경험하는 빛·공간·경사·건축물 등 각종 공간 요소들의 변화가 순차적으로 점점 커지고 건축적 긴장도가 강해지는 것이다.

이러한 모든 극적인 긴장 과정의 끝 대웅전의 앞마당에는 순간적으로 찾아오는 완전한 해방이 기다리고 있다. 즉 여태까지 죄어져 왔던 모든 긴장이 대자연과 함께하는 대웅전의 돌연한 장면 전개와 함께 한순간에 완벽하게 해제되는 이완의 엑스타시가 찾아드는 것이다.

관찰자는 갑자기 펼쳐 보인 자연의 품 무한공간 속에서 마치 몸이 태어나기 전에 누렸던 평화의 자궁 공간 속으로 되돌아왔음을 느낀다. 무한자연 품 안에서의 안도감과 평화, 바로 그것이 한국 건축공간이 펼쳐 보여주고자 했던 이상 공간에 다름 아니다.

수백 년이 지난 현재에도 한국 민중은 자기가 믿는 종교와 관계없이 가야금 산조의 '흩은 가락'과 같은 비정형의 산지 사찰의 공간 속을 거닐며 마음의 안식과 미학적 쾌감을 얻는 이유가 바로 여기에 있다.

이제 실제 전통사찰의 사례를 통해 건축적으로 어떤 공간 처리 기법으로 어떻게 느낌을 전달하는지 구체적으로 살펴보도록 하자.

2. 전통사찰 공간 지향점으로서의 대자연

1) 통도사

통도사의 경우 개울과 골짜기의 형태를 따라 완만히 굽은 곡선의 건축 배치를 가지고 있다. 건물들은 그저 자연스럽게 지형에 맞추어 조금씩 어긋나게 배치되어 있으며, 건물 간의 직교좌표적 질서는 없는 듯하다.

하지만 그 속을 걸어 들어가는 사용자의 입장에서는 조금씩 변화하는 건물 간 배치의 어긋남은 거의 인지할 수 없으며, 오히려 '나'를 둘러싼 주변 지형과의 기하학적 극좌표적 질서 속에 건물들이 배치되어 있다고 느끼게 된다. 즉 '나'를 중심으로 산봉우리와 같이 눈에 띄는 중요 지형물과 건물과의 관계가 일체화·조직화되어 있다고 느끼게 되는 것이다. 건물과 주변 지세와의 유기적 질서 관계를 건축물 간의 기하학적 질서 관계로 착각하게 되는 것이며, 결과적으로 상호 어긋나 있는 건물들이 '체계적으로 잘 배치되어 있는 것'으로 느끼게 된다.

긴 진입 축선을 따라 계속 걸어 들어가는 동안 사용자는 건물 배치의 미묘한 어긋남이 오히려 변화 있는 주변 지형과 건물 간의 충돌을 완화시켜 매우 자연스런 공간 질서를 유지한다는 것을 느낀다.

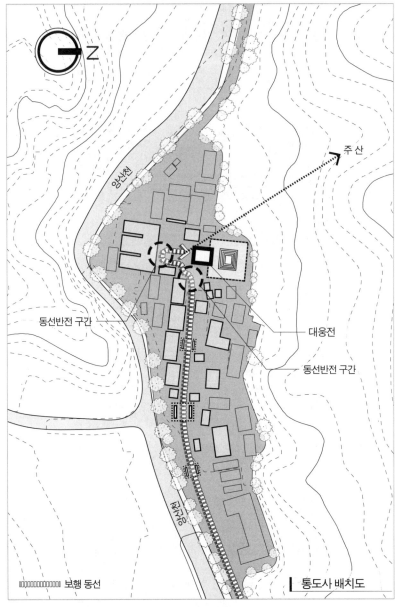

주 산

동선반전 구간

대웅전

동선반전 구간

양산천

보행 동선

통도사 배치도

통도사 배치도

통도사 진입과정

진입자는 건축공간의 미묘한 처리로 말미암아 그 변화를 의식하지 못할 정도로 자연스럽게 받아들이게 되는 것이다. 결국 비직교적이고 유기적인 건축 배치가 그 속을 지나는 사용자에게는 오히려 엄격한, 그러나 한편으로는 자연스러운 장축의 기하학적 배치 질서를 느끼게 하는 요소가 된다.

과정 공간에서 관찰자에게 매우 자연스럽게 받아들여지던 진입 동선의 질서가 최종 목적지인 대웅전 앞에서는 축선체계 전체를 변화시키는 충격의 승화를 연출한다. 가만히 전진해 왔던 동선 방향은 갑자기 P턴 방향의 반전을 일으킨 것이다.

하지만 P턴 이후에 갑자기 맞닥뜨리게 되는 대웅전의 또 다른 정면을 보는 실제적 정위치에 서게 되는 순간 산봉우리가 주 건물과 함께 대상으로 나타나며 장면적으로 어우러진다.

사실 이 절의 주 공간은 불상佛像 없는 대웅전이 아니라 그 북쪽 편에 연접한 석가모니 진신사리를 모신 금강계단이라는 점을 감안한다면 P턴의 반전反轉 이후에야 비로소 주 공간의 정면을 마주보는 정위치에 서게 되는 것이다.

그 방향으로 방향을 바꾸어 섰을 때 주 건물과 그 뒤편의 금강계단 그리고 그 뒤의 자연인 산봉우리가 공간적으로 함께 병치倂置되며 관찰자가 서 있는 마당과의 장소적 일치를 이루게 된다. 그 순간 마치 살아있듯 실재하는 공간 질서를 반전 동선의 충격과 함께 체득하게 된다.

통도사 대웅전과 산봉우리의 병치

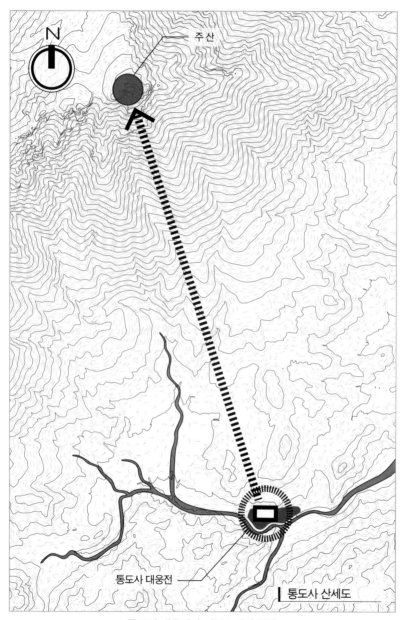

주산

통도사 대웅전

통도사 산세도

통도사 대웅전과 산봉우리의 병치

2) 백양사

백양사는 통도사의 경우보다 한층 더한 비정형성을 보여주고 있다. 갈 지(之)자 형태의 진입 동선과 그에 따른 급격한 방향 전환, 대웅전 앞 S자 형태의 우각隅角 진입과 같은 특이 요소는 진입자로 하여금 비정형 진입 공간미학의 극치를 느끼게 해준다.

하지만 그 속을 진입하는 사람은 건축공간 속에서 공간의 무질서함이 아니라 정형적 배치의 경우보다 더 엄격한 체험적 공간 질서체계를 느끼게 된다. 주변 지세의 시각적 잠재력, 공간적 효과를 극대화시킬 수 있는 위치에 사용자를 이끌고 와 거기에 서서 건축물과 주변을 바라보게 만들어 두었기 때문이다.

이 과정에서 진입 동선의 변화를 살펴보면, 기존의 진입방향을 역방향으로 반전反轉시키거나 진행 방향을 가로막고 직각으로 틀거나 정면 방향을 두고 비스듬한 사선 방향으로 진입자를 유도시키는 등의 적극적이고 의도적인 유도 작용이 있었다.

그리하여 최종 목표섬인 대웅전 앞마당에 진입하기 위해 마지막 건물 모서리를 감아도는 반전 순간, 동선 방향 전환과 동시에 맞닥뜨려진 충격적인 장면 앞에서 모든 사람은 넋을 빼앗기게 된다. 탑과 대웅전, 산봉우리와 주변 지세가 어우러져 그전까지 전혀 상상치 못한 극적 장면이 돌연 나타나기 때문이다. 그 공간의 장엄한 순간을 목도하는 관찰자는 그야말로 무한無限, 즉 종교적 열정에 휩싸일 수밖에 없게 될 것이다.

백양사 진입 과정

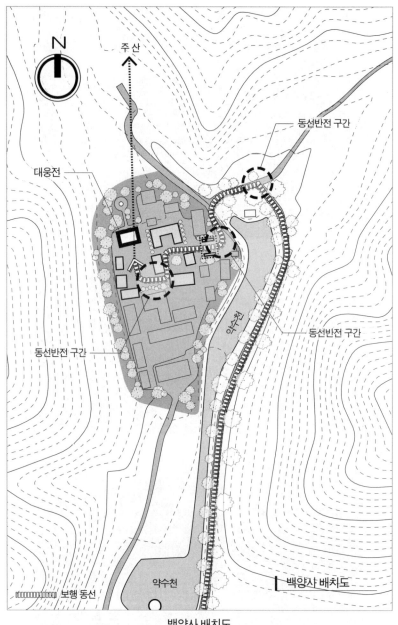

주산

동선반전 구간

대웅전

동선반전 구간

약수천

동선반전 구간

보행 동선

약수천

백양사 배치도

백양사 배치도

백양사 대웅전과 산봉우리 병치

그 위대한 한 장면의 연출을 위해 대웅전 마당을 둘러싼 전각殿閣
간의 배치 위치마저도 기하학적 질서를 버리고 있다. 뒤에 위치한 산
의 장엄한 봉우리와 대웅전이 가장 어울려 보이도록 만들기 위해 주
변 전각을 뒤로 물리거나 비스듬하게 배치하는 등 언뜻 보기에 무질
서한 외적 건축 질서, 사용자에게는 매우 타당한 내적 공간 질서를
부여한 것이다.

만약 뒤 산봉우리의 존재를 배제한 채로 사용자가 대웅전과 주변

대웅전(위) 및 배경 삭제(아래)

을 보게 된다면 그야말로 어이없고 무질서한 건축 배치라고 생각하게 되겠지만, 실제 느낌은 산봉우리와 함께 매우 자연스럽고 격식에 맞는 장면으로 받아들일 수밖에 없게 되어 있다.

이와 같이 비정형 배치는 무질서의 추구가 아니었다. 오히려 정형 배치의 경우보다 더욱 정교한 시각적 연출을 통해서 자연스럽고 엄정한 내적 공간 질서체계를 가지는 것이었다. 그 노력은 결국 시공을 뛰어넘어 어머니 자연의 무한공간 속으로 뛰어들기 위한 것이었다.

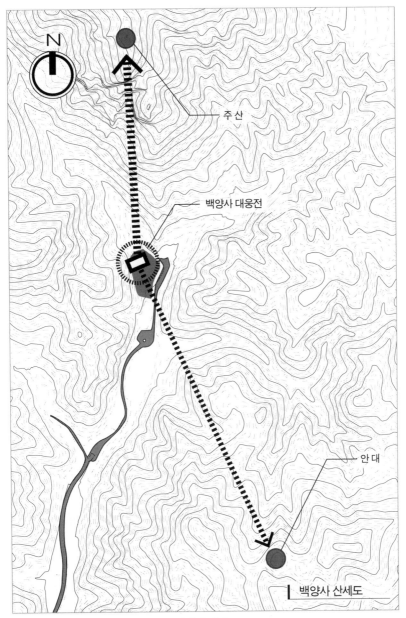

주산

백양사 대웅전

안대

백양사 산세도

3) 운문사

운문사의 경우 비정형의 정도가 파격을 넘어 극에 달하게 된다. 사찰로 진입하는 방향이 정면이 아니라 아예 뒤쪽에서 접근하는 비정형의 극치를 보여주고 있기 때문이다.

운문사 천왕문에서 동선 변화

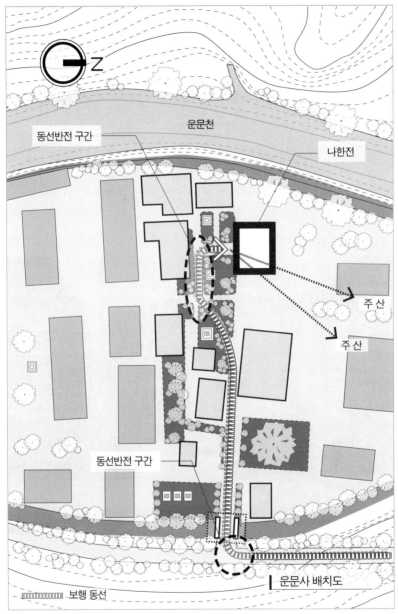

운문천

동선반전 구간

나한전

주 산

주 산

동선반전 구간

운문사 배치도

보행 동선

운문사 배치도

사실 한국 전통사찰의 경우에 있어서 이러한 역방향, 즉 북쪽에서의 접근 방식은 매우 이례적인 사례이며, 국내에서 다른 유사한 사례를 찾아보기 어렵다. 하지만 주변 지세에 따르는 진입 동선의 설정과 건축물의 배치라는 유기적 특성의 관점을 상기하여 본다면 이 또한 충분히 납득 가는 배치 형식이기도 하다.

절터의 범위를 성하고 나서 당시의 주 건물인 나한전[66]의 위치와 좌향을 남쪽에 있는 운문산의 주봉主峯을 멀리 남쪽으로 적절한 크기

나한전 측면진입

---

66 현재는 나한전 뒤편에 새로 지은 대웅전이 가람 전체의 주 건물로 되어 있다.

로 바라볼 수 있게 해주는 위치에 정한 후 주 좌향의 반대쪽에서 접
근하는 역방향 진입 동선을 계곡을 따라 설정한 것이다.

계곡을 따라 내려오다 천왕문에서 서향한 후 주 건물인 나한전 쪽
으로 동선을 끌고 가되 주 건물의 측면만을 바라보고 진입하는 것이
아니라, 남쪽에 위치하고 있는 나한전 앞마당에서 크게 P턴 반전시킴
으로써 비로소 주 건물을 바로 바라보게 하였다.

이러한 진입 동선의 돌발적 변경은 주 건물만을 정면으로 바라보
기 위한 것이 아니라, 관찰자가 진입 방향을 돌려 돌아서는 순간 그
너머 북쪽 편에 있는 산봉우리와 주 건물이 서로 적당한 크기와 위치
에 병치倂置되어 보이게 만듦으로써 돌발적이고도 극적인 장면을 연
출해내는 또 다른 독특한 방식이다.

앞서 통도사의 경우, 계곡을 따라 휘어진 진입 동선과 산봉우리와
대웅전 주 좌향의 남북축선 일치를 위한 최종 진입 동선의 돌발적 굴
절과 앞마당의 이중 배치의 기법을 볼 수 있었다.

나한전 정면과 배경산의 병치

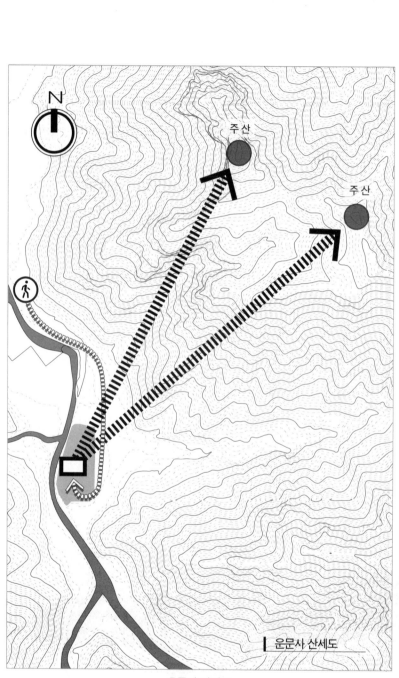

운문사 산세도

또한 백양사의 경우, 극적 장면 연출을 위한 갈 之자형 진입 동선의 설정이라는 매우 파격적인 배치 기법도 사용하기를 마다하지 않았다는 점을 볼 수 있었다.

이러한 점들을 종합해 볼 때, 운문사의 '역방향 진입'이라는 기발한 발상도 그 당시 사람들의 사고체계로서는 얼마든지 유추 가능한 것이라 볼 수 있을 것이다.

결국 운문사는 남쪽 방향에 북측보다 훨씬 더 높은 운문산 주봉이 위치해 있는 관계로 사용자가 북쪽에서 진입해야 하는, 당시로서는 지극히 불리한 북향北向의 지형에 사찰의 건축물들을 배치해야 하는 것이었고, 그 이율배반적 과제를 유기적인 동선 설정, 비정형적인 가람 배치의 방식, 돌발적 장면 연출 등의 기법을 동원함으로써 북쪽이 높고 남향이며 양호한 지형조건을 갖춘 경우보다 더 멋지게 풀어내고야 만 것이다.

이 역시 배경 산의 존재를 배제할 경우 어이없는 장면이 될 게 뻔하고, 높은 산으로 막힌 남측을 바라보는 주 좌향으로 답답한 배치가 될 위험을 가지고 있었다. 하지만 파격적인 동선 설정과 비정형적 배치로 오히려 더 멋진 공간을 만든 사례가 되었다.

삼국시대 초기 불교 때부터 잉태되어 발전을 거듭해온 비정형 배치의 한국 고유 공간 특성은 불교 종주국 사찰 공간의 기하학적 배치 정형성을 거부함으로써 눈에 보이는 세계를 벗어나려 줄곧 노력하였다. 최초 중국의 종축선 체계에서 시작하여 인도의 횡축형 체계를 받아들여 직교 배치 체계를 만들어내었다.

　고려 시대의 방사선형 배치 체계는 십자교축형 배치 체계를 심화 발전시킨 것이며, 민족 고유의 공간 특성을 구체화시킨 결과였다. 조선시대에 이르러서는 원형이 가지는 정형 질서에서 벗어나 고유의 특성을 가지려는 노력이 결실을 맺는 시기였다. 조선 사찰의 뚜렷한 비정형적 배치 특성의 정착 과정은 수입 형식인 '직교좌표적 절대 공간체계'에서 당시 민족 고유의 공간 인식체계였던 '나를 중심으로 한 극좌표적 체계'로의 긴 전환의 과정이었다.

　이 과정은 지금 살아가는 유형의 세계 속에서 벗어나 눈에 보이지 않는 무형 질서에 대해 먼저 주목하라는 인식의 대전환 과정에 다름 아니었다. 이러한 건축공간적 노력은 마침내 역설적 지세 조건마저 오히려 더 역동적이고 심오한 공간으로 이끌어가는 수단으로 다루는 최고의 경지에까지 이르게 되었다. 건축의 '공간'은 말로는 전달할 수 없는 無의 세계에 대해 구체적 체험으로 내보여준다. 마치 茶 마심의 순간이 無의 자락을 삼깐 들추어내 보여주듯이 말이다.

　위에서 살펴본 조선 후기 세 사찰의 사례와 특성은 본서가 한국 전통건축 전문지식을 다루는 것이 주목적[67]이 아닌 관계로 좀 더 깊이 들어가지 못하는 아쉬움이 있다. 하지만 여기서 분명히 확인할 수 있

---

67 문철수, 《山地佛寺 空間의 力動的 展開에 미친 地勢的 影響》, 박사학위 논문, 경희대, 2005, 참조.

었던 것은 건축 배치의 비정형성과 그로 인한 외부 공간의 독특한 구성은 한국 전통건축만이 가지고 있는 진정한 공간 특성이라는 것이다.

이 같은 배치 특성은 같은 건축문화의 뿌리를 가진 동아시아 건축이라 하더라도 인접국인 중국, 일본에서는 찾아볼 수 없고 오직 한국에서만 볼 수 있는 특유한 것이었다. 또한 이 점은 사찰의 사례만이 아닌 한국 전통건축 전반에 나타나는 공통 현상이었는데, 주택과 같은 자유스러운 건축 형식에서 더 크게 부각되는 한국 건축만이 가지고 있는 공간 특성이 분명하다.

뿐만 아니라 중국의 예제건축 영향을 가장 크게 받을 수밖에 없는 궁궐 건축의 경우에서도 기본 틀을 제외한 많은 부분에 이러한 비정형적 특성이 나타나고 있으므로 이것이야말로 진정한 한국 전통 건축공간의 특징이라 할 것이다.

광화문과 주변 산의 병치

그렇다면 한국 전통사찰 건축은 왜, 무엇을 위하여 이런 비정형적 공간을 그토록 오랜 시간에 걸쳐 갈고 닦아 마침내 고유의 특성으로 갖추게 되었을까?

그것은 물론 산으로 둘러싸인 험한 자연 지세의 제한을 극복하기 위함이 우선이었을 것이다. 하지만 그 이유만으로는 모든 점을 다 납득하기 어렵다. 토함산 자락에 위치한 불국사 역시 험한 산세 가운데 있지만, 반듯한 회랑으로 둘러싸인 훌륭한 정형적 공간을 보여주고 있기 때문이다.

불국사 배치(다음 위성지도)

그렇다고 하면 어쩌면 그것이 '어쩔 수 없음'의 상황 가운데에서 어렵게 발견해, '좋아서 선택한' 요소였을 수도 있다.

그 '좋음'이란 아마도 비정형성만이 가질 수 있는 '역동성'에 있는 것이 아닐까 싶다. 진입자 동선의 '동적動的 에너지'를 증폭시켜 절정의 경지까지 이끌어주는 '공간의 역동성力動性'이란 얼어서 고정된 질서 체계인 정형 공간에서는 구현할 수 없는 것이다. 임계점에까지 도달한 공간의 역동성은 충격적 장면을 돌발적으로 맞닥뜨리게 함으로써 마침내 형상적 세계를 초탈하게 하고야 만다. 역동적 에너지로 절대적 무한공간으로 초탈한 진입자는 신의 세계, 완전함의 세계에 거居하게 되는 것이다.

공간의 역동성—제3 인터내셔날 타워

3. 무한 자연으로 향하는 茶 공간

　일본의 경우와는 달리 한국 전통건축에서의 차실 공간은 별도의 독립 공간을 가지고 있지 않았다.

　현존하는 전통 민가 건축 유구는 대부분 조선 중기 이후의 것이며, 고려 이전의 것은 거의 남아 있지 않다. 그나마 손으로 꼽을 수 있는 현존하는 고려 시대의 건축물은 주로 불교사찰 건물이며, 궁궐과 같은 대규모 건축물은 초석과 같은 건축 흔적이 남아 있어 배치 형식 정도는 추측할 수 있으나, 민가의 경우 그런 흔적조차도 찾아보기가 어렵다.

　특히 당시 서민의 생활상을 엿볼 수 있는 중인 계급 이하의 집은 조선 후기 이후의 것마저도 제대로 보존된 사례를 찾아보기 어렵다. 왜냐하면 경제적 이유에서 보존의 가치보다는 사용의 필요가 더 시급했기 때문에 보존보다는 계속적 개량이 이루어져 왔으며, 특히 근대화의 물결 이후에는 에너지원의 변화와 사회상의 급격한 변화로 인해 전통주택이 그대로 유지되기 어려웠기 때문이었다.

　뿐만 아니라 임진왜란 이후 茶 문화의 쇠퇴는 차실 공간의 특성을 살펴보는 것을 더욱 어렵게 만들었다. 수많은 인명의 살상과 국토와 농경지의 피폐, 그로 인한 절망적 경제상황은 茶 문화를 애호하거나 경영할 수 있는 여유를 가질 수 없게 만들었다. 또한 茶 사발을 만드는 도공의 납치, 茶 경작지의 훼손 등 직접적인 茶 문화의 기반들도 일시에 붕괴하였을 것이며, 임란 이후 다산 정약용의 차론이 있기까지 이렇다 할 茶 관련 문헌이 보이지 않는 이유도 많은 부분 그러한 시대적 상황에서 기인하였을 것이다.

하지만 임란 이전의 문헌에서도 독립된 차실 공간의 존재를 찾을 수 없는 것을 보면 한국의 茶 생활은 민가든 사찰이든 간에 다른 기능의 공간에서 함께 이루어져 왔음이 분명하다. 이 점에 있어서 아마도 민가의 경우에서는, 접객 공간인 사랑채나 생활공간인 안채 대청에서 행차行茶가 이루어졌을 것으로 추측된다. 그리고 사찰에서는 공식적으로는 주불전主佛殿에 있는 불상에 올리는 헌차獻茶 행사에서, 사적으로는 주지나 승려의 생활공간인 방장 혹은 요사채에서 주로 행차가 이루어져 왔을 것이다.

현대 한국 茶의 중흥조라 칭송되는 효당 스님은 누정樓亭이나 누대樓臺뿐 아니라 서재·재실·승방·승사僧舍·암자 등이 모두 다 다른 민족에게 자랑할 수 있는 격조 높은 차실이라고 밝히고 있다.[68]

하지만 전통건축에서 차실 기능이 가장 강조된 공간으로서는 무엇보다도 누정樓亭 건축을 먼저 꼽아야 할 것이다. 왜냐하면 누정 건축은 애초에 뚜렷한 주 기능을 가지지 않은 다목적 공간이며, 굳이 현대적 의미의 가까운 기능 명칭을 표현하자면 전망과 접객을 겸한 작은 연회실 정도가 적합할 것이기 때문에 행차行茶 공간이라 부른다 하더라도 큰 무리가 없는 공간이기 때문이다. 따라서 전통 누정 건축의 공간철학과 차인이 행차 과정을 통해 도달하고자 하는 지향점을 비교해 보아 공통점을 발견할 수 있다면 한국의 전통 茶 공간의 핵심

___
68 최범술,《한국의 차도》, 보련각, 1980, p. 132.

과 특성을 적시摘示할 수 있을 것이다.

또한 현존하는 전통 사대부가를 중심으로 한국 전통 민가 공간의 특성을 살펴보아 별도 차실은 아니라 하더라도 茶를 마시는 접객 공간은 과연 무엇을 지향하고 있는가를 먼저 살펴본 후 일반 서민의 민가 사례를 고찰한다면 최소한 신분과 시대를 떠나 전체를 관통하는 행사 공간의 성격을 파악할 수 있을 것이다.

조선시대는 유교라는 하나의 이데올로기로써 이끌어왔던 사회이고, 정치권력의 구조가 일관되게 유지되어 왔기 때문에 후기의 공간 형식이라 하더라도 최소한 조선시대 전체를 관통하고 있을 것이기 때문이다.

1) 한국의 전통 茶 공간 ― 누정樓亭

누정은 전통건축에서 차실 공간과 가장 유사한 기능으로 분류할 수 있는 다기능의 건축 형식이다.[69] 주변 자연경관을 조망하는 소극

---

69 정각亭閣은 동족 집단의 위세를 나타내는 부락 공동시설물의 하나이다. 대개 반촌班村 동족 부락에만 있는 것으로 되어 있다. 동족의 사회적 위세를 높여주는 역할을 한다. 이에 비해 모정茅亭은 비동족 부락에도 있는 건축물이다. 부락의 입구 또는 부락과 경지 사이에 통풍이 잘되고 접근하기 쉬운 곳에 위치하며, 전남지방에 한정되기 때문에 호남지방을 모정茅亭 문화권이라 부른다. (장보웅, 《한국민가의 지역적 전개》, 보진재, 1996, p. 412~415)

적 행위 외의 구체적인 기능은 주객이 어울려 茶 혹은 술을 마시는 것이 주요한 용도 중 하나이기 때문이다.

누정은 누각과 정자를 함께 일컫는 말이지만, 넓은 의미로는 대·사·각·헌臺射閣軒까지 포함하여 일컫는 개념이기도 하다. 또한 누樓와 정亭의 뜻은 엄밀히 보아 다르다. 누는 다락을 의미하므로, 누각이라 함은 높은 다락이나 언덕 혹은 대臺 위에 세운 건물을 말하며, 정자는 반드시 높게만 놓이지는 않고 경관이 좋은 곳을 택하여 놓이는 것이 일반적이다. 이들은 일반 살림을 위한 건물이 아니며, 원림園林의 공간 또는 휴식공간으로서 자연을 즐기며 서정의 감을 돋우어 시를 읊거나 놀이와 풍류를 즐기는 곳이라는 데 그 특징이 있다.[70]

이런 특징으로 인해 여타 전통건축과는 달리 누정 건축은 대부분 시야를 가리는 벽이 없는 기둥 위주의 건물로서 외부 자연을 훤히 조망할 수 있게 만든 단일 건물로 되어 있다. 그러므로 군집 건축의 특징을 가진 민가나 특히 불사佛寺와는 매우 다른 배치 형식을 가진다.

하지만 단일 건물의 점적點的 공간 구성이라 하더라도 그 공간과 주변 자연과의 관계를 살펴보면, 누정 건축의 구성 원리가 단순한 전

---

70 그 외에도 누정 건축의 기능을 살펴보면, 첫째, 경관을 보며 휴식과 놀이를 하는 기능. 둘째, 선비들이 시단을 이루고 풍류와 창작을 즐기는 곳으로서의 기능. 셋째, 학문을 수양하고 강학하는 정사의 기능. 넷째, 종회나 마을사람들의 동회 또는 각종의 회의장소로서의 기능. 다섯째, 활을 쏘는 수련장으로서의 기능. 여섯째, 어떤 인물이나 사실을 기념하는 기능. 그 밖에도 전시에 망루나 지휘소로 사용되기도 하였다. (장경호, 《한국의 전통건축》, 문예출판사, 1996, p. 474)

망대의 기능만이 아니라 내면적으로는 茶를 마시는 건물로서 茶의 형이상학적 주제에 부합하는 공간적 특징을 가지고 있음을 뚜렷이 보여주고 있다. 즉 하나의 점이어서 0차원의 공간이고, 따라서 무한소無限小의 공간 특징을 지닌 누정이라는 건축 형식을 그것과는 정반대 의미를 지닌 '자연'이라는 무한대無限大의 외부공간과 일순간 맞닥뜨리게 하는 충격적 대비를 통해 茶의 철학이 지향하는 피안의 세계로의 진입을 이루고자 하는 것이다.

이것은 결국 초월의 순간이라고 하는 극적 의식을 각인시키고자 한 것으로 볼 수 있는데, 이러한 지향은 앞서 일본 차실 건축공간에서 보았던 초월적 과정과 비교해 볼 때 형식과 소재만 다를 뿐 동일주제의 시도라는 것을 눈치 챌 수 있을 것이다.

그렇다면 한국 누정 공간은 일본 차실 건축에서 볼 수 있었던 '공간의 영(0, zero)적 사라짐을 통한 진리의 초월세계로 진입'이라는 공간적 지향과 일맥상통하는 것이며, 결국 한·일 양국 茶 공간의 목표는 동일한 것이라 결론지을 수 있을 것이다. 다만 한국 누정 건축공간의 초월 수단은 일본의 노지露地와 같은 인공 조성 정원 형식에 있는 것이 아니라, 누정 건축이 입지한 장소가 가진 자연정원으로서의 공간 해석에 달려 있었다.

이 가설이 사실(fact)에 기반한 것인지 여부를 사례를 통해 확인해 보도록 하자.

누정건축이 발달했던 호남지방의 대표적 사례 중 주변 환경과 누각과의 공간적 관계를 구체적으로 드러내 보여주고 있는 면앙정俛仰

亭을 대상으로 그 의도와 지향을 분석해 보면 다음과 같다.

• 면앙정俛仰亭—삼간정자三間亭子와 백리형국百里形局[71]

면앙정은 송순宋純(1493~1582)이 사간원정언司諫院正言으로 있던 중 중종 28년(1533년) 김안로金安老가 권세를 잡자 관직을 버리고 고향인 담양으로 돌아와 이 정자를 처음 짓고 시를 읊으며 지냈다.

그 후 1537년(중종 32) 김안로가 사사된 뒤 5일 만에 홍문관 부응교副應教에 제수되는 것을 시작으로 다시 관직에 나아감에 따라 더 이상 건물을 돌보지 못하여 황폐하게 되었다. 그 후 58세에 이조참판吏曹參判이 되어 죄인의 자제를 기용하였다는 이기李芑 일파의 탄핵으로 다시 유배되고 59세에 석방되어 귀향한 이후 중수重修되었다.

그가 이 누정을 조영造營하며 그것이 단순히 3칸짜리 건물을 건축하는 것으로만 생각한 것이 아님은 분명하다. 그는 오히려 그 자신의 사유思惟의 크기에 맞을 만한 거대한 공간을 염두에 두었고, 주변 여건에 꼭 맞고 충실함에 꽉 찬 공간을 만들려고 노력했다.

흔히 동양 3국의 조경공간의 특성에 대해 말할 때, 중국의 조경은 사람이 원하는 자연을 생각대로 만들려 하고, 한국은 원하는 자연이 있는 곳을 찾아 들어가며, 일본은 원하는 자연을 상징적으로 축소하

71 면앙정의 공간해석에 관한 핵심 내용은 다음 건축논문에 의거하였음. 이원교, 《전통건축의 배치에 대한 지리체계적 해석에 관한 연구》, 서울대학교 박사학위 논문, 1992, p. 265~276.

여 조성한다 하지 않는가? 이러한 건축적 고민의 흔적과 증거는 그가
지은 「면앙정가俛仰亭歌」에서 찾아볼 수 있다.

> "무등산 한 줄기 산이 동쪽으로 뻗어있어
> 멀리 떼쳐 나와 제월봉霽月峰이 되었거늘,
> 끝없는 넓은 들에 무슨 생각 하느라고
> 일곱 구비(七曲)가 한데 움츠리어 우뚝 벌여놓은 듯,
> 그 가운데 굽이는 구멍에 든 늙은 용이
> 선잠을 막 깨어 머리를 앉혀 놓은 듯하며,
> 넓은 바위에 송죽을 헤치고 정자를 앉혀 놓으니,
> 구름 탄 청학이 천리를 가려고 날개를 벌린 듯하구나.
> 옥천산, 용천산에서 흐르는 냇물이 정자 앞
> 넓은 들에 잇달아 퍼져 있으니,
> 넓으면서도 길며 푸르면서도 희구나.
> 쌍룡이 몸을 뒤트는 듯, 긴 비단을 펼친 듯하니,
> 대체 어디로 가려고 무슨 일이 바빠서,
> 달려가는 듯 따라가는 듯 밤낮으로 흐르는구나.

— 중략 —

> 그 중 추월산을 머리 삼고 용구산·몽선산·
> 불대산·어등산·용진산·금성산이 허공에 벌여져 있는데,
> 원근遠近의 푸른 언덕에 펼쳐진 모양이 많기도 하구나.
> — 송순, 「면앙정가俛仰亭歌」[72]

---

72 송순, 김희보 편저, 「면앙정가俛仰亭歌」 (《한국의 옛 시》, 종로서적, p. 137~141)

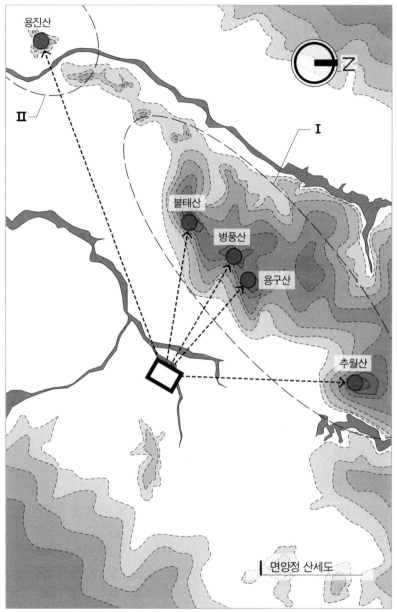

용진산

Ⅱ

Ⅰ

불태산

병풍산

용구산

추월산

면앙정 산세도

면앙정 산세도

이 시의 내용을 바탕으로 송순이 구체화시키고자 했었던 그의 공간철학을 파악해 보면 다음과 같다. 우선 그 물적物的 대상은 비록 3칸間에 불과한 작은 정자지만, 그것이 거느리는 철학적 공간의 크기는 100리를 넘는 것이었다.

백두대간에서 갈라져 나온 호남정맥이 담양의 서북쪽에서부터 광주의 무등산 가까이에 이르기까지 남쪽으로 크게 3줄기를 뻗어내는데, 서편의 한 줄기는 나주의 진산이 되는 금성산으로 이어지고, 추월산에서 갈라져 나온 줄기는 길게 뻗어 광주 서편의 어등산까지 이어지고, 옥천산에서 갈라져 나온 줄기는 무등산으로 이어진다. 이 세 갈래의 줄기 가운데 면앙정은 옥천산에서 갈라져 나온 줄기가 서편으로 뻗어 창강에 맞닿아 있는 곳에 위치하고, 결과적으로 넓게 펼쳐진 들판 한복판에 놓이게 된다.

따라서 면앙정의 전면에는 창강을 따라 이어져 내리는 병풍 같은 산줄기가 안대案帶로 전개되는데, 추월산을 기점으로 용구산·몽선산·불대산·어등산은 가운데 줄기에 놓여 있으며(I 부분), 용진산·금성산은 이 줄기 넘어 보이는 산(II 부분)이 된다.

북쪽의 추월산에서 남동의 금성산에 이르기까지 실제 직선거리가 45km 이상에 달해 3칸 정자가 안대案帶로 거느리는 공간 형국은 실로 100리가 넘는다 할 수 있다.

우리는 일반적으로 전통건축의 크기나 규모를 칸 수나 층수를 기준으로 설명하고, 듣는 사람은 그것으로 공간을 짐작한다. 하지만 면앙정의 공간은 그런 전통적인 전달 방법으로는 도저히 소통할 수 없다.

물리적인 규모는 비록 단층 3칸 건물에 지나지 않지만, 그것이 담고 있는 지리 체계적 공간 규모는 건물 좌우 100리를 넘는 것이기 때문이다.

건축의 진정한 본질이 단순히 보이는 물체로서가 아니라, 그것으로 인해 만들어지는 비물질적인 공간에 담겨져 있는 것이라는 점에 주목한다면, 면앙정이 지니는 본질적 건축공간의 크기는 100리 규모의 것이라 하여도 무방할 것이다.

이러한 공간적 명제가 정말 참인지를 파악하기 위해 이제 우리는 실제 그 공간을 한 발짝 한 발짝 걸어서 체험하고 느껴 보아야 한다. 사진과 함께 그 과정을 파악해 보자.

접근 시 주변 산세

외부에서 면앙정에 접근할 때 백리형국의 공간은 전혀 상상되지 않는다. 접근 시 보았던 주변의 산세는 관찰자가 그 공간 속에 담겨져 있음으로 인해 대상적 실체로서 파악할 수 없으며, 단지 그저 멀리 보이는 주변 경관으로만 파악할 수밖에 없기 때문이다.

즉 산세가 이루는 백리형국이 그곳에 접근해 가는 관찰자에게는 아직 구체적 공간으로 인식되지 않으며, 더구나 배경으로 있는 그 산세를 등지고 면앙정에 다가가기 때문이다.

길에서 올려다본 면앙정은 그다지 높지 않은 작은 언덕 위에 위치하고 있어, 언덕을 올라 정자 앞에 다다르기 직전까지도 그런 거대 공간은 상상조차 하기 어렵다. 오히려 구비지고 가파른 산길 접근로로 인해 공간은 더 좁고 작게 느껴진다.[73]

진입로 끝에 서면 면앙정과의 사이에 펼쳐진 넓은 공터에 의해 작은 건물임이 더욱 강조된다. 주변의 나무로 인해 정자 뒤편의 거대 공간은 아직 느껴지지 않는다.

---

73 현재 상황은 큰 도로에서 면앙정 앞 공터까지 계단이 직접 연결되어 있으나, 매우 가파르고 직선적이며 지형을 거슬러 등산하는 듯한 느낌을 준다. 만들기도 그랬겠지만 사용하기도 매우 어렵게 되어있다. 과거의 길들은 이런 억지스런 모습으로 만들지 않았을 것이다. 계단 입구 우측에 있는 좁은 오솔길로 해서 언덕 뒤편으로 돌아서 접근했을 것이다. 실제 그 접근로의 흔적이 아직 남아있다. 그 길을 따라 걸어 올라가 보면 계단에 비해 접근이 매우 수월하고 자연스런 느낌을 준다. 과거에 사용했던 면앙정 접근로는 당연히 그 방향이라고 판단된다. 이 글의 표현은 옛 접근로를 기준으로 한 것이다.

면앙정 진입 과정

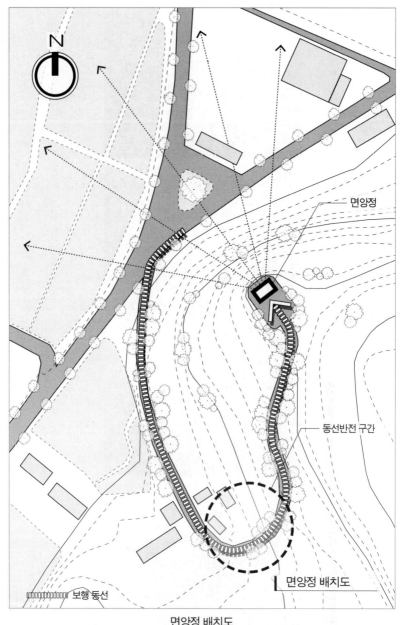

면앙정

동선반전 구간

면앙정 배치도

보행 동선

면앙정 배치도

면앙정에서의 조망

정자에 올라 사방 장지문 실내로 형성된 작은 내부 공간에 앉아 문을 연다. 그때 여태껏 상상하지도 않았고, 주변 나무에 가려져 존재감을 보이지 않던 정자 뒤편의 공간이 구체적 인식의 대상이 되어 눈에 들어오게 된다. 그 순간 백리형국의 새로운 시공세계가 보는 이에게 충격적으로 펼쳐진다.

이제 정자의 작은 실내 공간은 그 안에서 밖을 바라봄으로써 시야에서 벗어나 사라져 없어져버리고, 무한의 외부 세계가 구체적 인식의 대상이 되어 눈에 들어온다. 원래 태곳적부터 존재해 있었던 무한세계가 이제 그 존재의 자락[74]을 공간을 통해 드러내 보이는 순간이다.

사실 그 공간은 원초적으로 거기 존재해 있었다. 하지만 인식되지 않는 無의 세계에 가려져 있었던 것이고, 마침내 그것을 '인식하는 사

---

[74] 하이데거는 無의 세계를 이와 같이 표현했다.

람'이 걸어 들어와 공간적 진입이라는 해탈 과정을 거쳐 그 자리에 앉아 정자 뒤편 공간을 흘낏 바라볼 때, 그 돌연한 순간 무한공간이 존재의 자락을 펼쳐 보이게 되는 것이다.

이제 그 '사람'은 존재의 새로운 세계로 한 발 걸어 들어간 것이다. 작은 면面이었던 행차行茶 공간 면앙정은 그 순간 무한 시공간의 중심점으로 변태變態한다.

여기서 잠깐 사족蛇足을 붙일까 한다. 현재의 면앙정은 이 공간 컨텍스트(context)의 유지 측면에서 너무나 아쉬운 점이 많다. 먼저 관광객의 편의를 위한 의도까지는 좋으나, 면앙정 뒤쪽으로 크게 돌아 뒤에서 접근하는 원래의 접근로를 버리고, 큰 길에서 직접 면앙정으로 연결시킨 가파른 직통 계단의 설치는 단지 목표물에 빨리 접근하겠다는 기능적 의도만 가진 것처럼 보인다. 이것은 기존의 공간 설정에 큰 왜곡을 초래하는 매우 안타까운 현상이다. 위에서 설명한 목표지점에 이르는 '과정 공간'에 대한 의미와 역할에 대한 이해를 결여한 까닭일 것이다.

또 다른 안타까운 점은 면앙정은 문자 그대로 정자인 관계로 건축에서 가장 고려하는 사항이 조망일 수밖에 없는 건물이다. 송순이 쓴 「면앙정가」에도 그 앞에 펼쳐진 공간의 크기와 연봉連峯의 장엄함을 노래하지 않았던가? 면앙정은 면앙俛仰이라는 글의 의미 그대로 밖을 바라보기 위한 장소로서의 역할이지, 그 자체가 관람의 대상이 될 수는 없는 것이다. 그럼에도 불구하고 현재의 상태는 정자 주변의 나무가 너무 무성하여 밖을 바라다볼 수 없게 되어있다.

물론 나무를 아끼고 자연상태를 보존한다는 것은 좋은 일이나, 수백 년 전에 이미 그런 일상적 가치를 뛰어넘어 위대한 공간적 재창조를 이루어낸 면앙정의 경우는 글자 그대로의 의도대로 탁 트인 사방을 내려다볼 수 있도록 시야를 가로막는 나무를 정리해야 할 것이다. 그래야 추월산에서부터 광주 너머 나주까지 펼쳐진 백리형국의 공간을 느낄 수 있는 것 아니겠는가?

문화재를 잘 보존하고 자연을 아끼는 방법에는 단순히 눈에 드러나 보이는 방법만으로는 항상 충분치 않다. 대교약졸大巧若拙이라 하지 않았던가? 훌륭한 예술품은 겉으로 보이는 부분보다 작품 속에 충만해 있지만 쉽게 드러내 보이지 않는 생명력에 뿌리를 두고 있으므로 그것을 보고 느끼는 데에도 예술품만큼 깊은 안목이 필요한 법이다.

2) 민가民家 茶 공간의 시공간적 해석

이제 실생활이 이루어지는 전통주택에서의 茶 공간은 어떠했는지 살펴볼 차례이다.

일반적인 관점에서 볼 때, 한국의 보편적인 전통 민가 형식은 신석기시대의 수혈주거 형식에서 벗어나 一자 혹은 田자의 단일 건물로 발전하였다가 규모가 어느 정도 커지게 되면 채棟를 기능별로 별도 분리시켜 'ㄱ'자 'ㄷ'자 혹은 'ㅁ'자형 등으로 확장되었다. 대체로 채 나

눔에 의해 하나의 동에 기능적으로 분리된 하나의 기능을 담으며, 단일건물은 주택 전체의 기능과 공간의 확장과는 무관하게 단순한 상태로 머무르게 된다.

안채·사랑채·행랑채·문간채 등의 명칭처럼 건축기능의 동별 분리가 이루어지는 것이다. 이 점은 주택 기능이 수평적으로 확장한다 하더라도 일본의 경우와 같이 지붕도 동시에 커지고 높아지거나 동일 건물이 대규모로 커지지 않는다는 것을 의미한다. 대신 소규모 단일 건물의 수가 증가하여 건물 군이 형성된다.

이러한 군집 건물의 형성은 개별 건물 사이에 틈새를 발생시키게 되며, 그 속에서 다양한 공간 변화와 연출을 가능하게 한다. 문간마당·사랑마당·행랑마당 등의 마당 호칭은 건물과 건물 사이에 발생하는 공간이 수동적으로 주어진 것만이 아닌, 건물만큼 뚜렷한 기능적 성격을 가지고 있는 것임을 시사한다. 즉 각각의 부속 마당은 해당 건물과 더불어 특정 기능을 담당하는 제2의 주 공간으로 역할하는 것임을 증거하는 것이다.

이러한 공간 특징은 한국 전통건축에서 민가뿐만 아니라 궁궐이나 사찰 등 거의 모든 건축 유형에서 공통적으로 나타나고 있다. 즉 여러 종류의 마당이 기능적·공간적으로 중요한 요소로서 역할하고 있음을 말하는 것이다.

한국 전통 민가의 이러한 공간 특성을 앞서 설명한 인접 일본 전통 민가의 경우와 비교해 보면, 실제로 이것이 한국 고유의 성격임을 알 수 있다.

일본의 경우 단일건물 내부 공간의 무한 확장성을 가지고 있기 때문에 건축공간의 기능적 해결이라는 목표는 같으나, 거기에 도달하는 과정 측면에서는 매우 다른 방법론을 채택하고 있다는 점이 먼저 눈에 띈다.

중국식 목가구木架構 건축구조라는 동일 출발점을 가지고 있으며, 많은 철학적·기술적·형태적 유사성을 가진 두 나라의 건축이 공간의 확장에 대하여 매우 다른 전개 양상을 가진다는 것은 주목할 만한 차이점이 아닐 수 없다.

• 상류 주택의 茶 공간—운조루雲釣樓

당시 건축물이 아직 남아있는 조선 후기 전통 양반가의 경우를 보면, 사대부인 남자 주인이 손님을 접대할 때에 접객 공간인 사랑채 대청마루 혹은 사랑방에서 茶를 마셨고, 날씨가 좋을 경우 내부 공간에서뿐만 아니라 야외의 누각이나 정자에서도 茶를 즐겨 마셨다. 심지어 홍취를 즐기는 배 안에서 茶를 마시기도 하였다. 그렇지만 후기의 중국과는 달리 茶 마시는 것을 지극히 일상적인 것으로 생각[75]하지는 않았다.

손님을 접대하는 茶 자리는 간단하지만 의미있는 의식으로 생각

---

75 다반사茶飯事라는 말과 같이 중국은 茶의 주된 내용이 음식과 함께 곁들이는 음료의 의미로 변화되어 갔다.

한 듯하다. 왜냐하면 당시 농업기술로서는 기후관계로 인해 茶가 보편화되기 어려웠을 것이고, 양반계급 이외의 일반 민중들은 茶를 접하기도 쉽지 않은 상황이었기에 손님에 대한 茶 접대를 흔히 다반사 茶飯事라고 표현하는 일상적 행위로 생각하지는 않았을 것이기 때문이다. 그러므로 '의식'이라는 관점으로 그 속에서 벌어지는 茶 생활의 행태를 살펴 조선 후기 한국 茶의 의미가 어떠했으며, 그 속에 무엇을 담고자 했는지 살펴볼 필요가 있다.

분석 대상 건물은 한국에서의 최초 茶 시배지로 판단되는 두 군데 장소[76] 중 하나인 한반도 남부 구례 지역의 조선시대 사대부가의 주택으로서 한국 전통건축 특유의 다양한 마당 공간이 잘 형성되어 있으며, 보존상태가 비교적 양호한 운조루雲釣樓를 선택하였다.

이 집은 조선 영조 때 유이주柳爾冑(1726~1797)가 낙안군수로 있을 때 건축했다고 하는데, 큰사랑 대청 위 상량문의 기록은 1776년(영조 52)에 세운 것으로 되어있다. 현존하는 주요 부분은 사랑채와 안채이며, 그 밖에 행랑채·사당·연당 등이 있다.

옛 도면을 참고로 하여 살펴보면, 큰사랑은 대문을 들어서서 마주 보이는 정면의 높은 기단 위에 있다. 이 사랑채의 서쪽 끝은 바닥이

---

76 전남 구례와 경남 하동지방이 각자 최초의 茶 시배지라고 주장하고 있다. 지리산 남쪽의 인접한 지역이므로 두 지방이 모두 시배지 지역이라 할 수 있을 것이다.

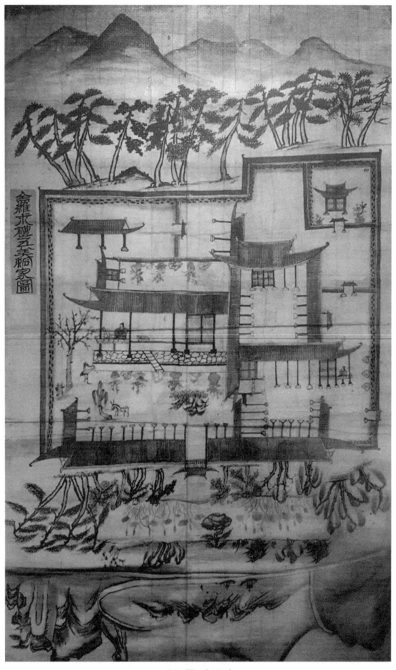

운조루 옛 도면

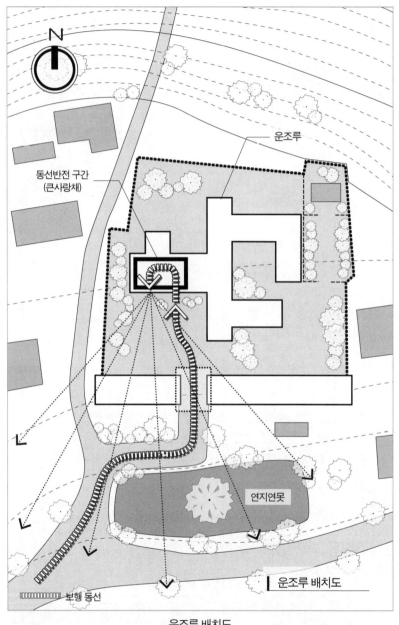

N

운조루

동선반전 구간
(큰사랑채)

연지연못

운조루 배치도

|||||||||||||| 보행 동선

운조루 배치도

한 단 높은 누마루 형식으로 되어 있으며, 주로 더운 계절 낮시간에 반半 외부 공간적으로 사용하였을 것이다. 연접한 방은 창호가 있는 내부 공간으로 되어있으나 바닥이 마루로 되어있어 이 역시 주로 더운 계절에 사용되었을 것이다. 그 옆의 방은 온돌방이어서 추운 계절이나 야간에 사용할 수 있도록 되어있다.

당호堂號인 운조루雲釣樓 현판은 사랑채의 끝 쪽에 위치한 누마루 근처에 걸려 있었을 것이다. 따라서 이곳이 손님을 맞는 응접 공간이며 주된 茶 공간임이 분명하다. 기능별 공간 분리가 엄격했던 시대에 손님이 왔을 때 그 집의 가장 개방적이고 상징적인 공간을 활용하는 것은 당연한 일이며, 손님을 맞을 때 작지만 가장 의미있는 의식은 바로 '차 마시기'였기 때문이다.

이 집의 주인은 당호인 운조루의 의미처럼 손님과 함께 구름을 낚는 다른 차원의 시공세계로 진입하는 茶 공간을 만들고 싶었을지도 모른다.

누마루에서 주인과 마주하여 茶를 마시는 손님의 관점에서 공간 진입 과정을 살펴보자.

그 자리에 앉기 전, 손님은 멀리서 이 집의 '영역'으로 찾아 들어왔다. 산길, 들길을 걸어 병풍산 밑에 웅크려 있는 이 집의 기와지붕이 바라보이는 곳에 당도했을 때, 그는 옷매무시와 몸가짐부터 다시 고쳤을 것이다. 그러고 난 후 집 정면을 향해 대문 쪽으로 들어갔을 것이다.

큰 연당이 문간채 앞에 있다. 따라서 곧장 대문간으로 접근할 수

연지와 대문채

없고 돌아서 들어가야 한다. 손님은 연당 둘레를 따라 문간채 쪽으로
접근한다. 걸어가면서 정성들여 만든 방지方池 연못과 봉래산의 형태
를 보며, 주인이 가졌을 법한 우주관을 생각하게 된다. 연못 안에는
연꽃이 가득 피어있다. 희거나 또는 고운 붉은색을 띤 연꽃은 피안의
극락세계를 암시한다.

　행랑채의 줄지어 있는 기둥 선과 검은 기와의 처마 선, 그 사이의
회벽이 어둡고 밝은 선의 규칙적 리듬을 만들어낸다. 손님은 그 일
률적인 음률 가운데서 중간에 불쑥 솟아오른 대문채의 형태를 본다.
여기서도 그는 주인의 미의식을 보고 교양을 추측하며 호기심을 가졌을 것이다.

드디어 목적지 대문 앞에 당도했다. 손님은 문간채의 바깥마당 공간에 서서 대문이 열리기를 기다린다. 대문과 연당 사이엔 화초가 심겨 있고 꽃이 피어있다. 안에서 소리가 들린다. 하인이 문을 열고 객을 맞는다. 손님은 하인의 안내에 따라 대문을 지나 정면 마주 보이는 사랑채로 향한다. 자연석을 거칠게 다듬었으나 수평 줄눈을 살리려 애쓴 모습이 정성스러워 보이는 꽤 높은 기단과 사랑 본채의 날아오를 듯한 지붕선이 마주 보이고, 오른쪽으로는 작은 사랑방과 누다락이 뻗어 나와 사랑 본채와 함께 마당을 이룬다.

사랑채 정면

운조루 누마루

　이 사랑마당은 지금은 없어졌으나 과거에는 행랑채 날개가 작은 사랑까지 연결되어 엄격하고 폐쇄적이었으며 따라서 매우 긴장감 있는 공간이었을 것이다. 이는 곧 집주인의 꼿꼿하고 자존심이 강한 성품을 전달해 주었을 것이다. 마당의 동측을 막고 선 작은 사랑과 행랑채 뒤편에는 여자들이 기거하는 안채가 있다. 하지만 손님이 느낄 수 있는 영역은 이 마당을 중심으로 한 공간 영역뿐이다.

　사랑채의 정점은 마주 보이는 기단 위 서쪽 끝에 달린 누다락이다. 손님은 아마도 곧 그곳으로 안내되리라고 짐작한다. 주인의 환대와 함께 기단 위로 오른다. 특이하게도 돌로 만든 댓돌이 아닌 나무로 만든 디딤틀이 돋보인다. 아마도 대청 바닥의 높이가 비교적 높기 때문인 듯하다.

디딤틀에 신을 벗어두고 사랑 대청에 오른다. 여기는 높은 기단에 높은 대청마루를 가진 고대광실의 집이다. 아마도 집주인이 높은 관직을 지낸 사람일 것이다. 마침 더운 여름이라 주인은 누다락으로 안내한다.

드디어 누사랑 운조루에 이르렀다. 주인이 내는 찻자리가 펼쳐지고 손님은 茶를 마신다. 茶의 맛과 온기와 향이 입안에 잠깐 머문다. 찻물의 목 넘김과 함께 미각세계의 사라짐을 느낀다.

이제 조금 전과는 다른 차원의 세계로 진입했다. 잔을 놓고 고개를 들어 주변을 둘러본다. 기둥 외에는 모든 것이 트인 고대高臺 공간에 앉아서 처음으로 등지고 지나왔던 길을 거슬러 반대 방향으로 되돌아본다.

그 순간, 객의 눈앞에 여태 걸어왔던 길이기는 하나 지금까지와는 느낌이 전혀 다른 차원의 장면이 돌연히 펼쳐진다. 행랑채 지붕 위로 한순간 펼쳐 보이는 일망무제一望無際의 남쪽 들판과 그것을 뒤에서 감싸며 춤추듯 살아 움직이는 연봉連峯의 장엄한 광경이 일순간 시원하게 확 펼쳐지며, 마치 천상에서 그 공간을 보는 듯 착각 속에 빠뜨린다.

손님은 이제 피안의 세계에 앉아 자디잔 현실세계를 무심히 건너보는 무한세계에 처하게 되었다. 저 멀리 산 능선이 하늘을 배경으로 자유자재로 오르내린다. 춤을 추고 있는 듯하다. 하늘은 매우 푸르다. 구름이 떠서 지나가고 주인은 손님과 함께 구름을 낚는다. 그들은 단순한 운조루 누다락이 아닌 무한공간에 거하며 茶를 마시게 된 것이다.

운조루에서의 조망

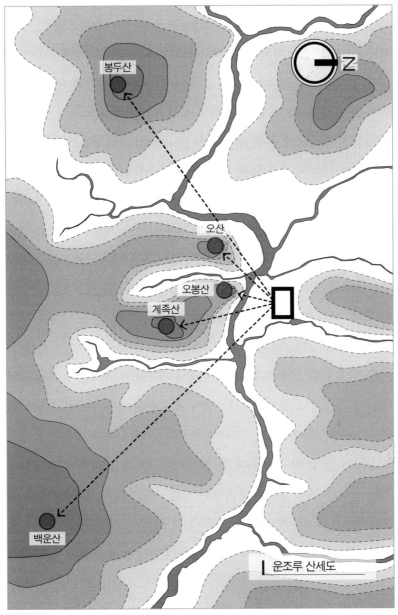

운조루 산세도

• 서민 주택의 茶 공간─제주도 추사 유배 주택

추사(秋史) 김정희金正喜(1786~1856)는 동갑내기 초의선사草衣禪師
(1786~1866)와 茶를 통해 교류하면서, 추사가 1840년 이후 8년간 귀양
살이를 했던 제주도에도 茶 문화를 보급 정착시켰다.

추사가 제주도에 유배된 지 2년이 되는 해(1842. 11. 13)에 서울에
있는 추사의 아내가 죽었다. 초의선사는 추사의 상심한 마음을 달래
줄 겸 이듬해(1843년) 봄 제주도에 와서 반년을 함께 지냈다.[77] 다행
히 현지에는 추사 유배 주택이 복원되어 있으며, 특히 차인으로 알려
진 추사의 茶 생활 장면이 모형으로 전시되어 있다. 사랑채 격인 모
끄리[78]에서 초의와의 행차行茶 장면을 보여주고 있는데, 이를 통해 당
시 한국 전통 민가에서의 茶 생활과 茶 공간의 내·외부 특성을 살펴
보면 다음과 같다.

우선 복원된 건물은 추사 유배 주택이라고는 하지만 추사가 직접
짓거나 경영한 건물이 아니라 당시 제주지방에서 부유한 사람이었
던 강도순의 집이었으며, 집주인 증손의 증언에 따라 복원한 것으로
안내되어 있다. 하지만 주로 쌓은 돌로 바깥벽을 둘러 강한 비바람을
막는 구조로 되어있는 제주지방의 보편 서민주택의 형식과 달리, 안
끄리(안채)·모끄리(사랑채)·바끄리(행랑채) 전체가 목조 가구식을
기본 구조로 건축되어 있고, 대청과 툇마루가 육지 건물과 같은 형식

---

77 유홍준, 《완당평전 1》, 학고재, 2002, p. 371~376.

78 안채의 좌측, '모서리 쪽의 별채'의 의미.

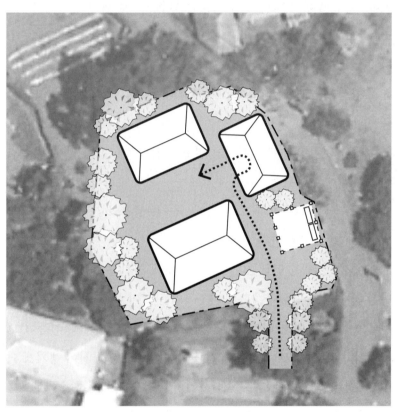

제주 유배주택 배치

으로 설치되어 있어 고증의 정확성에 의문이 든다.

제주지방 전통 민가 건축의 보편적 구성은 비와 바람과 돌이 많은 기후적 환경적 특성 때문에 매우 독특한 건축적 특성을 가지고 있었다. 내부 공간의 배치 구성은 홑집보다는 주로 겹집이 보편적이었고,[79] 구조는 목조 가구식의 주 생활공간과 돌로 축담을 쌓아 만든 조적식 구조가 혼용되고 있었다. 이는 불을 사용하는 정지(부엌) 등 공간의 방화 기능과 태풍이 잦은 지역의 내풍耐風과 방우防雨를 고려한 특성 때문이었다.

이러한 몇몇 의문에 대해서는 별도의 건축적 고찰이 있어야 할 것이나 본서에서 본격적으로 다루기에는 주제에서 벗어난 것이라 판단되어 차후의 과제로 미루고, 여기에서는 茶 생활의 건축 공간적 구성 위주로 살펴보고자 한다.

앞에서 몇 차례 언급했다시피 전통주택 공간은 현대의 아파트와 같이 하나의 큰 단위공간으로 이루어지는 것이 아니라, 목구조木構造 건물의 특성상 여러 채의 작은 건물로 이루어진 군집群集 건축이 그 특징이다. 그러다 보니 건물과 건물 사이에 통로나 공간이 생기게 되며, 이 특징을 한국의 경우 건물 사이의 마당으로 설정하여 내부보다도 더 적극적으로 활용하였고, 각 영역의 중심공간으로 삼았다.

---

79 홑집은 전통한옥이나 농촌 가옥처럼 방 등이 '눈 목目'자 형태로 나란히 이어진 경우를 말한다. 홑집은 통풍과 채광에 유리하기 때문에 남쪽지방에서 발달했다. 겹집이란 아파트처럼 남쪽과 북쪽을 향해 양쪽으로 공간이 배치된 경우다.

추사 유배 주택에서도 건물 사이에 조성된 마당이 해당 건물 용도에 따라 문간 마당·행랑 마당·안마당 등으로 특화되었으며, 건물 사이의 통로에 의해 연결된다.[80] 마당에서 그 다음 마당의 존재는 느껴지지 않으며, 의도적으로 공간을 가린다. 즉 공간을 한꺼번에 펼쳐 보여주는 것이 아니라, 일련의 과정에 따라 순차적으로 공간을 출현시키게 되며 그 과정에서 건축적인 의도가 표현되게 된다.

외부–문간 마당–대문, 그리고 대문 진입 후 행랑 마당–통로를 거치고 방향을 꺾어 도달한 안마당(사랑마당 겸용)이 주 외부 공간이며, 그 과정 속에서 손님(관찰자)은 공간형상空間形狀의 변화를 순차적으로 체험하게 된다.

좁아진 후 넓어지거나, 작아진 후 커지거나, 어두워진 후 밝아지는 등 역동적 공간체험을 반복적으로 경험하게 되며, 종국終局으로 접근함에 따라 그 반복 리듬이 점차 고조되는 느낌을 받게 된다. 긴장과 이완의 교차 정도는 점차 커지고, 반복되는 리듬의 간격은 점차 빨라지며, 역동적 과정 후 마침내 도달한 주 공간(안마당)에서 돌연히 펼쳐진 큰 자연은 초월적 해방감을 느끼게 한다.

이러한 공간적 주제를 관찰자 입장에서 평가해 보면, 외부의 손님이 그 집의 입구에 도달한 후 목적하는 공간에 도달할 때까지의 외부 공간 진입 과정이 단순한 통로의 역할에 머무는 것이 아니라, 연속적으로 고조되는 감성적 틀을 갖추고 있음을 말해주는 것이다. 이 점은

---

80 대규모 양반가옥일 경우 사랑마당·사당마당·별당 마당 등이 덧붙여져 여섯 마당을 이룬다.

제주 유배 주택 진입 과정

앞서 살펴보았던 운조루와 같은 상류층 주택에서도 볼 수 있었던 동일한 공간 주제이다.

말하자면, '긴장과 이완의 역동적 교차 과정 끝에 다다른 해탈의 공간', 결국 이것이 한국 전통 민가 茶 공간이 보편적으로 추구했던 외부 공간의 핵심 주제였다.

이제 내부 공간을 보자. 미흡한 점이 없진 않지만, 복원되어 있는 실물 주택과 그 속에 전시된 모형의 행태를 통해 당시의 茶 생활과 공간을 살펴볼 수 있게 되어 있다. 안끄리(안채)·모끄리(사랑채)·바끄리(행랑채)의 3동으로 이루어진 주택 공간 중 가운데 건물인 모끄리 사랑방에서 추사와 초의가 茶를 마시고 있다. 당연히 차실이 따로 있었던 것은 아니다. 추사가 팽주烹主이며, 마주한 초의선사는 객客으로서 접대받고 있다. 내부 공간은 매우 좁고 검박儉朴하게 꾸며져 있으며, 문을 열어 바깥 공간과 연결되고 있다.

여덟 자(尺) 방의 비교적 협소한 내부 공간이고, 서향 건물이라 이중의 처마가 길게 빠져나와 있으며, 날씨가 춥거나 덥지 않다면 깊은 처마로 인해 어두워진 내부 조명 관계로 모형에서처럼 문을 열고 茶를 마셨을 것이다. 하지만 이러한 불리한 배치 조건은 좁고 긴 안마당의 한쪽 끝에 위치하여 맞은편 트인 공간을 바라볼 수 있는 장점도 지니고 있음을 유념하여야 한다. 다른 방이나 건물에 비해 상대적으로 더 큰 외부 풍경을 가질 수 있다는 점은 茶 정신이 지향하는 바와 합치한다.

사랑방에서의 조망

좁고 어둡고 작은 내부 공간과 무한히 밝고 큰 외부 공간의 대비, 따라서 이 작은 사랑방이 차실로는 오히려 더 적합할 수 있었다. 아마도 주객 사이에 오가는 대화의 막간에 밖을 쳐다보며 하늘과 바람과 풍경이 있는 자연을 느꼈을 것이다. 협소하고 어두운 실내 공간은 무한히 크고 밝은 외부 공간과 중층적重層的으로 병존하고 있음을 강조하고 있으며, 茶 마심은 이 다른 두 차원의 공간을 이어주는 가교架橋가 된다.

이상의 상황을 종합해 보면, 한국에서 茶의 의미는 작지만 특별한 계기에 마시는 의미 있는 음료였다. 하지만 그 자체를 의식儀式의 목표로 삼지는 않았으며, 따라서 별도의 건축공간도 필요치 않았다. 생활공간 어디서건 茶를 마실 수 있었다. 그 이유는 전통 건축공간 자체가 한국인이 추구하는 보편 공간미학, 즉 '역동적 전이과정 이후에 맞이하는 해방적 초탈'의 의미를 이미 담고 있었기 때문이다. 茶가 지향하는 정신세계가 생활공간의 바탕에 이미 조성돼 있었던 것이다.

이 건축공간 주제는 비교적 단순한 구조인 주택보다는 대표적 군집 건축으로 외부 공간 특성이 뚜렷하고 민중의 공간미학이 잘 반영된 전통사찰 공간을 살펴보면 더욱 분명해진다. 종교 건축의 가장 큰 목적이 바로 현실에서 피안彼岸으로의 초월이고, 이 점에서 茶가 지향하는 바와 맥락을 같이한다고 볼 수 있기 때문이며, 주택이나 누정과는 달리 집단 취향이 반영되어 보편성을 띠기 때문이다.

그렇다면 한국의 전통 茶 공간은 '초월'의 목표를 위해 극단적 함축을 추구한 일본 차실과 표현은 달리하지만 지향점은 동일하며, 결국 같은 뿌리의 다른 가지라 말할 수도 있을 것이다.

이러한 茶 공간의 지향指向은 과거와 달리 외부 공간보다 모든 것을 주로 내부에 전개하는 현대건축에서 茶 공간을 조성할 때에도 참조할 만한 유용한 목표를 제공한다.

지금까지 한국과 일본의 전통주택에서 행차 공간의 공간 특성과 인문학적인 의미를 살펴보았다. 여기서 만약 사람이라는 중심 요소를 제외하고 茶 공간의 물리적인 면만 살핀다면 참으로 괴상한 건축이라고 결론내릴 수밖에 없다.

일본의 경우, 그토록 위태롭게 작고, 쓰기 불편하며, 보기에 초라한 건물을, 그토록 엄청난 비용을 들인 귀한 공간의 가장 높은 위계에 앉혀 지어야 하는 이유를 납득하기가 불가능할 것이며, 한국도 누정 건축공간이나 사랑채 공간의 해석 역시 그런 불가해한 범주에서 벗어나지 못하기 때문이다.

결국 그 공간을 쓰고, 움직이고, 느끼는 사람의 공간철학이 전제되어야만 비로소 온전한 건축의 이해에 다다를 수 있음이 분명해졌다. 차실 건축은 지극히 비물질적인 것이어서 구조·기능·美라는 건축의 기본요소에 철학이라는 요소를 덧붙여야 옳을 것이다.

3) 현대 건축에서의 茶 공간미학—청희당

　이제 시점을 다시 현대로 돌려볼 차례가 된 듯하다. 앞의 고찰에서 밝혔던 것처럼 과거 한국의 전통 茶 공간의 특성이 과연 그러했다면 일본의 경우처럼 그 전통이 지금까지 이어져 내려온 내용은 과연 무엇인가 하는 점을 밝혀야 한다.

　역사란 그것을 기억하고 싶어 하는 사람들이 있는 경우에만 가치가 성립되는 것이라 하지 않았던가? 아무리 찬란한 역사를 가진 민족이나 시대가 있었다 하더라도 그것을 되살리고자 하는 주체가 사라진 상황에서는 존재 이유를 가질 수 없는 법이기 때문이다. 과거로 사라져버린 고대 소아시아 및 근동지역에서 명멸했던 여러 나라의 역사가 그러하고, 유라시아 대륙의 중심부를 주름잡던 중앙아시아의 역사가 그러하며, 가깝게는 만주와 시베리아 지역의 역사 또한 그러한 범주에 있다.

　또한 역사의 생명력이란 그 당시에서만이 아니라 지금 이 순간까지 살아서 작용하는 것이어야 한다. 그것을 기억하고자 하는 지금의 이 주체에게 아무런 영향력을 가지지 못하는 것이라면 대체 역사가 무슨 의미를 가지겠는가? 역사는 지금 이 순간 그것을 기억하려고 하는 주체에게 크든 작든 영향을 미치는 것이어야만 생명력을 가지게 되는 것이다.

　마찬가지로 건축공간의 의미도 그 미학적 가치를 인정하고 기억하며 이어가려고 하는 주체가 있어야만 비로소 역사로서의 가치를 가지게 된다. 하지만 그 점에서 한국은 전통의 뿌리를 계속 이어오지 못하고 한 순간 단절되었던 불행했던 시기를 겪었기 때문에 그 가치를 지금의 현대에 기억하기도 되살리기도 매우 어려운 상태에 있다.

특히나 무형의 것이어서 형태 없는 것의 특징을 논해야 하는 공간이라는 주제에 대해서는 참으로 아쉬운 점이기도 하다. 앞서의 분석에서 어렵게 파악한 한국 전통건축의 '무한으로 귀의'하는 茶 공간 특징은 현대와는 단절된 과거라는 무덤에 묻혀 있었던 것이다.

우리는 지금까지 앞선 여러 학자들의 학문적 업적을 바탕으로 우리 전통 건축공간의 철학을 더듬어 보았고, 茶 공간의 핵심 미학을 이루는 가치를 파악할 수 있었다. 하지만 전통은 거기까지였다. 현대에 이어지지 못한 전통은 그것이 빛나는 가치를 발하는 것일수록 더 큰 아쉬움으로 다가왔다. 그리고 그 아쉬움은 이내 궁금증으로 바뀌고 만다.

현대건축에 전통 茶 공간의 미학을 적용하면 과연 어떠할까라는 생각과, 아마도 그 결과는 현재 우리가 거주하는 공간 속에 어떤 형태로든 분명 내재되어 있을 것이라는 추측이 들었다. 이제 한국 현대 민가건축에서의 茶 공간미학의 실험을 해야 할 차례가 다가온 것이다.

십수 년 전, 茶 공간에 관한 특별한 의미를 인식하지 않았던 때에 필자가 설계했던 한 작은 건물을 소개하고자 한다. 당시 그 건물 건축주가 태어났던 본가本家 터였던 관계로 한 가정의 가족 기념관이자

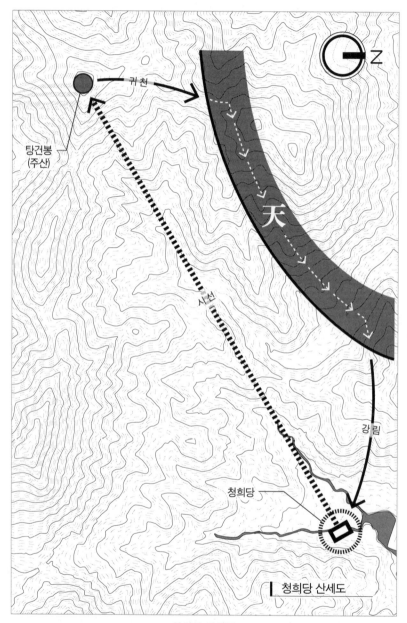

귀천

天

시선

탕건봉
(주산)

강림

청희당

청희당 산세도

청희당 산세도

차후 제실祭室로 사용될 예정이기도 했던 주말주택 청희당淸喜堂 설계 사례이다.

대지는 경상남도 하동군 북천면에 위치해 있었다. 과거 한국 전통지리 체계적 관점으로 보면, 지리산에서 뻗어나온 낙남落南 정맥이 이 집의 주산主山인 이명산理明山에서 남해바다를 바라보며 머물고, 북쪽으로 뻗은 두 능선 사이의 골짜기에 대지가 있었다. 북천北川이라는 마을 이름처럼 북쪽 동구洞口를 향하는 마을 전체의 좌향은, 이 집을 전통주택의 다른 어느 경우처럼 남측으로 트인 조망을 가질 수 없게 하였다.

주산主山에서 우백호右白虎의 능선 끝자락에 위치한 대지 조건 때문에 저수지 위 작은 개천을 끼고 좌청룡左靑龍 너머로 향하는 서남서 좌향을 택했다.

대지 앞에 펼쳐진 궁벽한 마을의 손바닥만한 들판 바로 건너 남쪽 방향에 있는 이명산의 높은 봉우리와 능선은 당연히 계획 건물의 남쪽 시야를 막아 답답한 느낌을 주게 되어 있었다. 따라서 주 좌향의 설정은 조금이라도 시야가 트인 곳을 찾아야 했다. 물결치는 듯 오르락내리락하는 산마루 선 가운데 주산에서 흘러내려 인접 봉우리로 이어지기 전의 골짜기 선이 눈에 들어왔다. 그리고 그 너머의 봉우리가 눈에 띄었다.

봉우리가 낮아 지도에 따로 표시되어 있지 않지만, 마을 사람들은 그 봉우리의 이름을 탕건봉宕巾峰이라 불렀다. 참 멋진 이름이다. 아마도 앞이 낮고 뒤가 높게 턱이 진 탕건 모양을 연상해서 지은 이름

남쪽 산세 사진

일 것이다. 이런 궁벽한 농촌 골짜기 너머에 그런 고상한 이름을 가진 봉우리가 있으리라고는 기대도 하지 않았기에 그 이름이 더욱 빛났다.

탕건봉의 형세도 봉우리가 아담해서 문필봉에 가까워 안대案帶로 삼기에 안성맞춤이었다.

이로써 건물의 주 좌향이 결정되었다. 하지만 대나무밭을 접하고 있었던 원래 있었던 옛 건물의 서남 방향의 좌향에 비해 서남서로 조정된 좌향의 방향은 건물 뒤 공간이 허전해질 수밖에 없었다. 이에 대한 대안으로는 대나무를 심어 뒤 공간의 허전함을 메우는 것과, 의미 있는 뒷마당 공간을 별도로 설치하는 두 가지 방법이 있었다.

그래서 뒷마당을 만들기로 했다. 어차피 주택만의 용도가 아니라 기념관의 성격을 지녀야 했기 때문에 의미 있는 가족 내부의 이야기는 감추어진 뒷마당에 담는 것이 나을 것이라 판단했다. 허전해진 북측 뒷마당 주변을 튼튼하고 아담한 한식 담장으로 둘러 일상의 접근을 차단하고 가족들만의 이야기가 담긴 신성한 마당 공간으로 만들기로 했다.

과거 우리 조상들이 주택의 가장 신성한 공간으로 사당(家廟)을 두었듯이, 이 집도 현대적으로 번역된 신성 공간을 구축한 것이다. 건물을 완공한 뒤 이 마당의 이름을 '궁극의 간間(사이)'이라 이름 지었다.

신성 공간의 중심에는 세월이 흐른 후 과거 가묘家廟 공간 속에 위패位牌를 모셔 놓듯이 건축주 내외의 흉상胸像을 차후에 세우기로 계

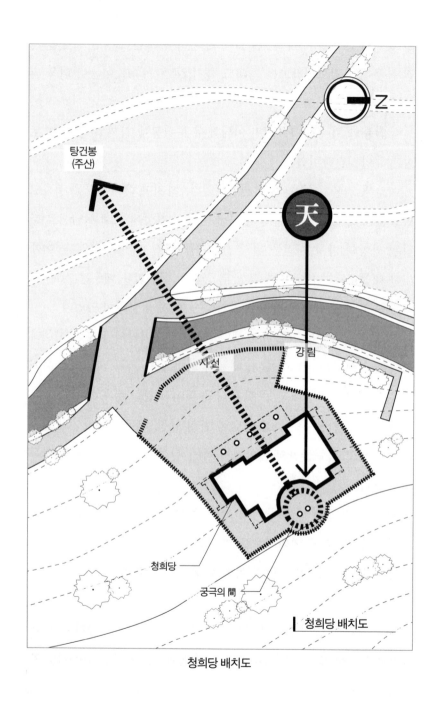

탕건봉
(주산)

天

시선

강림

청희당

궁극의 間

청희당 배치도

청희당 배치도

획했다.

이 세상에 태어나 눈 깜짝할 사이를 살다 다시 영원의 안식처로 돌아가야 하는 인간의 숙명, 후손이 존재함으로써 영속하고 싶은 것은 한국적 의식을 가진 사람이라면 보편적인 마음일 것이다.

이 집의 신성 공간인 '궁극의 間'은 하늘을 향해 뚫려있는 북쪽 빈 마당 공간으로 남겨두는 것이 좋을 것으로 판단했다. 만약 있다면 하늘에 머무르던 영靈이 쉽게 이 마당 공간으로 강림할 수 있을 것이기 때문이다. 그 영의 기운은 원형의 마당에 머무르다 두 흉상이 바라보는 남쪽 방향으로 향하게 될 것이다.

건물의 내부에는 자손들이 산다. 먼 훗날 영혼이 되어 다시 내려올 그 존재의 흔적은, 흉상이 바라보는 방향 앞의 유리문을 통해 집안에 거주하는 자손들을 볼 것이다.

내부에서는 茶 자리가 펼쳐진다. 그 속에 모인 흉상의 자손들과 차인들은 눈을 들어 창밖 남쪽 정면의 마당 공간과 그 너머의 탕건봉 정상을 응시할 것이다.

궁극의 간間을 통해 강신降神한 조상의 영靈도 자손의 시선視線에 올라타 건물 내부를 관통하여 다시 유리창 너머에 있는 앞마당 공간에 거하게 된다. 남쪽 마당에서도 무형의 공간 외에 다른 것이 없으며, 단지 정방향 맞은편에 탕건봉 정상이 보일 뿐이다. 탕건봉을 향한 영의 기운은 하늘과 맞닿은 산꼭대기 끝에서 결국 다시 하늘로 귀의하게 된다.

이제 작지만 한 가정의 우주질서를 표상하는 순환적 시공時空 체

청희당 전경

계가 완성되었다. 이것은 한국 茶 공간의 미학을 현대 민가 건축에
적용한 하나의 작은 사례에 불과하지만, 전통공간미학의 재창조라는
먼 길을 걸어가야 할 현재 한국 건축의 茶 세계에서는 의미 있는 한
걸음이 될 수도 있을 것이다.

제4장

한·일 전통 민가
차실 공간의 공통 지향

건축공간은 인간의 삶과 철학을 담는 그릇으로서 구조·기능·미라는 건축적 요소만으로 그것의 모든 면을 아우를 수 없으며, 사람의 존재라고 하는 가장 중심적이며 심오한 내적 요소를 바탕에 두고 바라보아야 할 필요가 있다. 왜냐하면 합리적 사고의 결정체라고만 생각되는 건축의 요소 속에는 공학만으로 판단할 수 없는 인문적 요소가 있기 때문이다.

또한 사람이라는 존재가 가지는 불가해성不可解性 안에는 예측할 수 없는 변화의 씨앗을 가지고 있다. 초기의 매우 작은 변화의 씨앗이 나중에 상상할 수 없이 큰 차이로 발전해 나가는 계기가 종종 만들어지기도 하기 때문이다.

이러한 건축의 다양한 양상 중에서 직접 사람의 생활을 담는 민가民家 건축은, 이 변화의 특성을 잘 살펴볼 수 있는 사례가 된다. 왜냐하면 인간의 삶이란 그 기본적 생활양식이라는 뿌리는 매우 단순하고 유사하나, 거기서 파생된 집단 간의 생활문화는 매우 큰 차이를 보이기 때문이다. 그러므로 민가를 비교 고찰해 보면 유사 집단 간의 문화와 철학의 공통점 및 차이점을 잘 드러낼 수 있다.

이런 관점에서 동아시아의 가까운 이웃나라 한국과 일본의 주택은 당연히 공통점과 차이점을 가지고 있을 것이며, 본서에서 밝히고자 하는 양국 간 차실 공간의 분화分化 이유도 쉽게 도출해낼 수 있을 것이다.

한국과 일본의 민가 건축은 평면 형식과 구조의 유사성으로 보아 아마도 하나의 씨앗이었던 것이 확실해 보인다. 대륙과 맞닿아 있는 반도의 특성을 가진 한국과, 섬이어서 바다로 분리되어 있으나 바로 인접하여 형성된 일본의 지리적 여건으로 보았을 때, 반도에서 살다가 섬으로 이주한 이주자들은 비록 몸은 원래 고향을 버리고 떠났어도 생활양식은 원래 살던 그대로를 지니고 갔을 것이다. 문화의 전파 경로를 따라 한반도의 경우부터 먼저 살펴보자.

〈동해 주변 田자형 민가의 분포〉 그림은 한반도 동북부 지역의 田자형 민가 기본형과 일본열도 각 지방의 민가 표준형의 분포를 나타낸 것이다.

놀랍지 않은가? 거의 차이점을 발견할 수 없을 만큼 유사성을 보인다. 이는 분명 한반도 동북부 지역 사람들이 일본 동북부로 흘러들어갔음을 말해주는 것이다. 여기서 의문스러운 점은 대마도와 가

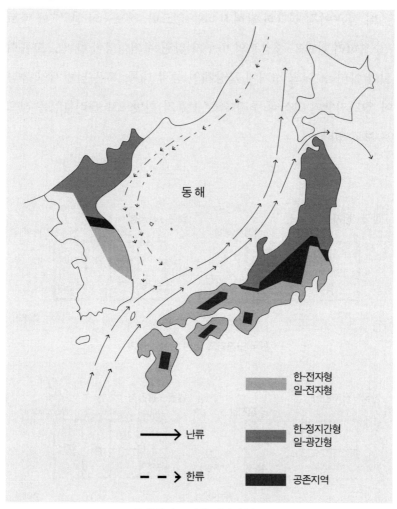

동 해

한-전자형
일-전자형

난류

한류

한-정지간형
일-광간형

공존지역

동해 주변 田자형 민가의 분포

깝게 연결되어 있으며 일본으로의 문화 전파 본거지인 한반도 중남부의 주택형은 왜 공통적 양상에서 벗어나 있는가 하는 점이다.

이 점은 아직 명확히 밝혀진 바는 없으나, 장보웅의 연구[81]에 따르면, 오히려 한반도 중남부의 마루가 딸린 주거형식이 한반도 고유의 것이 아니라, 어느 시기에 북방계인 중국 대륙, 혹은 남방계인 동남아 열도지방의 고상식 주거高床式 住居가 한반도로 흘러들어온 것으로 보고 있다.

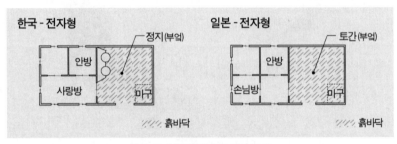

한국 田자형과 일본 田자형 민가

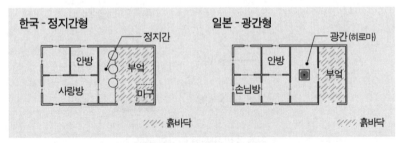

한국 정지간형과 일본 광간형 민가

81 장보웅, 《한국민가의 지역적 전개》, 보진제, 1996, p. 40.

田자형 민가는 한반도에서 기원한 고유한 한국적인 주택형으로 판단되며, 일본으로 확산되어 일본 민가의 골간을 형성한 것으로 판단된다. 특히 두 동의 건물이 앞뒤로 나란히 병렬 배치되는 이자二字형의 건물 배치는 중국이나 일본에서는 찾을 수 없는 한국 고유의 배치법이기도 하다.

이후 시기적으로 더 오래된 겹집의 田자형 주거형식은 기후상의 조건으로 인해 반도 내 함경도 등 추운 지역에서만 존속되었고, 상대적으로 더운 지역인 중남부 지역에서는 외래 수입 형식인 마루가 딸린 고상식 주거가 정착되었을 것이라 추측하고 있다.

따라서 그 이전 시기에 일본에 전파되었을 田자형 기본 평면 형식은 한반도 중남부 지역에서는 흔적도 없이 사라졌지만, 한반도와 가까운 규슈 및 혼슈 중남부 이남 지역에서 오히려 기존의 평면 형식을 유지하며 존속하게 된 것이라 추측된다.

또한 지리적으로 멀리 떨어져 있는 관계로 문화전파의 속도가 늦을 수밖에 없는 혼슈 중북부 지역에는 상대적으로 후기 田자형으로 판단되는 곡가형曲家型 평면을 바탕으로 한 광간형廣間型이 전파되어 현재까지 존속하게 되었을 것이다.

이런 것들로 미루어보아, 한국과 일본의 민가 형식은 하나의 씨앗에서 분화한 다른 가지였다고 말할 수 있으며, 최초 일본 정착민이었을 이주 반도인들이 그들의 생활양식과 함께 가지고 이주해 갔을 것이다. 그들이 가지고 간 이 형식은 일본 민가 최초의 원형질적 공간

형식으로서의 가치를 지닌다. 이것은 그 이후의 다양한 주택 평면 전개 과정에서도 근본으로서의 역할을 수행하며 일본인의 공간철학과 생활 속 원형질로서 굳건히 뿌리내리게 되었다고 정리할 수 있겠다.

1. 한국 민가 건축공간의 특성과 지향

위에서 기술하였듯 한국 민가의 최초 원형으로는 일본의 경우와 같이 田자형 평면이라고 추측할 수 있으나, 현재 남아 있는 기록과 유구遺構를 보아서는 그 명확한 증거를 밝힐 수 없는 한계가 있다. 목조주택이라는 구조의 한계, 그리고 인간생활상의 변화로 인한 필요의 한계로 인하여 주택은 수없이 많은 변화를 겪기 마련이어서 그 과정 하나하나를 기록으로 보존하는 것은 쉬운 일이 아니다.

건축 유구 또한 일상의 생활을 담는 주택으로서는 거대 석조기념물과는 달리 보존할 필요도 의사도 없는 것이기 때문에 달리 과거의 흔적을 가질 수 없다. 더더구나 근대화가 진행된 이후의 현세에서는 경제적 가치에 따라 과거의 흔적은 종적도 없이 사라져가 버렸다.

따라서 남아있는 기록 범위 안의 고찰로만 연구를 진행할 수밖에 없는 아쉬움이 있으며, 그것마저도 분단된 조국의 현실 때문에 북부형은 더 확인해 볼 길이 없으나 어쩔 수 없는 일이다. 하지만 다행히 그 속에서나마 주택 형식의 차이점과 특성은 기록으로 비교 고찰해 볼 수 있으니 그것으로 위안을 삼을 수밖에 없겠다.

장보웅[82], 주남철[83], 윤장섭[84] 등의 연구에 따르면, 한국의 주택 형

---

82 장보웅, 《일본 민가의 한반도 기원설에 관한 연구》, 애산학보 Vol 31. p. 33~51, 애산학회, 2005. 12. 30.

83 주남철, 《한국 주택건축》, 일지사, 1987.

84 윤장섭, 《한국 건축사》, 동명사, 1984.

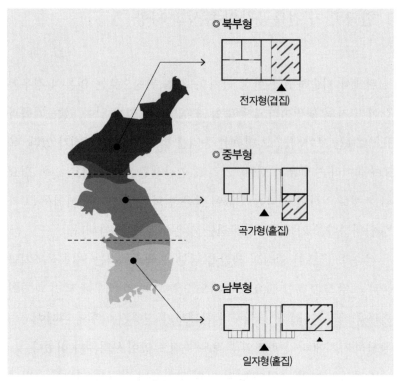

◎ 북부형

전자형(겹집)

◎ 중부형

곡가형(홑집)

◎ 남부형

일자형(홑집)

한국 전통 민가의 지역별 전개

식은 크게 북부형·중부형·남부형으로 나누어 볼 수 있으며, 북부형
으로 갈수록 추운 기후에 적응하여 바닥면적 대비 외피外皮 면적을
최소화할 수 있는 겹집형田字型이 발전해 있고, 남부형은 반대로 외
기外氣에 접하는 면적이 커지는 일자一字형 홑집의 마루 딸린 고상식
高床式 평면으로 발전해 갔다.

통풍이 주 기능인 마루의 존재는 외부와 내부 공간의 특성이 반반
씩 섞인 반 외부, 반 내부 공간으로서, 이미 그것이 주 공간으로 도입

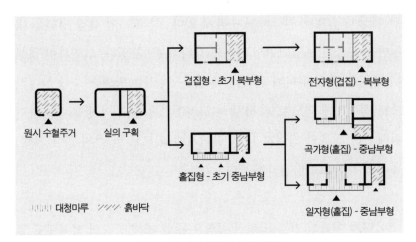

겹집형 - 초기 북부형 → 전자형(겹집) - 북부형

원시 수혈주거 → 실의 구획

홀집형 - 초기 중남부형 → 곡가형(홀집) - 중남부형

일자형(홀집) - 중남부형

▨▨▨ 대청마루 ╱╱╱╱ 흙바닥

한국 전통 민가 평면의 발전 유형

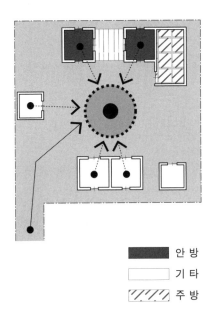

안 방

기 타

주 방

한국 민가 평면 및 외부공간의 구심적 성격

된 이상 홑집으로 기능하는 수밖에 없다. 즉 田자형 겹집 평면은 대청마루 요소가 도입되면서 사라져 갔다고 볼 수 있다. 그리하여 형성된 홑집은 겹집에 비해 한 건물에 담을 수 있는 방의 개수가 상대적으로 적어지게 되므로, 다시 말해 田자형과 같은 수의 방을 수용하기위해서는 건물의 길이가 너무 길어지게 되므로 곧 ㄱ자형, ㄷ자형, 혹은 ㅁ자형으로 발전하게 된다.

이렇게 진화된 건물의 평면 형식은 주택 전체 공간의 성격에도 결정적 영향을 미치게 된다. 중심에서 외부를 향하던 田자형 평면의 원심적遠心的 특성은 완전히 성격이 바뀌어 비어있는 중심 마당을 둘러싸고 외곽에 배치된 방들이 하나의 중심을 향하는 구심형求心型 공간특성을 가지게 되는 것이다.

이는 매우 급진적인 공간 변화이며 더운 남방지방에서 수입된 마루 형식[85]과 ㅁ자형 혹은 중국의 사합원四合院식 주택 배치 형태가 습합習合된 후 정착한 것이라고 추측된다.

---

85 장보웅은 '마루'라는 말이 '높다, 크다, 위대하다.'라는 어원임에 주목하여 토방에 모시던 신주를 품격이 더 높은 나무로 된 고상식 공간에 모신 후 그 공간의 이름을 '높다'라는 의미로 '마루'라고 하였다고 추측하고 있다. 하지만 이마저도 고상식 마루 형식이 도입된 이후의 현상일 것이라 판단되며, 따라서 마루 형식이 수입된 것이라고 보는 것에는 아무런 영향을 미칠 수 없다. 또한 그는 한반도인의 인종 구성 자체도 북방인과 남방인의 혼합일 것으로 보고 있어 남방인이 이러한 형식을 가지고 이주해 온 것으로 추측하고 있다.

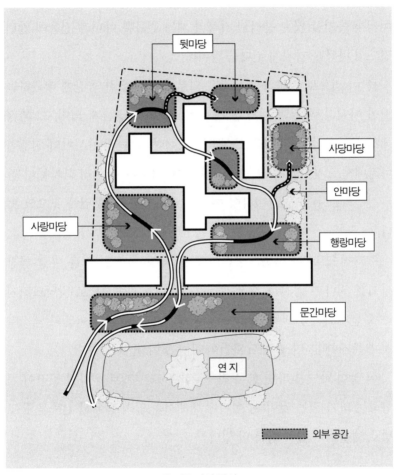

뒷마당

사당마당

안마당

행랑마당

사랑마당

문간마당

연 지

░░░░░░░ 외부 공간

운조루 마당 구성

위의 과정을 거쳐 이제 ㅁ자 홑집 평면의 다양한 결합 배치 형태로 발전한 한국의 주택 형식은 분리된 별도의 채를 가지게 되며, 안채·사랑채·행랑채·별당채·사당채·문간채 등의 이름으로 불리게 된다. 여기서 특기할 것은 분리된 각각의 채는 건물뿐 아니라 건물에 딸린 별도의 마당을 가지게 된다는 점이다.

즉 이 집으로 방문하는 사람은 외부에서 직접 한 공간에 접근하는 것이 아니라, 마당과 마당을 거쳐 목적지에 도달하게 되며, 그 과정에서 다양한 공간 경험을 부여받는 것이다. 이는 동아시아의 인접한 나라에서도 찾아볼 수 없는 매우 특이한 현상이며, 여러 학자들이 '한국건축의 고유한 공간미학이 여기에 담겨있다.'라고 입을 모으고 있다.

결과적으로 "한국건축 공간의 공통 특성은, 크고 작은 마당 공간 사이를 지나며 점진적 긴장 과정을 거친 후 최종적으로 맞닥뜨려지는 무한자연의 돌발적 장면에 의해 펼쳐지는 황홀한 이완의 엑스타시에 존재한다."라고 해도 과언이 아닐 것이다.

이 말이 과연 맞다면 한국 건축공간은 그 자체로서 차실 공간이 지향하는 바가 되는 것이다. 여기에 대해서는 앞의 장에서 건축물 용도별로 세분하여 깊이 다룬 바 있다.

2. 일본 민가 건축공간의 특성과 전개

위에서 밝힌 바대로 일본 주택 건축의 원형은 신기할 정도로 한반도 동북부 주택의 원형과 닮았다. 실제 그것을 쓰는 기능도 거의 유사한데, 한반도의 토방 혹은 토칸이 일본의 대소台所(だいどころ) 혹은 토칸土間(どま)으로 용어의 차이가 있을 뿐 상대적 크기와 용도가 거의 동일하다.

하지만 그 이후의 발전 방향은 한반도와 매우 다른 양상을 보인다. 한반도에서는 홑집이 주류가 되면서 채의 분화가 일어나 마당과 접근 동선이 복잡해진 반면, 동일 채 안에서의 내부 기능은 홑집으로서 매우 단순해져 갔다.

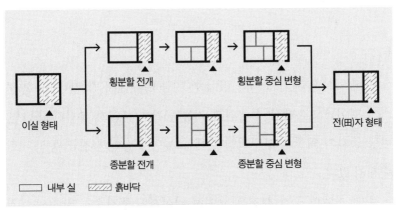

일본 전통 민가 평면의 발생과 전개

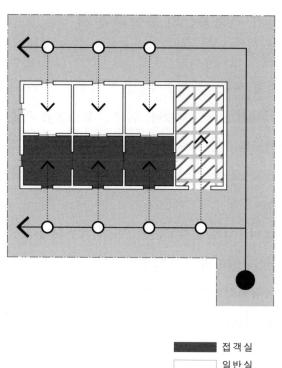

접 객 실

일 반 실

주　방(土間)

일본 민가평면 외부공간의 원심적 성격

반면 일본은 채의 분화가 없이 한 지붕 아래에서 방(칸)의 무한 분화가 일어남으로써 내부 공간과 기능 공간의 분리가 복잡해진 반면, 마당 공간의 역할은 부수적인 것에 그쳤으며 당연히 접근 동선은 단순해져 갔다.

　주택 전체의 공간 성격은 당연히 원심적인 공간으로 발전해 나간다. 하나의 지붕 밑에 모여 있는 방들의 집합으로서는 당연한 일이고 달리 어쩔 수도 없는 일이다. 건물 외부의 공간은 한 단위의 특정 장소로서가 아니라 접근 통로로서의 기능이 우선시된다. 각각의 방들은 현관이나 토간과 같은 공식적 내부 매개공간을 통하거나 건물 주변의 외부 통로를 통해 각각의 방으로 출입할 수 있다.

따라서 일본의 주택에서는 한국과 같이 가족 구성원이 공유하는 마당과 같은 공동 외부 공간의 개념을 전혀 가지고 있지 않다. 장지문을 통해 의도적으로 남녀로 구분된 공간 영역을 드나드는 경우가 아니라면 기능적으로 분리된 여러 개의 공간이 한 지붕 안에 등을 맞대고 결합되어 있는 것이다. 이렇게 되면 우발적 혹은 시각적으로라도 서로 공유할 수 있는 공간의 여지가 없어지고 만다.

이 경우 공간 소통의 가능성은 단지 매우 의도적인 결심이 있어야만 하는 것이고, 주인 혹은 지배적 점유자의 허락이 있어야 가능한 일이다. 결국 하나의 방이 가지고 있는 의미는 남녀로 분리된 두 개의 큰 영역 속에서 각자만의 별도 세계를 가지는 공간구조가 된다. 이러한 공간의 특성은 일반 농가보다 상대적 권력의 우위를 점하고 있던 무사계급의 주택을 보면 더욱 두드러진다. 성인이고 남자이며 무사였던 당시 일본의 주류 계층 사람의 경우 주인의 위세를 과시하기 위한 장치를 더 강조하였기 때문이다.

지금도 과거의 흔적이 잘 남아있는 일본 가고시마 이즈미시 후모토 마을 무사 주택의 사례를 보면, 위에서 말한 무사 주택의 특성이 그대로 나타나 있다. 그 발전의 단계를 간단하게 정리해 보면 앞의 그림과 같다.

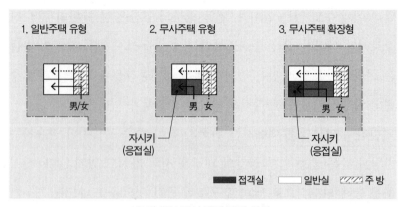

1. 일반주택 유형   2. 무사주택 유형   3. 무사주택 확장형

男/女   男 女   男 女

자시키   자시키
(응접실)   (응접실)

■ 접객실   □ 일반실   ▨ 주방

근세 일본 무사 주택 평면 유형

　위 주택 유형의 공통점을 찾아보면, 무사였던 가장이 손님을 맞이하는 응접실의 기능으로 자시키 공간이 발전하게 되었던 관계로 주택 내에서 가장 공식적이고 높은 위계의 공간임을 발견할 수 있다. 한 지붕 안에 구성된 주택공간의 일부였지만, 여자의 동선과 구분된 남자의 공간이며, 여기에서 관혼상제 등 의례나 격식 있는 공적 접객의 연회가 열렸음을 짐작할 수 있다.

　당연히 별도의 정원은 갖추지 않았다. 바닥은 다다미를 깔았고, 기본적으로 서원조의 실내장식이 설치되었으며, 행차의식도 여기에서 행해졌다. 기본적으로 서원조 차실 공간이라 분류할 수 있을 것이다. 그러므로 별동別棟으로 구성되는 초암차실의 공간과는 아직 다른 형식이라 말할 수 있으며, 여기에서 양식적으로 한 단계 더 나아가야 노지가 딸린 초암차실을 만나게 되는 것이다.

이제 일본 차실 공간의 정수, 발전의 마지막 단계라 할 수 있는 센리큐가 창조한 초암草庵 형식의 차실을 살펴보자. 집단의 구성원이 공유할 수 있는 마당 공간이라는 관점에서 그 연원이 한반도 남부지방의 농가라는 속설, 혹은 학설이 무색하지 않게 일본주택의 건물 중심 형식보다는 마당 중심 형식에 가깝다. 공간의 전개 형식은 다르지만, 순차적·단계적으로 펼쳐지며 심화되는 노지의 특성은 일본 전통 민가보다는 마당 중심의 한국 전통 민가 공간 전개 형식과 오히려 더 닮아있기 때문이다.

노지露地라 불리는 茶 공간 진입 마당의 전개 형식은 한국 민가의 마당 분절 및 연결기법과 거의 동일한 공간해석 위에 펼쳐져 있다.

진입할수록 더욱 압축되는 공간의 밀도, 분절된 마당 공간 통과 과정의 의식화, 차실까지 접근 동선의 점증적 복잡성, 목적 공간의 협소성, 극적으로 좁고 낮은 차실 출입구 등 일련의 과정이 동일한 성격을 보이기 때문이다.

하지만 여기서도 최후의 도달점은 서로 다른 방향을 지향하고 있다. 일본 차실 공간은 좁은 공간 안에서 밖으로 볼 수 있는 별도의 창이 존재하지 않는다. 실내로 빛이 들어올 수 있게 한 고창高窓은 존재하지만, 주인이나 객이 쉽게 밖을 바라볼 수 있는 여지를 없앤 것이다. 그렇다면 일본 차실 공간의 궁극적 지향점은 무엇일까?

그렇다. 바로 無인 것이다. 압축되고 압축되다 茶의 맛과 함께 결국 영零(0)으로 사라져가 버리는 공간, 이 과정과 내용에 관한 세부에 대해서는 앞의 장에서 심층 분석하였다.

한반도의 경우와는 비슷하면서도 너무나 다르다. 공간 방향성 자체가 서로 반대쪽을 지향하고 있으니 공통점이 있을 리 없기 때문이다.

한국에서는 각각의 채는 분리되어 있으나 그 속의 방들은 마당 공간을 통해 서로 시선을 공유하고 있고, 여러 개의 방은 하나의 세계 안에 온전히 공유되고 있다. 마당은 통로가 아니라 지붕 없는 내부 공간과 같으며, 방은 오히려 공동 공간인 마당의 부속물로 작용하고 있다. 그러니 방의 역할은 그저 부수 공간의 역할만큼 작아도 되는 것이며, 거의 대부분 활동은 마당에서 가족이 공유하는 것이어서 완벽한 하나의 세계에 온 가족이 온존溫存하며 산다.

비교해 보면, 이러한 현상 또한 참으로 신기한 점이 아닐 수 없다. 하나의 씨앗에서 분화한 가지가 각기 다른 열매를 맺은 것이라 말할 수 있기 때문이다.

애초에는 꼭 같다고 말할 수 있을 정도로 어찌 그렇게 비슷할 수 있을까 하던 평면형이었다. 하지만 그 발전의 끝에는 정반대의 결실이 맺힌 것이다. 한 둥지의 나뭇가지 끝에 전혀 다른 색깔의 열매가 매달려 있는 나무를 상상해 보라. 그 원형질이 너무나 유사한 것도 또한 전개의 끝이 그토록 다른 방향인 것도 아이러니하다. 사람 혹은 사람의 집단이 이렇게도 같으면서 다를 수 있는 것일까? 참 알 수 없는 일이다.

들여다보면 볼수록 한국과 일본은 미묘하기 짝이 없는 관계처럼 느껴진다. 마치 선불교의 색色과 공空의 관계처럼, 깨달음과 어리석음의 관계처럼, 남과 여의 관계처럼, 꼭 같은 듯 전혀 다른 듯 그런 관계로 존재하는 듯하다.

이제 한국과 일본의 차인들은 서로를 바라보며 외경과 존경의 마음으로 상대를 존중하고, 앞선 것은 배우고, 근원적인 것은 공유하며 茶를 통해 동일한 초월세계에 거居하며 살아가는 법을 배워야 한다.

제5장

소결

전통 茶 공간의 眞으로서의 사라짐과 부활

　지금까지 주로 건축공간의 형이상학적 관점을 중심으로 일본과 한국의 차실 공간 특성에 대해 살펴보았다. 건축공간의 작용에 주목한다는 것은, 눈앞에 버티고 서 있는 건물의 유형적 존재 논리에만 주의를 집중시켜서는 건축이 전달하고자 하는 느낌 전체를 받아들이기에 충분치 못하다는 사실을 알아차리는 일이다.

　흔히 겪는 일이지만, 매우 깔끔하게 정리되어 있고 네모지고 평평하며 넉넉한 대지 위에 기하학적으로 각 잡혀 반듯하게 서 있는 현대 한옥 건물 안에 서 있을 때, 왠지 모를 공간의 단조로움과 빈약함은 말로 표현하기가 어렵다. 보이지 않는 무형 공간이지만 그 차이가 실재하는 것이다.

　같은 종류의 건물들로 구성되어 있더라도 눈에 보이지 않는 공간의 깊이가 다르고, 만질 수 없다 하더라도 힘차게 움직여 가는 공간의 역동성이 다르기 때문이다. 결국 느낌이 다른 별개 공간이라고 인식할 정도의 구별이 생기게 된다. 공간은 소리내어 말하지는 않지만, 건물이라는 눈에 보이는 유형의 모습에만 모든 관심을 빼앗기지 말고 건물로서 형성되지만 감춰진 채 은밀하게 공존하는 더 깊은 시공간 세계에 주목해야 한다고 속삭인다.

아주 오래되고 뛰어난 인류의 건축유산을 탐구해 본 결과 역시 동일한 결론에 도달하는 것이었다. 건축이란 단순히 건물이 가진 물질적 의미만이 아니라, 그것을 만든 심층적 배경으로 존재해 있는 철학을 담는 장치였다는 것, 기록에 남아있는 가장 먼 옛날의 문명, 수메르에서부터 다신교 신앙의 고대 이집트와 로마, 일신교의 종교시대였던 중세 고딕을 거쳐 합리주의 근대 시대까지 공간을 통한 원초적 질서의 표현 욕구가 인간에게는 있었고, 그것이 건축행위가 가지는 큰 의미 중 하나였음을 확인할 수 있었다.

만약 그렇지 않다면 그토록 끝없는 노력을 그렇게 합목적성을 뛰어넘는 건축 작업에 쏟아 부을 수 있었을까? 아마도 인간의 본능적 표현 욕구가 근본 원인으로 작용하지 않았더라면 어림도 없었을 것이다.

그러한 공간철학적 관점에서 일본 전통건축과 차실 공간의 특성, 그리고 차실 공간의 정수라 할 수 있는 초암차실의 공간미학과 의미에 대해 탐구해 본 결과 다음과 같은 결론을 얻을 수 있었다.

차의 정신은 불교, 특히 선불교禪佛敎의 정신적 지향과 같은 성격을 가지고 있다. 말로 표현할 수 없는 것이기는 하지만, 굳이 문장으로 표현하자면 '에고ego(色, 我相, 형상적 자아)의 돌연한 사라짐(空)'을 통한 '참 나(眞如)의 자각' 정도로 표현할 수 있을 것이다. 茶 마심은 형상적 '나'라는 것이 전혀 영원하지 않고 곧 죽어 없어질 존재라는 사실을 찻물과 맛의 홀연한 '사라짐'을 통해 구체적으로 일깨우는 철학적 행위였다.

또 입속에서 느껴지는 쓴맛의 사라짐, 즉 '죽음' 혹은 '고통'은 단지 모든 것의 끝이 아니라, 더 큰 차원의 탄생인 구원이자 부활임을 일깨워주는 것이었다. 따라서 茶 마심의 의미는 더 큰 무한차원의 세계가 지금 우리가 사는 이 세상의 배경으로 또한 존재하고 있으므로 유한하고 무상한 세상살이에 집착하여 일희일비할 이유가 없음을 알려는 것이 된다.

'茶 맛'이라는 감각 존재의 있음과 그것의 사라짐의 순간에 전념을 기울이는 단순한 계기로 인하여 허상인 현실에 대한 집착에서 벗어나 순간이자 무한인 시공간의 세계에 거하고 있음을 깨닫자는 것이었다.

이러한 철학을 공간으로 표현하기 위해 일본의 차실 공간은 몇 단계로 분절된 외부 정원 공간인 노지를 통해 차실 내부로 진입하게 만들었다. 그 과정에서 노지의 공간은 점점 긴장, 압축, 고조된 후 비로소 차실에 이르게 하였다. 차실 역시 노지의 공간구성 기법과 마찬가지로 좁은 개구부를 기어들어온 후부터 찻잔을 들어 찻물을 마시는 종국적 순간까지 쉼 없이 고조되는 과정을 겪게 하는데, 입에 머물던 찻물이 마셔 없어지는 순간 無(0)의 세계로 떨어지며, 극적인 해방을 만나게 한다. 그것은 결국 선불교의 해탈 과정과 다름 아닌 것이었다.

일본의 전통차실 공간의 유구遺構와 미학은 다행스럽게도 지금까지 잘 보존되어 있을 뿐만 아니라, 그 정신적 맥이 현대에까지 연결돼 살아있어 일본건축 전반에 큰 영향을 끼쳤으며, 북동 아시아의 섬나라 일본이라는 지역적 한계를 넘어 세계적 건축가를 배출하게 하는 지적 자산이 되었다.

같은 관점에서 한국의 전통사찰 건축공간의 변화 과정을 통해 한국인이 추구한 보편적 공간 특성과 경향성에 대해서도 알아보았다. 분석 결과 한국의 전통건축은 茶 공간만의 주제가 아니라 사찰을 필두로 한 모든 형식의 건물에서 보편적으로 공간의 비정형성을 가지고 있었는데, 그것은 정적靜的인 규칙에 얽매이지 않는 공간의 역동성으로 무한의 절대영역으로 진입하고자 하는 열망이 있었음을 알려주는 것이었다.

또한 종국적으로 그 열망의 최종 지향은 선불교의 철학이 가리키는 곳과 같은 것이었다. 점차 빨라지고 고조되며 그래서 점점 어려워지는 고난의 접근 과정을 치열함으로 극복해 내고서야 드디어 만나게 되는, '종국적 해탈 공간의 무한경지' 바로 그것이었다.

그것을 확인한 후 한국건축의 전통 속에서 유일하게 茶를 위한 공간으로 꼽을 수 있는 누정 건축의 미학을 분석해 보았고, 그 후 상류층 및 보편 민가 주택에서의 행차 공간도 살펴보았다. 불교사찰과 누정 혹은 주택은 전혀 다른 용도의 건물이고, 茶를 마시는 행위의 공통점으로 엮는다 하더라도 그것은 그 건물을 사용하는 사람의 관점일 뿐 건축물의 형식 측면에서는 분명히 서로 다른 것이다.

그럼에도 불구하고 우리는 그 속에서 기능적 차이를 뛰어넘는 공통점, 즉 공간철학적 동일 지향이 분명히 내재하고 있음을 볼 수 있었다. 일본의 사례와 달리 한국은 별도 차실茶室은 없지만, '무한無限의 절대 경지에의 도달'이라는 건축공간의 미학적 목표만은 용도를 뛰어넘어 내재하는 공통적인 것이었다.

그것은 일상에서 만나는 정신적 초월이며, 깨달음의 순간이고, 무한 속에 거하는 것이며, 에고의 울타리에서 벗어나는 것이고, 바로 나 자신의 사라짐이 이루어지는 것이었다. 일상공간의 승화 그것이야말로 신神의 세계였다.

자연으로 대표되는 '무한으로의 지향'이라는 한국 전통건축 공간의 공통점은 주택과 누정, 불교사찰이라는 몇 가지 사례만의 우연한 일치가 아니다. 아직 유구가 많이 남아있는 궁궐 건축에서조차도 건축공간의 궁극적 공통점은 하나로 수렴되고 있다. 광화문으로 대표되는 경복궁을 보라. 주산主山 조산朝山과 함께 자연이라는 무한공간 속으로 초탈하고 있지 않은가?

배경 산이 없는 근정전의 모습을 과연 상상할 수 있겠는가?

그것은 절대적 무한공간으로의 지향이었다. 茶 맛의 궁극적 지향점이 '無로 사라짐'이었듯이, 건축물 형태(有形)의 사라짐(無化)의 지향이었고, 한국 전통건축의 궁극적 목표이기도 했다.

근정전(위) 및 배경 삭제(아래)

일본 초암차실의 경우 그런 수행적 과정 공간을 주택의 기능과 별도로 창조하여 표현했던 것이고, 한국의 경우는 건축공간 그 자체에 이미 깃들어 있었기 때문에 별도의 공간이 필요치 않았던 것이었다. 아마도 초창기 일본 茶人 선각자들은 그들의 주택 형식과는 외관은 닮았으나 공간미학의 지향은 전혀 다른 한국의 전통 민가 건축공간 안에서 茶 정신이 요구하는 수행의 과정이 담겨있음을 놀란 마음으로 발견하였을 수도 있었을 것이다.[86] 이후 그들은 일본 주택에 담긴 초암차실 공간을 만들어내었고, 그것은 또 하나의 창조였다.

결국 일본 차실과 한국의 전통건축 茶 공간은 하나의 주제에 관한 두 개의 변주곡에 다름이 아닌 것이다.

---

86 일본 전통의 초암차실草庵茶室 형식이 한반도 남부지방의 민가에서 유래되었다는 학설이 이미 여럿 존재한다.

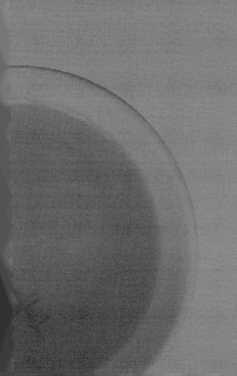

결론
結
論

결 론

　매우 먼 길을 돌아 이제 처음 가졌던 의문의 출발점 위치에 다시 서게 되었다.

　우리는 왜 茶를 마시는가? 그리고 왜 그렇게 해야 하는가?

　과거의 모든 茶 문화 전통이 끊어져 없어져버린 이 나라에서 굳이 그 잔뿌리의 한 가닥이라도 더듬어 찾아내어 어렵게 맥을 이으려 하는 이유는 무엇 때문인가?

　또한 茶가 일본의 전통문화 현상으로 인식되어 있는 현실에서 굳이 까마득한 과거의 흔적까지 추적하여 그 속에 숨어 있는 한국 고유의 茶 정서를 기어코 찾아내어야 하는 이유는 과연 무엇 때문인가?

　이제 다시 차분히 그 이유를 반추해 보아야 한다.

　이런 노력이 단지 오늘날 茶 문화의 종주국으로 인정받는 일본에, 원래 우리가 그 문화의 씨앗을 전해 주었다는 어린아이 같은 유치한 자부심을 충족시키기 위함은 아닐 것이다.

또한 같은 이유로 동아시아 국가로서 우리도 비슷한 무언가를 가지고 있다는 것을 다른 외국인에게 자랑하거나 보여주기 위해서임은 더더욱 아닐 것이다.

지금 우리가 새삼스럽게 茶 정신에 대해 생각해야 하는 것은, 그런 소소한 혹은 쉽게 접근할 수 있는 문화적 호기심과 같은 이유가 아니라, 지금 우리가 그 茶 정신의 의미를 다시 깊게 새겨야 하는 시대적 요청에 접해 있기 때문이다.

지금 이 시점이라는 시급함과 이 상황이라는 절박함은 이웃나라 문화 현상의 추종만으로는 해결할 수 없는 것이며, 단지 우리 자신의 영혼 깊은 곳에 각인된 문화적 무의식 속을 더듬어 그 기억과 전통을 되살리는 방법 외엔 없기 때문이다.

· 茶

우리는 차인들이 공통적으로 지향한 茶의 세계가 과연 어떠한 것이었는가를 파악하기 위해 우선 역사적인 관점으로 그들이 남긴 글들을 살펴보았고, 茶의 의미가 단지 기호음료로서만의 것이 아님을 알 수 있었다. 그들이 염두에 두고 언급했던 茶의 대상도 녹차 잎으로 만든 모든 형태의 茶가 아니라, 발효하지 않아 그 성분이 화학적으로 변하지 않은 어린잎의 작설雀舌 녹차를 주 대상으로 한 것임을 알 수 있었다. 특히 茶 재배 지역의 분포로 보아 고위도에 속한 한국의 경우 곡우를 갓 넘겨 딴 진명眞茗의 새싹 녹차를 위주로 말함이었다.

차인들이 그 茶를 잘 우려 한 모금 마심은 단순히 향기로운 물로써 목을 축이기 위한 행위로 마시는 것이 결코 아니었다.

찻물이 입안에서 차향과 물 온기와 함께 잠깐 머물다 결국 목 넘김의 사태로 인해 사라져 없어지는 과정은, 이 세상의 형태를 가진 모든 것이 무상하여 마침내 소멸되어 없어질 뿐이라는 사실을 깨우쳐 주는 것이었다. 그리하여 마침내 겉으로 드러난 표피적 형태에 집착하지 말고 그 속에 내재된 진리를 쳐다보라고 하는 부처의 손가락이 되었다. 그리고 고개를 들면 문득 들이닥친 정신의 각성.

이제 세상은 있는 그대로지만, 모든 것의 의미는 변하고 말았다.

문맹이었던 혜능이 한순간 온몸으로 진리를 깨우쳤던 사태와 같이, 茶를 마시는 행위는 심오한 진리의 자락을 茶 맛이 소멸하는 한순간 문득 깨우칠 수 있을 것이라고 보는 직지인심견성성불直指人心見性成佛의 선불교적 의미까지도 내포하는 것이었다. 찻물이 목을 타고 넘어가는 순간, 인생의 고통을 상징하는 쓴맛의 형태가 안개처럼 사라져버리는 그 말 없는 찰나, 그 소멸의 순간에 無의 진리는 빛을 발한다.

맛의 소멸이 형태의 종말로서 적막한 죽음만을 뜻하는 것이 아니라, 그것으로 인한 고통의 해소와 새로운 생명 형태의 탄생, 즉 '그 순간 시공간의 새롭고 돌발적인 부활의 인식'을 포함하고 있음을 보여주기 때문이다.

진리는 그렇게 한 잔 찻물 속에서 언뜻 한순간, 한 찰나에 그 존재의 자락을 내비치고는 또 無 속으로 사라져버리고 만다. 선불교에서는 그래서 진리의 존재를 그렇게도 설명하였다.

茶禪一味 禪茶一如 차선일미 선차일여

추사는 굵은 붓으로 「명선茗禪」이라는 휘호를 남겼다.

이제 茶는 여느 탐미적 식도락의 한 종류가 아니라, 진리를 가리키는 부처님의 손가락처럼 말로써 설명할 길 없는 무한의 영역을 가리키는 유마維摩의 침묵처럼 진리의 영역을 지켜보게 하는 기제機制가 된다.

서양학자들도 이러한 소멸과 그로 인한 새로운 탄생의 사태에 동의하여, 가시관과 십자고상十字苦像이 상징하듯* 형태적 소멸이 모든 것의 끝만을 의미하는 것이 아니라, 새로운 탄생의 씨앗과 신성의 부활이 내포되어 있음을 알고 있었다.

그들은 유마의 침묵과는 달리 유형 언어의 제한된 범위의 수단으로나마 그 진리의 자락을 설명하려고 줄기차게 노력하였다. 단지 茶를 마시는 동아시아 차인들과는 달리 그들은 '진리'라는 말 대신 '神'이라는 말을 즐겨 썼을 뿐이다.

맨 처음 성 아우구스티누스는 말했다.
"내가 있다는 것이 신이 있다는 증거 아닌가."

그리고 마이스터 에크하르트는 말했다.
"신에서 떠나기 위해 신을 믿는다."

---

* 십자고상十字苦像은 그 자체로서의 형태나 특징이 두드러져야 하는 예술품이나 장식품과는 다른 성질의 형태적 상징물이다. 형태적 두드러짐은 보는 사람으로 하여금 형태 차원에서만 머무르게 하여, 그 상像이 인도하려는 목적지인 '그 너머로의 세계'로 향하도록 하는 데 방해를 주기 때문이다. 가장 조악하고 특징 없는 고통 형태의 성상이 오히려 그 물리적 형태 너머의 세계로 투과해 가는 데 도움을 준다.

• 건축공간

차와 차실 공간의 의미를 잘 보존하여 현대에까지 전해 준 주된 역할을 한 일본의 전통 차실 공간을 먼저 살펴보았다.

고대 일본 천황 주거 공간(內裏, 다이리)을 본뜬 귀족의 주택 양식이 침전조寢殿造였다.

시대가 흘러 무사들이 권력을 가지는 중세시대에 들어서자, 거칠고 과시적이었지만 무사로서의 소박한 마음을 가졌던 새로운 권력자들의 요구에 맞추어 침전조의 화려했던 내부 장식이 상대적으로 간결한 서원조書院造 양식으로 변화하였다.

이 시기에 차실은 점차 독립성을 띠기 시작했다.

무사들의 거친 마음을 다스리고 잠시라도 고통스럽고 힘겨운 속세의 삶을 벗어나 모든 것을 내려놓는 편안함을 느끼는 데 적합한 놀이로서 시작한 차실은 점차 일상이 가지는 번잡함을 버릴 수 없는 주택 내의 여타 공간에서 벗어나 그 자체만의 공간을 형성하기 시작하였다.

처음에 손님을 접대하기 위한 공간이었던 가이쇼(會所)에서, 아무런 인위적 장식도 없고 자연 그대로의 재료로서 자연 한가운데 던져진 듯한 암자형 차실로의 변화는, 거친 세상을 살아가야만 하는 남자들을 현실과는 다른 차원에 존재하는 심오한 진리의 세계로 인도해 주었다.

이러한 차실 공간의 탈피는 선불교의 심오한 진리를 체득하고 그 자신이 한때 선승이기도 하였던 센리큐(千利休)라는 뛰어난 차인의 안목과 철학을 필요로 하였다.

오늘날에 이르러 차실 공간의 표준으로 알려진 독립 암자형 초암草庵 차실은 그렇게 깊은 정신적 모색의 과정을 거쳐 탄생하게 된 것이었다. 연유가 그러하므로 차실의 공간 특성은 단지 형태적인 것, 즉 건축적 외장 혹은 내부 마감의 특별함만으로 쉽게 묘사할 수 있는 것이 아니었다.

회칠을 하여 매끈하고 밝은 벽체로 마감하지 않고, 거칠고 투박하며 거주하기에 불편하기 짝이 없는 진흙 그대로의 벽체, 비바람을 막는 데 충분한 튼튼하고 영구적인 기와지붕이 아닌 일시적이고 썩기 쉬운 볏짚으로 이은 지붕, 단지 살기 위함일 뿐인 최소한의 인위人爲.

삶을 담고 거주하기 위한 공간이 이렇게 일시적이라 볼 수밖에 없는 건축물이라면, 그 안에서 살아가는 사람이라는 것은 또 얼마나 아침이슬 같은 존재란 말인가.

진리란 찰나에 깨달을 수도 있는 것이다.

그러나 그 찰나는 결코 쉽거나 단번에 다다를 수 있는 것이 아니다.

거기에 이르기 위해서는 그 과정이 요구하는 모든 고통과 노력을 그저 '네'라고 말하며 아무런 불평 없이 기꺼이 바치는 것, 그리하여 그토록 어렵게 다다른 그곳은 모든 특별함의 형태가 안개처럼 사라져가 버리고 단지 존재 자체의 그러함만 남아있는 것, 혹시 그것이 삶의 진리가 아닐까?

차실 건축공간은 현대인들이 생각하듯 단지 방의 내부만을 의미하는 것이 아니라, 그 건축물과 외부 공간을 포함한 영역 전체를 포괄하여 상정하여야 한다.

초암형 일본 차실 공간은 마치 면적을 가지지 않는 점點과 같이 최소한의 공간만을 가진 차실이지만 그곳에 이르기는 쉽지 않다. 그 점과는 비교할 수 없는, 면面적 넓이를 지닌 큰 외부 공간도 차실 공간의 일부이기 때문이고, 그 전체 공간을 몇 단계의 영역으로 나누어 거쳐 지난 후에야 중심점 내부 공간에 다다르게 되기 때문이다.

외부세계에서 접근하는 손님은 그 '곳'에 도달하기 위해 어려운 절차와 과정을 거쳐야 한다.

외계에서 그 영역 속으로 한 발을 디뎠다 하더라도 단지 대문 하나만 열렸을 뿐이다. 그 '곳'은 어디쯤에 있는지 아직 가늠도 되지 않는다. 손님은 의자에 걸터앉아 주인의 허락이 있을 때까지 기다려야 한다. 이윽고 중간 문이 열려 들어가려면 허리를 구부리고 조심스럽게 들어가야 하며 그전까지와는 다른 새로운 장면과 마주친다. 잘 정돈된 정갈한 정원이지만, 작위적인 사람의 흔적은 잘 느껴지지 않는다. 마치 속세와 단절된 자연상태 그대로인 듯하다.

이제 손님은 마치 꿈속의 꿈으로 들어가듯 그 전의 세계와는 또다시 단절된 새로운 세계에 진입한다. 또 하나의 문이 열리고 그 '곳'과는 조금 더 가까워졌다. 손님은 이곳에서 손과 입과 몸속의 오물마저도 깨끗이 한 후 조심스런 마음으로 의자에 걸터앉아 기다린다. 마침내 주인의 허락이 떨어졌다. 손님은 그제야 차실 안으로 향하게 되는데, 기어서만 들어갈 수 있는 마지막 관문이 힘겹게 느껴진다.

손님 몇이 어깨를 맞대고서야 겨우 앉을 수 있는 정도의 작은 장소인 그 '곳'에 도착했다.

벽에는 아무런 장식도 없고, 높고 작은 창과 방금 기어서 들어온 장지문에서 들어오는 작은 빛만이 겨우 사방을 분간할 수 있게 해 줄 뿐이다. 거친 흙 바름 벽의 작은 공간 안에서 차인茶人은 손바닥 안의 찻잔 공간을 느낀다.

그 작은 것 안에 모든 시간과 공간이 압축된 찻물이 한 잔 담겨져 있다.

차인은 드디어 그것을 목 넘겨 삼킨다. 이제 모든 과정이 끝났다. 형태를 가진 모든 것은 소멸되어 사라졌다.

무한공간의 영역에서부터 점으로까지, 점차 압축되어 찻잔 속에 응축되었던 공간이 찻물의 목 넘김으로 마침내 無 속으로 소멸되어 사라진 것이다. 공간이 사라지자 시간도 소멸되어 없어졌다.

이제 이 '곳'은 공간도 시간도 사라져가 버리고 모든 것이 그내로인 채, 그러나 완전히 새로워진, 부활한 '지금 여기'인 것이다.

염화미소拈花微笑, 석가모니 부처는 꽃을 꺾어 들어 올렸을 뿐이고 마하가섭摩訶迦葉은 빙긋이 웃었다. 우리는 손가락이 아니라 그 끝이 향하여 가리키는 진리의 달을 보아야 한다.

선불교의 위대한 스승이었던 혜능은 그 점을 시로 알려주었으며, 센리큐는 차실의 공간으로 펼쳐 보였다.

이제 茶 마심의 행위는 모습을 바꾼 다른 형태의 선불교이며, 그 속에 거居하는 차인은 형태를 잠깐 내보인 진리의 자락을 본 사람이 리라.

이제 한국의 전통 차실 공간을 보자.

일본의 경우와 같이 별도의 차실 공간을 가진 적은 없었으나, 주택의 사랑에서 혹은 누정樓亭에서 조선의 남자들은 상시로 茶를 마셨다. 도가와 禪, 불교, 거기에 유교의 이상까지 더하여 그때의 시대정신이 그러했듯이, 그들 역시 종교든 이념이든 어떤 수단을 통해서든 고통과 불가해不可解로 가득 찬 현실세계를 뛰어넘어 궁극의 세계에 다다르려 했던 열망은 마찬가지였다.

오히려 당시를 살았던 한국인의 정신세계는 그 초월의 열망이 너무나 간절하여 직접 발을 딛고 살고 있는 현실 공간 전체를 이상(理想)의 공간구조에 맞추었다.

차실이라는 한계를 가진 제한된 공간에서만이 아니라, 내가 살고 있는 주택의 전체 공간이 그 무대이며, 그리하여 손님과 함께 茶를 마시고 있는 그 장소, 그 사랑채, 그 누마루, 그 정자가 시간과 공간을 여읜 무한의 공간, 진리의 세계여야 했다.

한국 전통건축 茶 공간의 경우 궁극적 소멸의 순간을 일본의 경우와 같이 0(零, zero)의 공간으로의 회귀가 아니라, 무한無限(∞)한 자연 공간으로의 환원으로 생각하였다.

차실로서의 의미뿐만 아니라 생활공간에 있어서도 공간 위계의 정점은 스스로 무한자연의 한 부분으로 동화함으로써 유형의 '나'가 소멸되어 없어지는 바로 그 자리였다.

비교해 볼 때 茶를 마시는 주택이나 누정의 그 '곳'이 일본 차실이 가지는 의미와 다른 것은, 그 영역을 그 밖의 생활공간과 동떨어진 별도의 공간으로 생각하지 않았다는 점뿐이었다.

일본 전통주택 건축에서는 한 지붕 안에 모든 기능이 다 담기어 연결된 내부 공간으로 이루어지므로, 기능 위주가 될 수밖에 없는 내부 공간에서 우선 차실을 별도의 공간으로 분리하여 형성하였다. 거기에다 독자적인 외부 공간을 부여한 후, 그 별도 영역 전체에 茶 마시는 의미의 특별함을 부여하였다.

하지만 한국의 경우, 일상생활 공간 전체를 궁극적 진리의 심오함 속에 살며, 그것을 항상 되새기고 깨달을 수 있는 의미가 연관된 중층重層적 공간구조로 상정想定하였다.

그리하여 여러 채의 건물로 구성되어 그 사이 외부 공간을 거쳐 진입하는 주택 사랑채로의 진입 과정 전체 혹은 골짜기와 산봉우리로 구성된 주변의 자연 지세를 따라 대청으로 향하는 공간 전체가, 茶를 마시는 것뿐 아니라 생활공간의 핵심으로서의 그 '곳'을 정점으로 하는 위계적인 중층성을 띠게 함으로써 이상세계의 공간구조를 펼쳐 보였던 것이다.

그렇다면 이제 한국과 일본의 차실 공간의 공통점을 찾아낼 수 있게 되었다. 그리고 어쩌면 그 공통점이 한국 차인들이 그렇게 궁금해 하던 "차실 공간의 핵심은 무엇인가?"에 대한 대답이 될 수가 있지는 않을까?

'시간과 공간이 사라지는 점으로서 공간'

　조금 더 구체성을 띠고 말하자면, '중심에 시공간이 사라지는 궁극의 점으로서의 차실이 있으며, 그 점을 중심으로 외곽에 위계적 영역이 중층적으로 펼쳐지는 공간'

　공간도 시간도 사라지는 것이라면 유한한 형태일 뿐이며, 형태를 지닌 모든 것은 영원할 수 없고, 죽어서 사라지는 것이며, 나아가 고통의 원인이 된다. 진리는 무형이고 영원하며, 사라지지 않는 것이다. 유형의 것이 점차 압축되어 작은 찻잔의 공간으로 응축된 후 목넘김으로 말미암아 홀연히 사라짐으로써 유형의 茶 공간은 무형의 것이 된다.

　막 소멸해서 없어져버린 茶의 쓴맛과 유형 공간의 '사라짐'은, 그 無의 작용으로 인해 눈앞에 펼쳐져 있는 형상(有) 세계의 의미를 재탄생시킨다. 곧 유한성을 초월하여 영원성과 소통하게 되는 것이다.

　차 마심의 행위는 지금 여기에 맛이라는 형태의 홀연한 사라짐 사태를 연출함으로써 역설적으로 새 생명을 탄생시키는 부활의 세례洗禮가 된다. 절대 영역으로 사라져 가는 차실 건축공간의 미학 역시 그러하다.

참고문헌

차 관련 문헌

| 단행본 |

- 김명배, 《차도학茶道學》, 학문사, 1991.
- 김명배 편역編譯, 《일본의 차도(茶道)》, 보림사, 1987.
- 김명배 역저譯著, 《중국의 차도》, 명문당, 1986.
- 김상현, 타니 아키라 외, 《차도와 한국의 전통 차 문화》, 아우라, 2013.
- 난보 소케이(南方宗啓), 박전열 옮김, 《남방록南方錄》, 시사일본어사, 1993.
- 박전열, 《남방록南方錄 연구》, 한국차인연합회, 2012.
- 신겐시쓰(千玄室), 박전열 번역, 《일본 다도의 정신》, 시사출판, 2008.
- 야나기 무네요시(柳宗悅), 구마쿠라 이사오(熊倉工夫) 엮음, 김순희 옮김, 《다도와 일본의 미─한림신서 일본학총서17》, 도서출판 소화, 1998.
- 오도미술관五島美術館, 《산상종이기山上宗二記》, 제35회 전시회 카탈로그, 오도미술관, 1995.
- 유홍준, 《완당평전 1, 2, 3》, 학고재, 2002.
- 육우陸羽, 《차경茶經》
- 윤병상, 《차도고전茶道古典》, 연세대학교 출판부, 2006.
- 이토고칸(伊藤古鑑), 김용환·송상숙 옮김, 《차와 선禪》, 산지니, 2016.
- 정영선, 《한국의 차 문화》, 너럭바위, 1995.
- 정성본, 김명희, 《선과 차도》, 민족사, 2014.
- 최범술, 《한국의 차도》, 보련각, 1980.
- 한재 이목, 정영선 편역編譯, 《다부茶賦》, 너럭바위, 2011.

| 논문 |

- 박민정,《산상종이기山上宗二記에 나타난 차인관》, 중앙대 석사학위 논문, 2006.

- 송상숙,《일본 차서茶書에 나타난 불교사상 :『선차록禪茶錄』을 중심으로》, 석사학위 논문, 동의대학교, 2010.

- 이근수,《한국과 중국. 일본 차 문화의 이해 — 茶道와 차덕茶德과 차미茶美》, 재미한국학교협의회 학술대회 강의록, 2014. 10. 21.

- 정재숙,《한국 차 문화의 미학적 연구》, 석사학위 논문, 원광대학교, 2006.

- 정천구 역주譯註,《젠챠로쿠(禪茶錄)》, 일본불교사연구 제3호, 일본불교사 연구소, 2010.

- 조혜미,《일본 다도 비전서 '산상종이기山上宗二記' 연구 – '남방록南方錄'과 의 비교를 중심으로–》, 석사학위 논문, 고려대, 2008.

- 최경란 외 2인,《한국과 일본의 차도 공간 디자인에 영향을 준 문화적 요소에 관한 연구》, 한국디자인학회 학술발표대회 논문집 / Vol. 2009 No. 5, p. 208~209, 2009. 5. 20.

- 최영성,《초의草衣 의순의 차도철학과 한국사상의 전통》, 한국철학논집 제43권, 한국 철학사연구회, 2014.

철학·종교·미학·신학 관련 문헌

| 단행본 |

- 강신주,《매달린 절벽에서 손을 뗄 수 있는가》, 도서출판 동녘, 2014.

- 게라두스 반 데르 레우후(Gerardus Van der Leeuw), 윤이흠 역譯,《종교와 예술(Sacred and Preofane Beauty, The Holy in Arts)》, 열화당 미술선서, 1996.

- 공병해,《칸트. 판단력 비판》, 울산대학교 출판부(UUP), 2002.

- 김광언, 《한국의 집 지킴이》, 다락방, 2000.

- 김승혜, 서종범, 길희성 지음, 《선불교와 그리스도교》, 바오로 딸, 1999.

- 김진, 《하이데거와 불교》, UUP(울산대학교 출판부), 2004.

- 김태곤, 《한국무속연구》, 집문당, 1995.

- 길희성, 《마이스터 엑카르트의 영성 사상》, 분도 출판사, 2003.

- 다이닌 가타기리(片桐大忍), 이재희 역, 《침묵으로 돌아가라》, 사월의 책, 2011.

- 동국대학교 불교사회문화원 편집, 《선종사상사─설허雷虛 김동화 전집9》, 불교시대사, 2001.

- 마르틴 하이데거(Martin Heidegger), 서동은 옮김, 《시간의 개념(Der Begriff der zeit)》, 누멘, 2011.

- 마르틴 하이데거, 오병남 외 1인 역, 《예술작품의 근원(Der Upsprung des Kunstwerkes)》, 예전사, 1996.

- 마르틴 하이데거, 전양범 역, 《존재와 시간(Sein und Zeit)》, 동서문화사, 2013.

- 마이스터 에크하르트(요셉 퀸트 본), 이부현 편집 및 옮김, 《연대별로 읽는 마이스터 에크하르트 선집》, 누멘, 2013.

- 오마츠 바쇼오(松尾芭蕉), 윤이흠 譯, 유옥희 옮김, 《마츠오 바쇼의 하이쿠(松尾芭蕉の俳句)》, 민음사, 2005.

- 박일봉, 《노자 도덕경老子 道德經》, 육문사, 1991.

- 버트런트 러셀, 《서양 철학사(A History of Western Philosophy)》, 대한교과서 주식회사, 2000.

- 빌헬름 보링거(Willhelm Worringer), 권원순 역, 《추상과 감정이입(Abstraction and Empathy)》, 계명대학교 출판부, 1982.

- 샌다즈(N. K. Sandars), 이현주 옮김, 《길가메시 서사시》, 범우사, 2018.

- 설두중현雪竇重顯 송고頌古, 원오극근園悟克勤 평창評唱, 활안정섭活眼定燮

편역, 한정섭 편저, 《벽암록碧巖錄》, 불교정신문화원, 2007.

- 신지우 편저, 《재미있는 선이야기 100》, 불교시대사, 1994.

- 쓰지 노부오(辻惟雄), 이원혜 역, 《일본미술 이해의 길잡이》, 시공아트, 2006.

- 아르네 그뢴(Arne Grøn), 하선규 역, 《불안과 함께 살아가기—키에르케고르의 인간학(Begrebet Angst hos Søren Kierkegaard)》, 도서출판 b, 2016.

- 아르루트 쇼펜하우어, 홍성광 역, 《의지와 표상으로서의 세계(Die Welt Als Wille und Vorstellung)》, 을유문화사, 2011.

- 아우구스티누스, 정은주 역, 《고백록》, 풀빛, 2006.

- 알랭 드 보통(Alain de Botton), 정영목 역, 《불안(Status Anxiety)》, 도서출판 이레, 2005.

- 알랭 드 보통, 정영목 옮김, 《행복의 건축(The Architecture of Happiness)》, 도서출판 이레, 2007.

- 양백준 역주, 우재호 한역韓譯, 《맹자역주孟子譯註》, 중문출판사, 2005.

- 에리히 프롬, 황문수 역, 《사랑의 기술(The Art of Loving)》, 문예 출판사, 2000.

- 에카르트(Andre Eckardt), 권영필 역, 《에카르트의 조선미술사(Geschichte Der Korean-ischen Kunst)》, 열화당, 2003.

- 왕필, 임채우 옮김, 《왕필의 노자 주》, 한길사, 2009.

- 우치다 타츠루, 이경덕 옮김, 《푸코, 마르트, 레비스트로스, 라캉 쉽게 읽기(寝ながら学べる構造主義)》, 갈라파고스, 2017.

- 유동식, 《풍류도와 한국의 종교사상》, 연세대학교 출판부, 2007.

- 이정복, 《서양철학사 연구》, 학문사, 1982.

- 장 폴 사르트르, 정소성 옮김, 《존재와 무 I(L'être et le Néant)—세계사상전집 043》, 동서문화사, 2016.

- 조요한, 《한국미의 조명》, 열화당, 1999.

- 주희朱熹, 김영수 역해譯解, 《대학·중용—동양고전백선3》, 일신서적출판사.

- 주희朱熹, 장기근 편저, 《대학장구大學章句, 중용장구中庸章句—주자집주 사 서강독朱子集註 四書講讀》, 명문당, 2008.

- 지상현, 《한·중·일의 미의식》, 아트북스, 2015.

- 최광진, 《한국의 미학》, 미술문화, 2016.

- 최준식, 《한국인은 왜 틀을 거부하는가》, 소나무, 2002.

- 콜링우드(Collingwood, G. E.), 문정복 역, 《예술의 원리(The Principles of Art)》, 형설출판사, 1989.

- 키에르케고르, 강성위 역, 《불안의 개념/죽음에 이르는 병/유혹자의 일기》, 동서문화사, 2016.

- 프리드리히 니체, 곽복록 옮김, 《비극의 탄생/즐거운 지식(Die Geburt Der Tragödie/Die Fröhliche Wissenschaft)—세계사상전집 074》, 동서문화사, 2016.

- 프리드리히 니체, 강두식 옮김, 《인간적인 너무나 인간적인(Mendchliches, Allzumendchliches)》, 동서문화사, 2016.

- 프리드리히 니체, 곽복록 옮김, 《차라투스트라는 이렇게 말했다(Also Sprach Zarathustra)—World Book 38》, 동서문화사, 2007.

- 홍정식 역해, 《반야심경/금강경/법화경/유마경》, 동서문화사, 2016.

- 하인리히 두물린, 박희준 옮김, 《선과 깨달음》, 다르마 총서 12, 고려원, 1993.

- 한병철, 한충수 역, 《선불교의 철학(Philosophy Des ZenBuddhismus)》, 이학 사, 2017.

- 혜곡 최순우선생 전집 간행위원회, 《최순우 전집》, 학고재, 1994.

- N. 하르트만, 전원배 역, 《미학》, 을유문화사, 1997.

- 에크하르트 톨레(Eckhart Tolle), 《Stillness Speaks》, Read How You Want, 2008.

| 논문 |

- 김상현, 《칸트》, 『판단력 비판』 철학사상 별책 제5권 제6호, 서울대학교 철학사상 연구소, 2005.

- 김주휘, 《『비극의 탄생』 읽기 ─ 니체 대 쇼펜하우어》, 철학사상, 서울대학교 철학사상연구소, 2004, ISSN 1226-7007.

- 김후련, 《한국과 일본의 정원문화에 함축된 철학과 미의식》, 철학과 문화 제27집, 2013.

- 박순영, 《『존재와 무無』를 달리 이해해 보기 ─ 하이데거와 선불교의 비교론에 대한 하나의 생각》, 서강대학교 철학연구소 논문집, 철학논집 제23집, 2010. 11.

- 박정자, 《예술작품의 근원 그리고 진실 ─ 하이데거의 미학이론에 대한 연구》, 상명대학교, 2004.

건축분야

| 단행본 |

- 고토 오사무(後藤 治), 김왕직·조현정 옮김, 《일본건축사日本建築史》, 한국학술정보, 2011.

- 권영걸, 《공간 디자인 16강》, 도서출판 국제, 2001.

- 김동욱, 《한국건축 중국건축 일본건축》, 김영사, 2016.

- 니시가즈오(西 和夫) 외 1인 공저, 이무희·진경돈 공역, 《日本 建築史》, 세진사, 1999.

- 대한건축학회, 《건축학 전서 1 ─ 건축공간론》, 기문당, 2003.

- 대한건축학회, 《건축학 전서 2 ─ 한국 건축사》, 기문당, 2003.

- 로버트 벤투리(Robert Benturi), 임창복 역, 《건축의 복합성과 대립성 (Complexity

and Contradiction in Architecture)》, 기문당, 1986.

· 르 꼬르뷔제(Le Corbusier), 이관석 역, 《건축을 향하여(Vers Une Architecture)》, 동녘, 2002.

· 박언곤, 《한국건축사 강론》, 문운당, 1988.

· 비난트 클라센(Winand Klassen), 심우갑·조희철 편저, 《서양건축사》, 대우 출판사, 1998.

· 빌 리제베로(Bill Risebero), 오덕성 옮김, 《서양건축 이야기(The Story of Western Architecture)》, 한길 아트, 2002.

· 슐츠(C. Norberg-Schulz), 김광현 역, 《실존, 공간, 건축(Existance, Space, Architecture)》, 태림 문화사, 1985.

· 쓰지노부오(辻惟雄), 이원혜 옮김, 《일본미술 이해의 길잡이(日本美術の見方)》, 시공아트, 2006.

· 안도타다오(安藤忠雄), 《나, 건축가 안도 타다오》, 안 그라픽스, 2009.

· 오다히로타로(太田博太郎), 박언곤 옮김, 《일본건축사》, 도서출판 발언, 1994.

· 아시하라요시노부(芦原義信), 김정동 역, 《건축의 외부공간》, 기문당, 1987.

· 윤장섭, 《인도의 건축》, 서울대학교 출판부, 2002.

· 윤장섭, 《일본의 건축》, 서울대학교 출판부, 2001.

· 윤장섭, 《한국 건축사》, 동명사, 1984.

· 장보웅, 《한국민가의 지역적 전개》, 보진제, 1996.

· 장경호, 《한국의 전통건축》, 문예출판사, 1996.

· 주남철, 《한국 주택건축》, 일지사, 1987.

· 코르넬리스 판 드 벤(Cornelis Van De Ven), 고성룡 역, 《건축의 공간개념 (The Space in Architecture)》, 씨아이알, 2019.

· 패트릭 넛갠스(Patrick Nuttgens), 윤길순 옮김, 《건축이야기(The Story of Architecture)》, 도서출판 동녘, 2001.

• 황준, 《안도 타다오—그의 건축 이야기(安藤忠雄:挑發する箱)》, 미건사, 1986.

• Jodidio Philip, 《Tadao Ando: Houses》, Newyork, Rizzoli Inte rnational Publications, 2013.

| 논문 |

• 김성우, 《동아시아 불사의 최초형식》, 대한건축학회논문집 3권 3호, 통권 11호, 1987.

• 김성우, 《3금당 형식의 기원》, 대한건축학회논문집 4권 1호, 통권 15호, 1988.

• 문철수, 《산지 불사공간의 역동적 전개에 미친 지세적 영향》, 박사학위 논문, 경희대, 2005.

• 문철수, 《전통불사 진입공간의 리듬체계에 관한 고찰》, 석사학위 논문, 경희대, 1989.

• 문경욱, 《안도 타다오의 자폐적 공간구성 원리에 관한 연구》, 석사학위 논문, 고려대, 2021.

• 김동영, 《한국. 일본 전통건축공간의 지향성》, 한국주거학회지 제16권 6호, 2005.

• 김동영, 《한국 일본 전통 상류주택의 비물질적 표현특성 비교》, 대한 주거환경학회지 제13권 3호(통권 제 29호), 2015.

• 김윤상, 《일본 가고시마 후모토 마을의 근세 무사주택의 평면 공간 특성에 관한 연구》, 대한건축학회 계획 및 설계 학술지(Jounal of the Architectural Institute of Korea Planning and Design) Vol. 34. No. 5(serial No 355), 2018.

• 윤장섭, 《한국과 일본의 민가 건축 비교연구》, 대한건축학회지 23권 88호, 1979년 6월.

• 이원교, 《전통건축의 배치에 대한 체계적 해석에 관한 연구》, 박사학위 논문, 서울대, 1993.

• 장보웅, 《일본 민가의 한반도 기원설에 관한 연구》, 애산학보 Vol. 131, 2005.